영화 속
찐
원어민 영어
따라잡기
❷

영화 속 찐 원어민 영어 따라잡기 ❷

발행일	2022년 3월 18일		
지은이	한상택		
펴낸이	손형국		
펴낸곳	(주)북랩		
편집인	선일영	편집	정두철, 배진용, 김현아, 박준, 장하영
디자인	이현수, 김민하, 허지혜, 안유경	제작	박기성, 황동현, 구성우, 권태련
마케팅	김회란, 박진관		
출판등록	2004. 12. 1(제2012-000051호)		
주소	서울특별시 금천구 가산디지털 1로 168, 우림라이온스밸리 B동 B113~114호, C동 B101호		
홈페이지	www.book.co.kr		
전화번호	(02)2026-5777	팩스	(02)2026-5747

ISBN	979-11-6836-170-6 04740 (종이책)	979-11-6836-171-3 05740 (전자책)
	979-11-6836-218-5 04740 (세트)	

(주)북랩 성공출판의 파트너

북랩 홈페이지와 패밀리 사이트에서 다양한 출판 솔루션을 만나 보세요!

홈페이지 book.co.kr • **블로그** blog.naver.com/essaybook • **출판문의** book@book.co.kr

작가 연락처 문의 ▶ ask.book.co.kr

작가 연락처는 개인정보이므로 북랩에서 알려드릴 수 없습니다.

1,098가지 표현으로 바로 써먹는 영어회화,
이제 나도 원어민처럼 말할 수 있다!

한상택 지음

영화 속
찐
원어민 영어
따라잡기

영어 의사소통 능력을
빠르게 키우는 기적의 비법

vol 2

북랩

들어가는 말

흔히 외국어로서 영어를 학습할 때 책보다는 오디오, 오디오보다는 비디오, 비디오보다는 면전에 직접 원어민과 함께 어울리는 것이 지름길이라고 생각하고 있다. 지당한 말이다. 이 말은 결국 목표언어(target language)와의 제반 환경이 유사하면 최대한 유사할수록 그 학습효과는 커진다는 것을 의미한다. 그러나 우리나라와 같은 EFL(English as a Foreign Language) 상황에서는(지금은 상황이 많이 좋아지고는 있지마는) 매일 원어민을 만날 기회가 그리 흔치 않다. 그렇기 때문에 앞에서 이미 언급했지만 보다 효과적인 영어학습을 위한 진정한 환경(authentic setting)이 필요한 데, 그 대안으로 영화를 적극 권장하고 싶다. 영화는 흔히 외국어를 학습할 때 필요한 조건인 모든 맥락(context)이 고스란히 녹아있기 때문이다. 다만 현실처럼 입체적 차원은 아니지만 그래도 영어학습을 위한 간접적인 입체적 환경(pseudo-three dimensional setting)을 최대한 제공해주는 것이 영화이기 때문에 이를 잘 선정하여 평소에 잘만 연습한다면 기대 이상의 많은 도움이 있으리라 생각된다. 특히 영화 속의 대사들(screen lines)은 살아있는 영어표현을 학습하고자 할 때 꼭 필요한 보고(repertory)가 아닐 수가 없다.

구체적으로 영화 속의 대사 표현(screen idioms)이 주는 장점을 열거하면 다음과 같다.

첫째

'영화' 속에는 다양한 등장인물들이 등장한다. 남녀노소, 인종에 구애 없이 다양한 부류의 인물들이 등장한다. 이들은 효과적인 주제 실현에 이바지하기 위해 열성적으로 상황에 맞게 열연한다. 이는 영화 속의 한 장면(frame) 한 장면이 일상생활의 한 장면을 그대로 표출하고 있다는 증거이다. 대화자(interlocutors) 간의 분명한 표정 연기와 대사는 정황적 맥락(context of situation)에 걸맞는 격식(register)을 제공한다.

둘째

'영화' 속의 대사(lines)들은 다양한 부류의 방대한 구어적 표현을 제공한다. 한 표현, 한 표현이 글자 그대로 주옥같은 생활영어가 될 수 있다. 다양한 주제, 다양한 소재를 통해 다양한 산 영어표현(living English)을 익힐 수 있는 매체가 바로 영화인 것이다. 여기에는 등장 인물의 출신 성분과 출연진에 따른 표준 언어와 속어(slang), 특수 집단어(jargon), 전문어(technical terms), 생략어(abbreviation), 비어(vulgar language) 등 다양한 표현들이 상황에 함께 교묘하게 어우러져 있다.

셋째

'영화'라는 외국어 학습에 꼭 필요한 진정한 문화를 그대로 제공한다. '영화' 속의 세팅(setting)은 그 자체가 살아있는 문화원(culture resources)이다. 살아있는 문화적 환경 속에서 원어민의 정황에 걸맞는 구어적 표현과 연기력은 진정한 영어학습을 위한 종합선물세트와 같다.

이 책에서는 약 200 여편의 현대 영화 속의 주옥같은 대사 표현들을 엄선하여 실제 인물들이 구사하는 대화문과 함께 그 쓰임새를 예시하였다. 이러한 표현을 대함으로써 독자들은, '이러이러한 표현은 이러이러한 환경 속에서 표현되는 것이었군!'하고 이해를 하게 될 것이며, 이에 따른 주요 표현(extract)의 장기기억(long term memory)과 맥락 속의 적확한 표현을 싫증 없이 익히게 될 것이다. 덧붙여 좀 더 욕심을 내자면 '제2의 나(alter ego)'로서 파트너를 선정하여 그와 롤 플레잉을 하며 표현들을 익혀나간다면 그 효과는 기대 이상이 될 것이다.

끝으로 구어적 해석과정을 중요시하여 일부는 축어적 해석을 하지 않아서 전체 영화를 이해해야만 문맥이 통하는 어려움 때문에 발췌된 부분만을 가지고는 이해가 잘되지 않는 부분이 다소 있을 수 있다는 것을 미리 밝히니 이를 감안하고 학습하기 바란다.

※ 참고로 이 책에 쓰인 약어[contraction words]는 다음과 같다.

- **sit»** =situation(상황): 주어진 표현들이 사용 가능한 적절한 상황 설명
- **con»** =conversation(대화): 등장인물 간 실제 벌어진 영화 속 대사
- **syn»** synonym(동의어): 같은 상황이 제시되었을 때 대체-사용 가능한 동의 표현
- **ant»** =antonym(반의어): 제시된 표현과 반대의 의미를 가진 표현
- **ex»** =example(예문): 주어진 표현을 적절히 상황에 맞게 사용할 수 있는 예문
- **rf»** =reference(참고): 제시된 대사 속 표현에 대한 보충 설명과 심층적 이해를 위해 필요한 관련된 표현들
- **cf»** =confer(비교): 제시된 표현을 쉽게 이해할 수 있게끔 비교하기 위하여 제시된 표현들
- **gr»** =grammar(문법): 제시된 표현을 쉽게 이해하기 위한 구문[문법] 해설

- **exts»** =extras(기타 표현들): 제시된 표현 외 문제의 영화 속에 등장하는 중요한 기타 표현들[어휘 숙어 포함], 또는 평소 친숙히 알고 있는 쓰임새와는 다르게 쓰이는 어휘와 숙어 표현들(어휘와 숙어의 다양한 쓰임새를 숙지할 수 있음)

학습 전략

 제시된 실제 영어 대사 표현들을 보면 평소 생각한 것보다 이해하기가 어렵다는 것을 알 수 있다. 이는 우리가 실제로 영어로 된 영화를 감상할 때 자막을 안 보고는 전체 이야기를 따라가기가 힘들다는 방증이기도 하다. 더구나 등장인물들 각자의 개성 있는 어투나 발음 속도, 나이, 성별 등 대사 외적 요소들은 즐거운 영화 감상의 장애물이 될 수 있다. 이에 대한 해결방안의 하나로 우리는 등장인물들이 대사를 나눌 때의 주변 환경, 그들의 표정이나 동작을 통해 뜻을 짐작하여 이해하고자 한다. 물론 이러한 방법은 필요하고 중요한 전략이다. 하지만 최대한 대사를 올바로 이해하기 위해서는 그들이 나누는 대사에 대해 언어적으로 가능한 많이 이해하는 것이다.

이를 위한 대책으로 이 책에서 제시된 표현들을 효과적으로 학습하는 방법[전략]은 다음과 같다.

❶ 우선 제시된 표현을 다른 도움 없이 이해하고자 노력한다.

❷ 이해가 어려우면 도움을 얻기 위해 **sit»** 부분을 꼼꼼히 읽어보기 바란다.

❸ 가장 중요한 부분으로 등장인물의 대사 부분인 **con»** 을 꼼꼼히 학습한다. 제시된 표현 외에도 중요 구어체 표현 밑에는 밑줄을 쳐놓았기 때문에 이 부분도 꼼꼼히 학습하기 바란다. (우리말 부분은 마지막 수단이다는 것을 명심하기 바란다.)

❹ 마지막으로 대사 밑에 제공된 **rf»**, **ex»**, **cf»**, **gr»**, **syn»**, **ant»**, **exts»** 부분을 숙지하기 바란다. 보기에는 너무 많아 부담이 되겠지만 본인의 학습 능력에 따라 꼼꼼히 익히면 많은 도움이 될 것이다.

학습 자료 실례

다음은 본 책에서 다룬 실제 자료 중 3개의 실례들이다.

 A Dangerous, Woman

---

683   You just settle down.   진정해.

syn»   settle down=calm down=take it easy=relax=chill out: 진정하다, 여유를 갖다

con»   **Martha**

   Count it. Count it.
세어. 세어 보라구.

Birdy
You just settle down!
진정해!

Martha
I saw Getso take it right out of the drawer. I saw him take it. Count it! You'll see.
난 Getso가 그것을 수납장으로부터 꺼내는 것을 보았어. 그리고 가져가는 것을 보았지. 세어 보라구. 넌 알게 될 거야.

Birdy
Stop it!
그만해!

exts»   None of your business.=Never mind.=Stop sticking your nose where it doesn't belong.: 참견하지 마라. I have a hangover.: 숙취가 있다. whip one's kids into shape: 훈육으로 매우 엄격하다 slothful: 나태한 I take that back.: 최소하겠다. eat[swallow] one's words: 한 말을 취소하다 give one absolution: 면죄하다, 아량을 구하다

Far and Faraway

719 piss against the wind
자신에게 해가 돌아오게 행동하다, 하늘 보고 침 뱉기하다

sit» 바람에 맞서 오줌을 놓을 때 오줌 파편은 본인에게 돌아오게 마련이다.

syn» spit in the wind: 누워서 침을 뱉다

con» **Kelly**

What are you doing, pissing against the wind? Bourke was a powerful man with connections I need.
자신에게 해가 돌아오게 하며, 당신은 도대체 무슨 일을 하는 거야? Bourke 는 내가 필요로 하는 연줄을 가진 강력한 사람이야.

Joseph

I won't kiss his behind just cause the rest of you do.
당신들 나머지들이 하는 것 때문에 난 굽신거리며 아양 떨고 싶지는 않아.

rf» kiss one's behind: 굽신거리며 아양을 떨다(kiss one's ass=brown nose=apple polish=shine up to...=suck up to...)

exts» Toodle-oo: 〈영국 구어〉 안녕, 미안합니다. cross: 배반하다(=defy=betray). snob: 속물 burelesqcuee: 저속한 버라이어티 쇼 knickers: 19세기 여성 속옷 mick=Irishman을 경멸하여 부르는 속어

Aladdin

965 Do I know you? 제가 전에 뵈었나요?

syn» Have we met before?

con» **Jasmine**

Wait, wait. Do I know you?
잠깐만, 전에 뵙던가요?

Aladdin

(Quickly replaces his turban) Uh, no, no.
잽싸게 그에 두건을 대체한다) 어, 아니요, 아니요.

Jasmine

You remind me of someone I met in the marketplace.

학습 자료 실례

당신은 시장 속에서 만났던 그 사람 같은데요.

Aladdin

The marketplace? I have servants that go to the marketplace for me. Why I even have servants who go to the marketplace for my servants, so <u>it couldn't have been me</u> you met.

시장이라고? 전 나를 대신해 장보러가는 하인들이 있소. 왜 내가 하인들을 위해 시장에 가는 하인들을 가지고 있겠소? 그 사람이 당신이 만난 나였을리가 없소.

gr»   remind A of B: A에게 B를 상기시키다
ex»   You remind me of my old teacher.: 당신은 나에게 나의 옛 선생님을 상기시킨다[생각나게 한다].
gr»   could not have pp: ...했을 리가[였을 리가] 없다
exts» Just leave me alone.: 나를 그저 내버려 두세요. beau: 미남 buzz: 벌이 윙윙거리다, 소란 떨다

다음은 본문에서 학습할 주요 표현을 영화제목과 함께 제시한 것이다. 본문의 주요 표현 아래에 있는 '**con»**' 속에 있는 인물들 간의 대사를 꼼꼼히 학습하는 것이 매우 중요하다.

Contents

The title of the film

The title
of the film

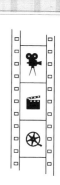

The Hunt for Red October

---

619 **You sold me.**   나는 너를 믿는다.

syn» I believe you.

rf» sell=convince: 납득시키다

con» **Jones**

 Sir, I've got all the ...
대장님, 나는, 나는 그 모든 것을 ... 가져왔습니다.

Mancuso

(interrupting) Relax Jonesy, <u>you sold me</u>. Tommy ...
(말을 가로 채며) 긴장 풀어, Jonesy, <u>나는 당신을 믿어</u>. Tommy ...

exts» send one's best to...: ...에게 ...의 안부를 전하다 bio=biographical information: 이력, 신상명세서 in reference to...: ...에 관하여 by stealth: 몰래, 은밀하게 defect: 망명하다, 도망하다 by birth: 태생은 in character: 성격은

ex» Smith is noble by birth but humble in character.: Smith는 태생은 고귀하지만 성격은 겸손하다. by name: 이름은, 이름으로는 by sight: 눈으로는, 시력[시각]으로는 I heard smith by name, but did not see him by sight.: Smith란 이름을 들어보았지만 실제는 보지 못했다.

---

620 **on one's own**   〈구어〉 스스로, 자기 책임하에, 자력으로

con» **Mancuso**

(sighs) Have you got this straight, Jones? A forty million dollar computer tells you you're chasing an earthguake, but you don't believe it <u>and you come up with this on your own</u>.
(한숨 쉰다) 똑바로 알아들었어, Jones? 4천만 달러짜리 컴퓨터가 당신이 지금 지진을 쫓고 있다고 말하고 있지, 하지만 당신은 그것을 믿지 못할 거야 <u>그리고 스스로 생각해 내야만 해</u>.

Jones

Yes, sir.
알겠습니다, 대장님.

18   영화 속 찐 원어민 영어 따라잡기 2

exts» Aye: 〈속어〉 Yes ↔ Nay〈속어〉 No. seismic: 지진의 dispatch: 공문서 You sold me.=I believe you. phone in: 전화로 알리다 academic: 비실제적인, 이론적인 credential: 증명서, 신용증명서 chopper: 헬리콥터 traction(근육) 수축 watch one's bearing: 몸조심해라 stop at nothing: 어떠한 일도 서슴지 않고 하다 larboard: (배의) 좌현[좌측](port) ↔ starboard: 우현[우측]

rf» bow: (배의) 앞부분[이물] ↔ stern: 배의 뒷부분[고물] ratio=proportion: 비율 torpedo.: 수뢰 authorization: 권한, 위임, 허가

621　cut .. a little slack

...에게 숨을 쉴 겨를을 주다

con»　**Painter**

Greer told me. Summer of his third year, he went down in a chopper accident. in the Med. Bad. Pilot and crew killed. That id spent ten months in traction and another year learning to walk again. Did his fourth year from the hospital. Now it's up to you, Charlie, but you might consider cutting the kid a little slack. Ah the Russians gonna find that sub before we get near it anyway.

Greer가 내게 말했어. 그의 3년째 되는 여름에, 그는 Med에서 헬리콥터 사건으로 땅에 떨어졌지. 안 좋은 일이었지. 조종사와 승무원이 사망했지. 그 애는 근육수축 병 때문에 10개월을 소비했고 다시 똑바로 걷는 방법을 매우는 데 또 다른 1년을 소비했어. 병원으로부터 퇴원하여 4년째 근무를 했지. 지금 그것은 너에게 달려있어, Charlie, 하지만 그 친구에게 숨 쉴 겨를을 주는 문제를 생각 해봐. 아 그 소련 놈들은 어쨌든 우리가 그자들에게 접근하기 전에 우리 잠수함 을 발견하게 될 거야.

Slavin

I think so, Sir.

저도 그렇게 생각합니다.

rf» sub=submarine: 잠수함 be up to...: ...에 달려있다 traction: 근육수축 질환

622   **watch one's bearing**   조심하다, 몸가짐을 조심하다

syn»   Save one's ass

cf»   keep one's low profile: 저자세를 취하다, 이목을 피해 조용히 지내다

con»   **Slavin**

(whispering) Too fast, Vassily, too fast. Those charts are laid out precisely. So many knots on such a course for so many seconds. And then this thing handles like a pig.

(속삭이며) 너무 빨라, Vassly, 너무 빠르다구. 도표가 정확히 배열되어 있다구. 너무 많은 초단위로 한 항로에 관해 너무 많은 knot(해리)가 표기 되어있어. 그리고 이것은 아주 까다롭게 작동되는군.

Borodin

(whispering) Watch your bearing, Mr. Slavin.

(속삭이며) 조심하라구, Slavin.

rf»   knot: 해리(nautical miles an hour=1853 meters per hour)

623   **stop at nothing**   어떠한 일도 망설이지 않고 하다

con»   **Ryan**

(rushed) Captain, you have to listen to me. The Russians will stop at nothing to prevent Ramius from detecting. They are desperate. They invented this story that he's crazy because they need our help to sink him before he can safely contact us.

(성급히) 선장님, 당신은 나에게 경청해야만 해요. 소련인들은 Ramius가 탐지하는 것을 막기 위하여 어떠한 일도 망설이지 않고 할 거예요. 그들은 절박하거든요. 그들은 그가 미쳤다고 거짓말을 꾸며냈죠 그것은 안전하게 우리와 연락하기 전에 그가 가라앉도록 하기 위해 우리의 도움이 필요하기 때문이죠.

Mancuso

We are so close now, I don't want that fish coming back at us.

우린 너무 가깝게 있어요, 나는 그 잠수함이 우리에게 다시 오지 않기를 바래요.

rf»   that fish: 등장하는 소련 잠수함인 Red October를 말함

624   bust one's chops   ...를 귀찮게 하다

con»   **Chief Sterns**

 O'Neil! Get in here! Just what is it you hope to accomplish out there ... besides busting my chops?

O'Neil! 여기로 들어와! 당신이 저기에서 성취하고자 하는 것은 무엇이야? 나를 괴롭히는 거 말고 말이야.

April

I think you know just as much as I do about this Foot Clan and I don't think you're doing anything about it.

이 걸어 다니는 족속[거북이]에 관해 내가 아는 것만큼 그렇게 많이 알거라 생각해 그리고 그것에 관해 어떤 일을 하리라 생각지 않아.

exts»   at work: 활동 중인 breaking and entering: 강탈질 swamp: 쇄도하다(rush in). fall prey to...: ...의 희생물이 되다 bizarre: 별난 catch a glimpse: 얼핏보다 dub: ...에게 이름을 붙이다 shield: 방패, ...을 보호하다 peek out: 엿보다 dude=fellow=chap: 녀석 buttkicking: 혼내주기 greepepper: 피망 anchovy: 멸치(젓)(통조림) turn inward: 분노를 참지 못하고 마음속에 쌓아 두기만 한다면 mug: 강도짓 하다 apply: 바르다 redeployment: (부대 등의) 재배치 decentralize: 분산화하다

625   **waste no words**   곧바로 말하다

syn»   say something in one's mind directly

con»   **Splinter**

... **Saki wasted no words and** during the struggle, my cage was broken. I leapt to Saki's face biting and clawing, but he threw me to the floor and took one swipe with his katana, slicing my ear. Then he was gone, and I was alone.

Saki는 곧바로 말했어 그리고 투쟁 동안에, 나의 우리가 파괴되었어. 난 물어뜯고 손톱으로 긁으며 Saki에게 뛰어올랐지, 그러나 그는 나를 마루바닥으로 내동댕이쳤지 그리고 그의 katana를 가지고 한방 때렸지. 그리고 나의 귀을 조각내어 버렸어. 그런 다음에 그는 사라졌어, 그리고 나는 혼자있게 되었어.

Danny

Whatever happened to this O-Oroku Saki?

도대체 O-Oroku Saki에 게 무슨 일이 일어난 거야?

exts»   sewer: 하수구 sewerage: 오수 처리 ditch: 도랑 ooze: 분비물 ductless [lymphatic] glans: 내분비[임파]선 radical!=great! impersonate...: ...을 흉내내다, ...인체하다 flip...: ...을 (아무렇게나) 던지다, 톡치다 upend: 거꾸로 놓다, 엎어 놓다 Forget it.: (사과에 대해) 뭘 그런 거 가지고., 천만에 hideout: 은신처 surrogate family: 대리 가족

---

626   **What's the deal?**   뭘 할거야[무슨 일이야]?

con»   **Casey**

Shh! Shh! Shh! Shh! Shh! Shh! (pants) Recognize me now, kid? Hey? What's the deal?

쉬! 쉬! 쉬! 쉬! 쉬! 쉬! (할딱거린다) 지금 나를 인식할 수 있어, 아가야. 이봐? 뭘 할거야?

Dannny

You gotta come with me!

당신은 나와 함께 가야만 해!

exts»   muffle: (소리를 내지 못하게) ...을 덮다, 씌우다

627　**Don't sandbag me.**　괜히 못하는 척하고 날 놀릴 생각은 말라구.

con» **Cockham**

Don't! Don't sandbag me, all right? Me ... I'm playing with a new racket, so I'll play you even.
그러면 안 되죠. 괜히 못 하는 척하고 날 놀릴 생각은 말라구요. 전, 저는요 새 라켓을 가지고 플레 이하고 있다구요. 그러므로 공평한 상태 하에 당신과 경기를 할 거라구요.

Tibey

I only want the first point out of each game. I'm old enough to be your father.
매 게임마다 시작하기 전에 내가 한 점의 핸디캡을 먼저 얻고 들어갔으면 해. 난 너의 애비가 될 만큼 충분히 나이가 들었거든.

exts» lush: 푸른 풀이 많은, 싱싱한, 풍부한(abundant), 관능적인, 화려한 henchman: 믿는 부하[오른팔]) take one's time: 천천히 하다 fire: 해고하다 dog-shit: 〈속어〉 형편없는, 쓸모없는 wait around: 빈둥빈둥 거리다 humor: 비위를 맞게 하다

628　**You've said a lot.**　당신, 중요한 걸 말했군.

syn» You made a significant statement.

con» **Cochran**

You never concede a point.
당신은 점수를 양보하지 말아요.

Tibey

You've said a lot, my friend. That's all anyone needs to know about me. I never concede a point.
중요한 걸 말했군. 친구. 그것이 모든 사람이 나에 관해 알고 싶어 하는 모든 거라구. 난 한 점도 양보하지 못할 거라구.

exts» worry: (개 등이) 물고 늘어지다 turn upside down: 엉망으로 하다 station: 주둔시키다 put up=turn up: 음량을 높이다 buddy: 〈구어〉 동료, 단짝, 친구

629 　 a cold fish　　　　　　냉담한 사람(hard boiled person)

con»　**Cochran**

Sounds like me? You seem different.
나 같게 들린다구? 당신은 다르게 보여.

Miryea

Not a cold fish like I usually am.
나는 보통 냉담한 사람이 아니야.

Cochran

I didn't say that.
난 그렇게 말하지 않았지요.

exts»　blindfold: 눈가리개 Shame on you.: 창피한 줄 알아라.

ant»　Good for you!: 잘한다. miscalculate: 잘못 판단하다 I'm fucked.: 〈속어〉 난처한 지경에 빠졌어.

630 　 mess with...　　　　　..성나게 하다, ...에게 대들다

syn»　provoke

exts»　mess around with...: ...가지고 꾸물거리다 mess up: ...을 망치다

con»　**Madero**

Listen. Get your ass out of there right now.... Up here if you fuck someone's lady, you work it out in therapy. There they'll shoot your ass. Don't you know 'Tiburon' means 'shark?' Don't mess with Mendez, Tibey
이봐. 여기로부터 바로 꺼져. ... 당신이 누군가의 여자를 건드린다면, 당신은 그것을 심리 요법으로 해결할 거야. 거기에선 그들은 당신의 엉덩이를 쏘게 될 거야. 'Tiburon'이 'shark(상어)'를 의미하는 것을 몰라요? Mendez를 성나게 하지 말라구, Tibey.

Tibey

Of course, I won't
물론, 안 그럴 거야.

631   be hard on...   ...을 가혹하게 대하다

syn»   treat[deal with] severely.

ant»   be soft on...=go easy on...=lighten up: 부드럽게 대하다

con»   **Cochran**

You don't have to come.

당신은 올 필요가 없어.

Amador

You're right, I don't. But I want to tell you something. Mendez has been hard on many people. I'll spare you the details. Bull shit! Will you trust me? Let's do this thing at dawn.

당신 말이 맞아. 안 할거야. 그러나 무언가를 말하고 싶어. Mendez는 많은 사람들에게 가혹하게 대해. 자네한테 괜히 시시콜콜 다 얘기해 부담을 주지 않으려네. 제기랄! 나를 믿겠지? 새벽에 이 일을 하겠네.

632   I must be warm.   거의 다 왔군.

syn»   Almost here we are.

con»   **Steve**

Are you sure you know where the stadium is?

너 그 경기장이 어디에 있는지 확실히 알아?

Ted

I must be warm because it's near the airport and we're almost at the airport now.

거의 다 왔어. 그 경기장은 공항 근처에 있는데 우리도 지금 거의 공항에 다 와 있거든.

633 We'll both be in hot water.

우리 둘다 이 궁지로부터 벗어나지 못하게 될 거야.

con» **Alice**

We want to go to the late movie tonight. Can you come along?

우리는 오늘 밤에 심화 영화 보러 가고자 하는데, 너 함께 가겠니?

Smith

No way! I'll be in hot water with my group study friends if I come home after 12:00 one more time.

안 돼! 한 번만 더 12시 넘어 집에 가면 그룹스터디 친구들한테 혼줄날 거야.

634 Tell me I just blew your mind?   놀랍지 않아요?

syn» blow one's mind=(1)shock (2)astonish

con» **Stan**

I know what I said just blew your mind.

그 말에 놀란 것 같은데.

Sarah

I still can't believe it. I never knew you liked so much.

난 아직 못 믿겠어. 네가 날 그렇게까지 좋아하리라고는 꿈에도 생각지 못했어.

635 This'll come in handy.   이거 유용하게 잘 쓸 때가 있을 거예요.

sit» handy는 '편리한 다루기 쉬운'이라는 뜻인데, 'come in handy'라는 구어 표현을 구성하여 '(여러 가지로) 편리하다, 유용하다'의 뜻으로 쓰인다.

con» **Mother**

Don't throw those rubber bands away, they might come in handy someday.

그 밴드 버리지 마라, 언젠가는 유용하게 쓸 때가 있을 테니까.

Jack

Mom, they're just old piece of junk. Who needs them?

엄마, 그것들은 오래된 잡동사니에 불과한데 누가 쓰겠어요?

rf» handy man: 집안일을 잘 돌봐주는 사람

636   I'd know how to get from Monday to Friday.

이젠 일을 해나가는 데 요령을 알겠어.

sit» 이 표현은 사람이 자기가 해야 할 일이나 임무를 성공적으로 잘 수행한다는 것을 완곡하게 표현하는 숙어이다. have a knack of...=have a knowhow of...: ...의 요령[비결]을 알고 있다

con»   **Bernard**

How's your new thing going?

너의 새 일 어떻게 되어가니?

Nancy

Fine. I know how to get from Monday to Friday without any hassles.

좋아. 이젠 아무런 혼란 없이 일을 해나가는 법을 알겠어.

rf» How's your thing going?=How is it going?=How goes it?=What's new?: 어떻게 돼가니?

637   I'm in your debt.   당신께 신세를 지고 있어요.

sit» be in one's debt 또는 be in debt to ...하면, '...에게 신세[빚, 은혜]를 지고 [입고]있다'라는 뜻으로 남에게 호의나 도움에 대한 진정한 감사의 뜻이 내포되어 있다. 이보다 좀 더 정중하고 공손한 표현은 'indebted(도움을 받은, 은혜를 입은)'를 써 'I'm indebted to you.라고 하면 된다.

syn» I owe you.=IOU: 당신께 빚을 지고 있어요.

con»   **Mrs. Robinson**

Thank you so much for looking after the house while we were gone. I'm in your debt.

우리가 없는 동안 집을 돌봐줘 정말 고맙구나. 너한테 신세를 졌어.

Thomas

You're welcome, Mrs. Robinson.

천만에요. Robinson부인.

---

638 **Get lost.** 꺼져.

con» **Walsh**

Marvin, whatta you doin?
Marvin, 무엇하고 있어?

Dorfler

He's mine, Jack, get lost!
그는 나의 것이야, Jack, 꺼져버려!

exts» straighten out...: ...을 (얘기하여) 명료하게 바로잡다 back off: (논쟁 등을) 그만
두다, 물러나다(retreat=withraw). fuck off〈비어〉: go away: 꺼져버리다.
가버리다

rf» whadda=what do를 빠르게 발음할 때 나는 소리 doin'=doing

---

639 **Take it easy.** (1)진정해 (2)안녕.

con» **Dorfler**

Nothin' personal, but fuck off, all right?
사적인 것은 아무것도 아니야, 하지만 가버려, 좋아?

Walsh

Take it easy. Shit! Marvin, watch out!
진정해. 제기랄! Marvin, 조심해!

exts» deck=knock: 때려눕히다 naw〈속어〉: no. set down: ...을 놓다 Good score.:
잘했군. stiff: 〈속어〉...을 속이다 inherit: (권리 등을) 소유하다, 수중에 넣다,
상속하다 embezzle: 위탁금을 먹다 charity: 자선 단체 bring up: (문제 등을)
들춰내다, 제기하다 outta=out of. bail out...: ...을 보석시키다 out: 손해를
보다(incur). default: 의무불이행(으로 손해를 보다) grand: 〈속어〉천달러 gig:
〈속어〉일(job). run into: (우연히) 만나다 writing= documentary. crook: 도둑,
사기꾼 Be my guest.: 마음대로 하세요. custody: 관리, 감독 coop up: ...을 (좁은
곳에) 가두다, 감금하다 moron: 바보, 멍청이

640 He's pissed. 그는 화가 나 있어.

sit» 위의 표현은, 속어이며, 비어인 표현이다.

syn» He's angry.

con» **Joey**

(on phone) Yeah, Jimmy, he's right here, hold on. (to Tony) He's pissed.
예, Jimmy, 그는 바로 여기 있어. 잠깐만. (Tony에게) 그는 화가 나있다구.

Serrano

(over phone to Tony) I thought you told me this guy was gonna be on the plane?
(전화로 Tony에게) 네가 나에게 이 친구는 비행기를 탈 것이라고 말한 것 같은데?

exts» You got it.=You understand.

641 stick it out 〈구어〉 견디다

con» **Duke**

Not the right woman. My wife and I have a wonderful relationship. She stuck it out with me through all this.
똑바른 여성들은 아니야. 나의 아내와 난 멋진 관계를 갖고 있지. 그녀는 이 일에 대해 나와 함께 잘 견디어 냈거든.

Walsh

She stuck it out with you with all your millions. What a trooper!
그녀는 전력으로 그 일에 대해 당신과 견디어 냈지. 정말로 힘을 주는 사람이지!

exts» trooper: 어려울 때의 사기를 북돋아 주는 사람, 기마병, 경찰

29

642   get .. off one's back
...가 남을 못살게 구는 짓을[잔소리를] 그만두게 하다

con»

Duke

Let me ask you this. Why is it you haven't seen them in nine years?
이점을 물어볼게. 9년 동안 왜 당신은 그들을 보지 못한 거요?

Walsh

Just get you off my back, I'll tell you why. She married a police lieutenant and I'm not very popular with the Chicago Police Department.
당신 잔소리 좀 그만하세요, 그 이유를 말할게요. 그녀는 경감과 결혼했고 나는 Chicago 경찰 당국에선 인기가 없지요.

exts» secondary smoke: 간접 흡연 a pain in the ass.: 부아가 치밀게 하는 것, 신경질 나게 하는 것 hang around: 꾸물거리다

643   put words in one's mouth   하지도 않은 말을 했다고 하다[우기다]

con»

Duke

I asked you if you were hurt and you said, "Yeah, I'm hurt."
네가 다쳤느냐고 물었을 때 넌 "그렇다."라고 대답했지.

Walsh

That's because you made me say it. You're starting to put words in my mouth.
그것은 네가 그렇게 말하도록 만들었기 때문이야. 당신은 하지도 않은 말을 했다고 우기고 있어.

cf» put one's words in one's mouth: 말실수를 하다 take the words out of one's mouth: ...의 입으로부터 말을 가로채다

con»   **Duke**

Put the cigarette out ...

담배 좀 끄라구...

Walsh

A pain in the ass this guy is.

이 녀석은 정말로 부아가 치밀게 하는 놈이야.

rf»   a pain in the ass[but(tock)]: 귀찮은 사람, 고민[고통] 거리 a thorn in one's side: 우환거리, 문제아

exts»   stoop: 허리를 굽히다(bend). downed: 자세를 낮춘

---

645   **You know I'm good for it.**

네가 알다시피 난 그 돈을 충분히 갚을 수가 있지.

rf»   be good for...: (1)...에 좋다 (2)...을 지불할 수 있는

con»   **Walsh**

I won't stay long. I just need to borrow some money to get to L.A. You know I'm good for it.

오래 있지는 않을 거야. 단지 L.A에 도달할 만큼의 돈이 필요할 따름이야. 네가 알다시피, 난 돈을 갚을 능력이 있어.

Gail

I don't think I have that kind o'cash in the house.

그 정도의 돈을 집에 가지고 있다고 생각하지 않는데.

Walsh

I'm so embarrassed. I'm just in a jam, Gail. You look beautiful.

난 너무 난처해. 곤경에 빠져 있거든, Gail. 당신 아름다워.

rf»   jam: 〈구어〉 궁지

exts»   be short of...: ...이 모자라다 bribe money: 부정 돈, 대가를 바라는 돈 social calendar: 사회생활 일정

646 Let's be fair about this. 지금 상황을 바로 잡읍시다.

con» **Duke**

Let's be fair about this. You lied to me first. At the river... At the river where you prom ...

지금 상황을 바로 잡고 나갑시다. 당신이 먼저 거짓말을 했어. 강에서... 당신이 산책하고 있는 강에서...

Walsh

You lied to me first! You got some fuckin' nerve.

네가 먼저 거짓 말을 했다구! 자네 지랄맞게 대담하군!

rf» prom=promede: 산책하다

exts» nerve=a lot of gut: 대담함 hold on: 기다리다 (wait). cockpit: 조종실 lotta=lot of: 다소 ulcer: 궤양

647 lip service

입에 발린 말, 말뿐인 호의

con» **Amin**

 He must be tried and found guilty by our courts, so the world will know Amin is fair and right. I also want to teach the Imperialists a lesson. They only give us lip service when it comes to help!

그는 재판받고 죄가 있는 것이 판명되었다. 그러므로 세상은 Amin이 공평하고 옳다는 것을 알게 될 거다. 나 또한 제국주의자들에게 교훈을 가르쳐 주고 싶다. 도움에 관해서라면, 그들은 단지 우리에게 말뿐인 호의만 베풀고 있다!

Kiwanuka

Of course, Sir.

맞습니다. 각하.

exts» chap=fellow. Man은 Boy의 소탈한 표현 get one's strip=get promotion: 승진하다 relaxing agent: 이완제 His excellency: 각하(각하가 앞에 없을 때) Your excellency: 각하(각하 앞에서 말할 때) a man of few words: 말수가 적은 사람 in shape: 본래의 상태로, 건강이 좋은 상태로 general practitioner: 개업의사 fridge: 냉장고 clear out: 제거하다 line up: 정렬하다, 정돈하다 comrade: (같은 정당, 친목, 단체의) 당원, 동지 feature: 특종기사

648 bring forward
(문제 따위를) 제출하다

con» **Amin**

(into phone) I want to talk to you about the British reporter. Can you bring the case forward?

(전화로) 영국 기자에 대해 너에게 말하고 싶다. 당신은 그 사건[소송]을 제출하였는가?

Kiwanuka

Well, I'm handling it right now.

글쎄, 나는 지금 그것을 다루고 있습니다.

exts» lip service: 입에 발린 말 when it comes to...: ...관해서라면 verdict: 평결 solid evidence: 구체적인 증거 ↔ circumstantial evidence: 정황적 증거 defendant.: 피고, plaintiff: 원고 dismiss: 기각하다 stink: 나쁜 냄새를 풍기다 culprit: 죄인(offender). bring (A) to justice: ...을 재판받게 하다 be on warm[good] terms with...: ...와 사이가 좋다 Life-president: 종신 대통령

649 in good[high] spirit
기분이 좋아

con» **Hills**

It's good of you to come and see me, sir.

당신이 와 날 만나다니 참으로 고마워요, 나으리.

British Comm.

It's good to see you in such good spirits. How are they treating you?

그렇게 기분이 좋은 당신을 보니 정말 좋군요. 어떻게 그들은 당신을 대하고 있나요?

exts» in confidence: 비밀로(in secret)

gr» It ... of+목적격(A) to+동.원(B)=(A)가 (B)하다니 (정말) ... 하다

rf» 이는 '형식주어(It) + 의미상의 주어(A) + 진주어(B)' 구문으로 'for+목적격'이 오는 것이 원칙이지만, 감탄조로 해석해야 할 경우에는 'of+목적격'이 온다.

ex» It is important for us to get up early.: 우리가 일찍 일어나야 하는 것이 중요하다.

cf» It is kind of you to help me.: 당신이 나를 도와주다니 (정말) 친절하군요.

650   stand up and then sit down again

어떤 원칙이나 신념을 고수하다가 후에 포기하다

con»   **Hills**

Look, sir, the book must be published. I'll tell you in confidence that a copy of the manuscript is already in London. My publishers have it. <u>You can't expect me to stand up and then sit down again!</u> <u>I owe this to my students.</u> And to Kay, whom Amin cut into 5 pieces and stuffed into a sack. To Karahanga tied to a stake and shot. Amin must be shown for what he is. A monster. ... A tyrant!

보세요, 나으리, 그 책이 발간되었습니다. 비밀리에 말하지만 그 책은 이미 런던에 복사본이 있습니다. 나의 발행인이 그것을 가지고 있습니다. <u>당신은 내가 어떤 원칙이나 고수하다가 후에 포기하는 것을 절대 보지 않을 것입니다.</u> 나는 이일을 나의 제자들에게 빚지고 있습니다. Amin이 5부로 나누어 자루 속에 채워 논 Katy와 말뚝에 묶여 총살된 Karahanga에게 신세를 졌습니다. Amin은 그가 어떤 존재인가에 대해 적나라하게 들쳐졌음에 틀림이 없지요. 괴물 ... 폭정자!

British Comm.

I agree, too.

저도 동감이에요.

exts»   For God's sake: 제발

gr»   owe A to B=A를 B에게서 힘입다

ex»   I owed my success to my diligence.: 나는 나의 성공을 근면성에서 힘입었다.

651   get away with...   (벌 따위를) 모면하다

con»   **British Comm.**

I have come to ask clemency <u>on behalf of</u> Mr. Hills.

난 Hills 씨를 <u>대신하여</u> 아량을 구하러 왔소.

Amin

No white man calls Amin a tyrant and gets away with it.

어떤 백인도 Amin을 폭정자로 불러 벌을 면하는 사람은 없소.

exts»   sort out: 분류하다 ludicrous: 우스운 바보스러운 discharge: 퇴원시키다

652　**You are an example.**　당신이야 말로 본보기[희망의 등불]이요.

syn»　example=model

con»　**Oloya**

I ... just don't know where to begin the sheer brutality of it all! What has happenedl to humanity here? <u>You are an example</u>. You carry on, despite Amin's persecution of the Christians. That's courage! We are worried about you, about your safety.

난 ... 이 명백한 잔인성을 어디로부터 시작했는가를 알지 못한다. 인간 존중에 무슨 일이 발생했던 말이요? 당신이야 말로 희망의 등불이요. Amin의 기독교인에 대한 박해에도 불구하고 계속해왔소. 대단한 일이었소. 우린 당신에 대해 걱정이 되요, 당신의 안전 말입니다.

Hills

Thank you.

고맙소.

exts»　sack: 해고하다 religious sort: 종교를 믿는 부류 unleash: (감정 따위를) 폭발시키다

653　up to...
...하려고 하여

con»　**Phillips**

(to group) We said the cartel was up to something.
(그룹에게) 우리는 연합이 무엇인가를 하려고 한다고 말했지.

De Narco

(to Phillips) I'm not blaming anybody. We're all on the same side. We have some decisions to make. (to Preston) Thank you, Mr. Preston.
(Phillips에게) 나는 어느 누구도 비난하지 않을 걸세. 우리 모두는 같은 편이야. 우린 결정해야 할 몇 가지가 있어. (Preston에게) 고마워, Preston씨.

rf»　on the same side: 같은 편에 있는 I am on you side.: 나는 너의 편이야.

654　stand a chance
가망이 있다

con»　**Preston**

... They didn't stand a chance. They're heroes who should be avenged.
그들은 가망이 없었어. 그들은 복수 받아야만 하는 영웅들 이야.

Phillips

(to Preston) It's more complicated than that.
(Preston에게) 문제는 그것보다 더 복잡하다.

cf»　sit on one's hands: 수수방관하다 stand up to...: (적, 위험 따위에) 과감하게 대하다

37

655   You are excused.   나가도 좋소.

syn» You may leave.

sit» excuse가 '용서(하다), 변명(하다)'의 뜻으로, 위의 표현은 '당신은 용서받는다' 의 뜻이므로, 넓게 해석하면 위의 뜻이 가능하다.

con»   **De Marco**

(to Preston) Thank you. <u>You are excused</u>. (to group) Is anyone else here as frustrated I am.

(Preston에게) 고맙소. <u>당신은 나가도 좋소</u>. (그룹에게) 나만큼 좌절감을 당한 사람이 있소.

Phillips

We all are, but it's a complex problem.

전부 그렇소. 그것은 복잡한 문제죠.

656   stand up to...   (대담하게 적, 위험 따위에) 맞서다

con»   **McNeil**

Will do, General. (to Preston) You've seen this <u>bogey</u> work. Can the Apache <u>stand up to it</u>?

그렇게 하겠어요. 대장님. (Preston에게) 당신은 이와 같은 적군 헬기가 작동하는 것을 보아왔소. 그 아군 아파치 헬기가 그것과 대담하게 맞설 수가 있겠소?

Preston

It's the only aircraft that will.

그렇게 할 순 있는 것 그 헬기 뿐이요.

exts» At ease.: 쉬어. log: (일정 따위를) 기록하다 crack: 일류의 ride shotgun=protect up against: 난점에 봉착하다 jim-dandy: (사람, 물건이) 굉장한, 멋진]

657　**That's behind us now.**　그것은 전부 지나간 일이야.

syn»　The ship has sailed out already.=It's water under the bridge.

con»　**Billie**

Yeah, I remember.
그래, 기억하겠소.

Preston

That's behind us now. The main thing is we're here together and you look really sexy, so we should give it another chance.
그것은 전부 지나간 일이야. 중요한 것은 우리가 여기 함께 있는 거야 그리고 정말로 섹시해, 그러므로 우린 또 한 번 사랑을 나누어야만해.

658　**Back off, slick.**　물러나라, 사기꾼아.

con»　**Dance partner**

Back off, slick.
물러나라, 사기꾼아.

Preston

I want to dance with the lady.
난 저 여자와 춤을 출거야.

Dance partner

Well, get in line. While the musiuc's playing, she's mine. After that, I'll let her go. Now beat it.
글쎄, 줄지어 있으라구. 노래가 나오면, 그년 내거야. 그 후론, 난 그녀를 놔 둘 거야. 이젠 물러나라라구.

rf»　get in line.: 줄지어 있다.

exts»　beat it.: 도망치다. 꺼지다. Back off, slick.: 물러가라, 사기꾼아. scaredl cat: 겁쟁이 make up.: 화해하다 3-by-4: 가로 세로가 3, 4인치

659 pull a muscle 근육을 접질리다

con» **Little**

I'm just fine, honey. I'm a little sore. Maybe I pulled a muscle.

난 괜찮아요, 여보. 약간 아플 뿐이야. 아마, 근육이 접질렀을 거야.

Janet

You sure.

정말이야.

exts» of choice: 좋아하는, 보다 좋아하게 되는 crack: 〈속어〉강력한 코카인 net: 압수하다 take over: (대신해) 우세해지다 diddly: 〈속어〉nothing. screw up: 〈속어〉엉망을 만들다 Technically, it's bullshit.: 기술적으로 말하면[엄밀히 따지자면], 이것은 아무것도 아니다. bullshit: 〈속어〉nonsense. Ease throttle.: 속력을 낮춰라. world=everything

660 throw on (옷을) 급히 입다

con» **Preston**

Wow, You look amazing.

와, 정말 멋져 보이는데.

Billie

This old thing. I just threw it on as I was leavin.

이 낡아빠진 것 말이야. 막 떠나려고 했기 때문에 단지 급히 걸쳤을 뿐이다.

exts» horn: 〈속어〉 전화 kick your ass: =beat you decisively: 결정적으로 너를 이기겠다. set to launch: 시작할 준비가 되어있는 staging area: 전투지로의 집결지 on hand: 부근에 있어 at stake: 위험에 처해있어 blow away=destroy. chew up: 엉망으로 파괴하다. chops=talents: 재능

661 You're a natural. 당신은 타고난 존재야.

con» **Preston**

I've been pretty arrogant. I know I'm great. But you're the best.

나는 매우 교만해왔었지. 나도 내가 멋지다는 것을 알지. 허나 당신이 최고야.

Little

You're a natural. You got a lot of talent.

당신은 타고난 재주꾼이야. 당신은 많은 재능을 갖고 있지.

영화 속 찐 원어민 영어 따라잡기 2

662　know one's way around...　　...에 대하여 잘 안다

con»　Ellie

U-u-um, well, here. Let me have this. Samples. (laughs)
으-으-음, 글쎄, 여기. 이거 마실게. 견본들 말이야. (웃는다)

Hammond

(Overlapping) I'll ... just get a glass or two, that's a No,
no, no, no, no, no, no, no. I can manage this. I know
my way around the kitchen. Now, I'll get right to the
point. Um, I like you.
(든 술잔을 겹치며) 나는 ... 한두 잔을 먹을 걸세. 아니야, 아니야, 아니야, 아
니야, 아니야, 아니야, 아니야, 아니야, 아니야. 단지 이 잔만 끝낼 수 있어. 난
부엌에 대해 잘 알지. 지금, 곧장 말할게. 음, 난 당신들을 좋아해.

rf»　get right to the point: 곧장 본론에 들어가다
exts»　jerk: 바보, 얼간이

663　pebble in one's shoe　　귀찮은 존재, 가시 같은 존재

sit»　신발 안에 조약돌이 들어가면 아주 성가시다. 고통은 그리 심하지 않지만 거추장
스러운 것은 사실이다. 거추장스럽고 성가신 것이 있다고 할 때 쓰는 표현이다.

syn»　something to be bothersome to someone=be annoyed by something

con»　Ellie

(overlapping) Oh, I don't really know any.
(술잔을 겹치며) 오, 난 정말로 어느 것도 몰라.

Hammond

(off) I do, I'm afraid. There's a particular peb.ble in my
shoe, represents my investors. Says that they insist on
outside opinions.
(술잔을 떼며) 난 알지, 죄송스럽지만 말이야. 특별히 가시 같은 일이 있지, 나
의 투자가들을 지칭하는 것인데 말이야. 그들이 외부 의견에 대해 고집한다
고 가정해봐.

exts»　top minds: 최고의 권위자 testimonia: 추천장(letter of recommendation)]

664 **Let's get something straight.** 오해 없도록 확실히 하자.

con» **Gennaro**

Let's get something straight, John. This is not a weekend excursion. This is a serious investigation of the stability of the island.

오해 없도록 확실히 하자. John. 이건 주말 소풍이야. 이건 이 섬의 안정성에 관한 진지한 조사가 된다구.

John

I've got it.

알아들었어.

exts» sap: 수액 virtual reality: 가상 체험 mitosis: 유사분열 ↔ amitosis: 무사분열 wilds: 광야, 자연상태 gourmet chef: 미식 감정 주방장 game warden: 수렵구 관리인 alarmist: 기우가 심한 metabolism: 신진대사 stand on the shoulder of x: x의 공적을 바탕으로 업적을 이루다

665 **come on-line** 가동되다(go online)

rf» 'on-line'이란 용어는 컴퓨터에 쓰이는 말로 '중앙전산장치에 접속된다'라는 말이다. 그러므로 'come on-line'이란 말은 '가동되다'라는 의미다.

syn» be activated=be up and running=be operating

con» **Tina**

Let's have lunch at the new cafeteria.

새로 생긴 식당에서 점심 먹자.

Alice

I didn't know it had come on-line yet. The last I heard that they were still working on it.

벌써 개업했는지 모르겠네. 전번에 들르니까 아직은 공사 중이라고 하던데.

con» **Claudio**

(to Don Pedro) Neither, my lord.
(Don Pedro에게) 어느 쪽도 아니요, 왕자님.

Beatrice

The Count is <u>neither</u> sad, <u>nor</u> sick, nor merry, nor well but ... <u>civil Count, civil as an orange</u>, and something of that jealous complexion.

백작은 슬프지 않고, 아프지 않고, 명랑하지 않았고, 건강하지 않습니다만, 예의 바른 백작이지요. 맛이 쓴 오렌지만큼이나 질투심의 용모를 가질 만큼 예의 바르단 말씀입니다.

exts» throng: 밀려들다 break with: 말을 꺼내다 revel: 주연을 베풀다 unclasp=unleash: 풀다 out of measure: 대단히 stand out against: 반대하다 plain dealing: 진실의

gr» neither A nor B=not either A or B: A도 B도 아닌

ex» Mary is neither a poet not a novelist-.=Mary is not either a poet or a novelist.

---

667 **go to the world** 결혼 생활을 하다

syn» enter the married state

con» **Beatrice**

(to Don Pedro) Good Lord, for alliance! <u>Thus goes everyone to the world</u> but I, and I am sunburnt, I may sit in a corner and cry "Heigh-ho for a husband".
(Don Pedro에게) 왕자님, 동맹을 위하여! 결국 모든 사람들은 결혼생활을 갖게 되지만, 난, 나는 햇빛에 타기만 하고, 구석에 앉아 배우자가 생기지 않았다는 것에 대해 탄식만 해야 한다구요.

Don Pedro

Lady Beatrice, I will get you one.
부인, 당신께 한 사람 소개해 주죠.

gr» Thus goes everyone to the world: 이 문장은 thus라는 부사가 강조되기 위해 문장 앞에 왔기 때문에 주어(everyone)와 자동사(goes)가 도치되었다.

con»   **Don Pedro**

(to Beatrice) I faith, lady, I think your <u>blazon</u> to be true, though I'll be sworn, if he be so, his conceit is false. (to Claudio) Here, Claudio, I have wooed in thy name, and fair hero is won. I have broke with her father and his good will obtained. <u>Name the day of marriage, and god give thee joy.</u> (Leonato steps to Claudio)

(Beatrice에게) 맹세하오, 부인, 난 당신의 묘사가 사실이라고 생각하오, 비록 그가 그렇다면 그의 자만심은 거짓이라는 것을 맹세한다 할지라도 말이요. (Claudio에게), 이봐요, Claudio, 난 그대의 이름을 생각하며 번민해왔소, 그리고 정당한 영웅은 승리하게 마련이요. 난 그녀의 아버지와 결별했고 그의 선의는 얻게 될 것이요. <u>결혼 날짜를 정합시다</u> 그러면 하나님은 그대에게 기쁨을 줄 것이요. (Leonato가 Claudio에게 다가간다.)

Beatrice

Well, give me one night to think about it. <u>I'll sleep on it.</u>

글쎄요, 생각할 하룻밤의 기회를 주세요. (자며) 잘 생각해볼께요.

rf»   blazon=description: 묘사, 설명 sleep on...: ...곰곰히 생각해보다

exts» wanton: 바람둥이 pampered: 제멋대로 하는 intemperate: 무절제한 wide: 엉뚱한 ruffian: 악당 fall into a pit of ink: 중상모략에 빠지다 belie: 모략하다 have the very bent of...: ...의 성향이다(have an inclination for...=have a disposition to...)

---

syn»   broad=liberal

con»   **Leonato**

(to Claudio)(whispers) Dear my Lord, if you, in your own proof, have vanqcuished the resistance of her youth, and made defeat of her virginity.

(Claudio에게) (속삭인다), 폐하, 당신이 당신 자신의 시험으로, 그녀의 젊음의 항거를 뿌리치고, 그녀의 처녀성을 정복해 왔다면.

Claudio

(laud) No, Leonato. I never tempted her with word too <u>large.</u> But (He steps to Hero.) as a brother to his sister ...

showed bashful sincerity and comely love. (He looks down at here.)

(큰 소리로) 아니오, Leonato. 난 결코 진한[야한] 말로 그녀를 유혹한 적이 없소. 그러나 (그가 Hero에게 다가간다.) 그의 여동생에게 오빠처럼 수줍은 진실성과 소박한 사람을 보여주었을 뿐이요. (그가 여기를 내려다본다.)

exts» wanton: 바람둥이 ruffian: 악한

---

670   **fall into a pit of ink**   중상모략에 빠지다

con»   **Leonato**

 (to Hero)(over) She, she is fallen into a pit of ink.
(Hero에게)(다다가) 그녀, 그녀는, 중상모략에 빠졌소.
Benedick

(to Leonato)(over) Sir, sir, be patient. For my part, I am so attiired within wonder, I know not what to say.
(Leonato에게) (다가가) 나으리, 나으리, 참으세요. 나로 말할 것 같으면, 난 의문에 휩싸여 있어요, 나는 무슨 말을 해야 할지 모르겠어요.

---

671   **come to light**   드러나다(reveal)

sit»   가리고 싶은 치부와 같은 것이 그냥 '드러나다'의 의미인데, '남의 치부를 밝혀 내다'라는 뜻은 'bring to light'이다.

cf»   see the light: 빛을 보다, 이해하다 태어나다. hide one's light under bushel: 자신의 선행을 알리지 않다

con»   **Beatrice**

(to Hero)(sobs) How my cousin!
(Hero에게)(흐느낀다) 나의 사촌은 어떤가!
Don John

(to Claudio) Sir. Let us go. These things come thus to light, smother her spirits up. (They exit.)
(Claudio에게) 왕자님. 가도 록 허락해주시오. 이러한 일들은 백일하에 드러 날 것이고, 그녀의 영혼들은 질식하고 말 것입니다. (그들이 퇴장한다.)

exts» twine: 분규, 혼란 have a hand in ...: ...에 관여하고 있다 plaintiff: 원고, 고소인

672   have the very bent of...   바로 ...한 성향(inclination)을 가지고 있다

syn»   have an inclination for...=have a disposition to...

con»   **Friar**

There is some strange misprision in the princes.
왕자님들에게는 묘한 비행이 있습니다.

Benedick

(to Friar) Two of them have the very bent of honour.
and if there wisdoms be misled in this, the practice of
it lives in John the bastard.
(Friar에게) 그들 두 분은 바로 영예를 존중하는 성향을 가지고 계시죠. 그리
고 이 속에 어떤 오도된 지혜에 있다면, 그것의 책략은 악당 John에 기생하
고 있죠.

673   have a hand in...   ...에 관여하다(be in on...=be involved in...)

rf»   have in hand: 소유하다 have one's hands free: 볼일이 없다 have one's hands
full: 매우 바쁘다

con»   **Dave**

Ted, look at this newspaper article about our work.
What do you think of it?
Ted, 우리 일에 대해 쓴 이 신문 좀 봐. 어떻게 생각하니?

Ted

It looks like our competition had a hand in it. They
sure take a one-sided view of what we are trying to
do.
우리 경쟁사가 관여한 것 같아. 그들은 분명히 우리가 하고 있는 일에 편파적
인 견해를 다루었네.

674   slip behind enemy lines   적진지의 뒤로 몰래 들어가다

con» **Jessie**

 What's on your mind, Colonel?
당신은 어떻게 생각하오, 대령?

Graham

There's a Spanish supply convoy scheduled for tomorrow. And for delicate reasons, we cannot attack it openly. Due to my political aspiration, a scandal would be, shall we say, unwise. Now, I would like the Tenth, or what's left of it, to slip behind enemy lines, eliminate the enemy, intercept those supplies, and bring whatever you find, guns, ammunition, anything at all, back to me.

내일 예정된 스페인 병참 호송이 있소. 그리고 미묘한 이유 때문에, 우린 공공연하게 그것을 공격할 수 없소. 나의 정치적 포부 때문에, 스캔들은 현명한 짓이 아니거든. 자, 열 번째를, 다시 말해, 남겨있는 대원들이 적진지로 몰래 들어가, 적을 제거하고, 그들의 보급을 막기를 원하고, 당신이 발견하는 어느 것, 가령, 총, 탄약, 어느 것이라도 나에게 가져오게 하고 싶소.

rf» What's on your mind?: 무슨 생각을 갖고 있소? 무슨 일이요?

exts» singe-shot: 단발식 gunslinger: 총을 가진 악한 posse(L): 민병대 throw in the stockade: 방책, 감옥에 집어 넣다 sentence deferment: 선고유예 pocket change=small money: 잔돈, 쌈짓돈. 용돈(pocket money=allowance). satchel: 조그만 가방 give ... the word: ...에게 명령을 내리다 split up: 흩어지다 That's the whole different story.: 그건 전혀 다른 얘기야. cracker: 백인 빈민 Teepee: 아메리카 원주민의 고깔형태의 천막

675   That's the key.   그게 중요한 거야.

con»   **King David**

(voice over) Now I'm talking about revolution without bullets. ... so the revolution that I'm talking about, bothers and sisters, is a revolution of the mind and the spirit. And education, that's the key. Eduction leads to freedom. Education is freedom.

(큰소리로 전부에게 말하며) 지금 나는 총알 없는 혁명에 대하여 말하고 있소.... 그러므로 내가 형제 자매에게 말하고 있는 혁명은 마음과 정신의 혁명이오. <u>그리고 교육 그것이 중요하오.</u> 교육은 자유를 낳고, 교육은 곧 자유를 말하오.

Jessie

That's right, Sir.

맞습니다.

676   pray for pie in the sky   그림의 떡을 희구하다

cf»   build a castle in the air: 공중 누각을 짓다, 공상에 젖다

con»   **Jessie**

It ain't the good book or any other book I got problems with. It's how folks interpret it. As far as I can see, good book got a whole lotta good colored people up on their knees praying for pie in the sky. And Sheriff Bates is gonna get whatever he's gonna get.

그건 좋은 책도 아니고 내가 문제를 갖고 있는 어떤 책도 아니오. 그것은 사람들이 그것을 어떻게 해석하는가에 해당되오. 내가 알 수 있는 한, 좋은 책은 그림의 떡을 희구하며 무릎을 꿇고 있는 유색 인종을 많이 담고 있을 뿐이요. 그리고 보안관 Bates, 그가 원하는 어느 것이라도 얻게 될 것이요.

King David

That's right.

맞죠.

gr»   It ain't the good book=It is not the good book. lotta=lot of. gonna=going to

exts»   It was for the best.: 그것이 가장 좋겠어. part company.: 헤어지다 tear things down: 일을 그르치다 turn oneself in: 포기하다. I've been through it.: 나도 그 일을 겪었다. get sunstroke: 열사병에 걸리다.

677   **I'm with you on this.**   이것에 대하여 너와 생각이 같다.

con»   **Cavel**

Even if we wanted to, we <u>ain't got</u> enough guns for that.

비록 우리가 원할 지라도 우린 그것을 위해 충분한 총을 가지고 있지 않아.

Carver

Jessie, <u>I'm with them on this</u>.

Jessie, 난 이것에 대하여 너와 생각이 같아.

Jessie

All right. I'm gonna leave. Y'all think you can <u>sit safe</u>.

좋아. 난 가 보겠네. 너희들 모두 안전하다고 생각해봐.

gr»   〈속어〉 ain't got=have not got
rf»   sit safe=remain safe.
exts»   day in and day out=everyday. Let go of me.: 나를 보내줘요(Let me go). retribution=retaliation: 보복

---

678   **tell a man by one's profile**   인물을 보고 사람을 판단하다

con»   **Graham**

Wrong! That's where you're wrong. You're in no position to question my strategic command.

말도 안 돼! 그 부분이 당신이 틀린 부분이야. 당신은 나의 전략적인 명령에 질문할 위치에 있지 않아.

Jessie

Your strategic command was a joke. Even old walrus here knew that. Now you talk about being a coward. You're up there shooting at an unarmed woman. <u>You told me once you could tell a man by his profile</u>.

당신의 전략적인 명령은 일종의 농담이지. 심 지어 늙은 해마도 그 점을 알고 있었지. 지금 당신은 겁쟁이가 되는 것에 대해 말하고 있어. 당신은 무장하지 않은 여인을 총으로 쏘고 있는 격이라고. 당신은 <u>인물을 보고 사람을 판단한 다고 언젠가 나에게 말했지</u>.

rf»   위의 문장 속 'tell'은 'distinguish(구별[판단]하다)'의 뜻이다.

49

679   This is between you and me.   이건 너와 나만의 문제잖아.

con» **Jessie**

This is between you and me, Graham. Let the girl go.

이건 너와 나의 문제지, Graham. 그녀를 풀어주게.

Graham

Wrong! That's where you're wrong.

안 돼! 그 점이 당신이 잘못된 부분이야.

680   Don't be ridiculous.   어리석게 굴지 말아요.

syn» Don't be a fool.

con» **Mercy**

Don't be ridiculous. Birdy does not expect you to buy the most expensive thing here.
어리석은 짓 하지 말아요. Birdy는 당신이 여기 있는 가장 비싼 것을 사길 원하지 않아요.

Martha

But I want it.
하지만 난 그것을 원해요.

exts» Make and maintain eye contact.: 상대방의 눈을 바라보도록 해요. the deluxe set: 가장 멋지고 특별한 고급 세트

681   You can tell time by her.   그녀는 시간을 엄수한다.

sit» '그녀에 의해 시간을 말할 수[구별할 수]가 있다.'라는 말은 '얼마나 그녀가 시간을 잘 지키는지'로 이해가 가능하다.

syn» She keep good time.=She is punctual.

con» **Birdy**

I told you we were late.
우리가 늦는다고 말했잖아.

Getso

No, she's early.
아냐, 그녀는 일찍 올 수가 있어.

Birdy

You wish. You can tell the time by her.
당신은 바라고 있지. 그녀는 시간을 엄수해.

exts» mess up: 어지럽히다 Have a hot weekend.?: 주말을 즐겁게 보냈는가?

682   **Whatever comes natural.**

당신이 무엇을 하고 싶든지, 무엇이 쉽든지 간에

syn»   Whatever you feel like doing.

con»   **Birdy**

(throws her off and shruges back) Martha! Stop that.
Don't do that!

(그녀를 떨쳐 버리고 뒤로 물러선다) Martha! 그만해. 하지 말란 말이야.

Getso

Hey, whatever comes natural, you know.

이봐, 무엇을 하고 싶든지 간에[무엇이 쉽든지 간에], 당신이 알다시피.

exts»   loading dock: 집하장 pressing=ironing: 다리미질 wear a bib: 가슴받이가 있는
바지를 입다 screwballs: 무능력한 사람 You just settle down.=Calm down.=Take
it easy.=Relax.=Chill out.

683   **You just settle down.**   진정해.

syn»   settle down=calm down=take it easy=relax=chill out: 진정하다, 여유를 갖다

con»   **Martha**

Count it. Count it.

세어. 세어 보라구.

Birdy

You just settle down!

진정해!

Martha

I saw Getso take it right out of the drawer. I saw him
take it. Count it! You'll see.

난 Getso가 그것을 수납장으로부터 꺼내는 것을 보았어. 그리고 가져가는
것을 보았지. 세어 보라구. 넌 알게 될 거야.

Birdy

Stop it!

그만해!

exts»   None of your business.=Never mind.=Stop sticking your nose where it
doesn't belong.: 참견하지 마라. I have a hangover.: 숙취가 있다. whip one's kids
into shape: 훈육으로 매우 엄격하다 slothful: 나태한 I take that back.: 취소하겠다.
eat[swallow] one's words: 한 말을 취소하다 give one absolution: 면죄하다,
아량을 구하다

Bingo.

맞아., 이겼다., 해냈다., 해냈다.

syn» Exactly=Precisely

con» **John**

He saw you last week, too. Thursday you took fifteen, Friday you're off. Nothing's gone. Saturday. Twenty short. Today. Bingo.

그는 지난 주 당신을 또한 보았어. 목요일 당신은 15불을 가졌지. 금요일 당신은 비번이었고. 어떤 것도 사라지지 않았지. 토요일. 20불이 부족해. 맞아.

Martha

No!

아니야!

---

685   **do the right thing.**   양심에 따라 행동하다

con» *Francis*

Really. She's 'vulnerable', alright. (laughs) Look, Mr. Mackey, I'm sure you think you're doing the right thing, protecting Cinderella from her wicked stepsister, but I guarantee you that in two weeks you'll be gone and I'll still be here.

정말이야. 그녀는 취약한 점이 있지, 맞아. (웃는다) 자, Mackey씨, 난 당신이 양심에 따라 행동할 것이라고 생각해. 사악한 이복 언니로부터 Cinderella를 보호하는 것처럼 말이야. 그러나 당신은 이주 안에 사라지고 내가 그 곳에 있게 될 것이라는 것을 장담하지.

Mackey

I didn't say anything like that.

나는 그처럼 어떤 말도 하지 않았어.

686 take one look at ... ..한 번 슬쩍 보다

con» **Mackey**

Actually, A whole month after I'm no good. I can't eat.
I can't sleep. I talk too much. ... I figured out that the
reason she does it is that <u>she takes one look at me</u> and
knows she's gotta be grateful to old Hall.

실제적으로, 좋지 않은 상태로 한 달 내내 있었지. 먹을 수가 없었고, 잠을 잘
수가 없었지. 너무 많이 말했지. ... 그녀가 그것을 한 이유가 <u>그녀가 나를 한
번 슬쩍 보고</u> 늙은 Hall에 게 감사를 드려야만 한다는 것을 난 이해했지.

Francis

Is that so?

그게 그거야?

687 I take that back. 취소하겠어., 철회하겠습니다.

syn» I didn't mean to say that.=Let me change what I said.

con» **Mackey**

Well, that's even better. You don't know what I'm
talking about. ... I have never voted. But I am most
sorry for being cruel. <u>No. I take that back.</u> I'm most
sorry for being a fool. Let's be more concise. I'm most
sorry for being a cruel fool. Okay, <u>give me absolution</u>.

글쎄, 그것은 더욱 좋은 아이죠. 당신은 내가 말하는 것 보다 더 잘 알죠. ...
나는 결코 투표 안했죠. 그러나 가혹했던 것에 대해 대단히 죄송해요. <u>아니
철회하겠어요.</u> 바보였던 나에 대해 대단 히 죄송합니다. 좀 더 자세히 말하겠
어요. 가혹한 바보였다는 점에 대 해 대단히 죄송해요. 좋아요. <u>나를 면죄해
주시오.</u>

Martha

In that respect, I can't do that.

그 점에선 난 못해.

688　**You are a wonder.**　당신은 대단한 존재야.

syn» You are amazing.=You really something.=You are speciall.

con» **Mackey**

You're a wonder. You're like a primitive thing that's never been spoiled. Like a creature that's never stepped out of the jungle. You might as well live in a glass cocoon. ... I want you to tell me things. Promise you'll talk to me all nigght.

당신은 정말 대단한 존재야. 당신은 결코 훼손되지 않아왔던 원초적인 존재인 것처럼 보여. 결코 정글로부터 나오지 않는 동물처럼 보인다구. 당신은 유리로 된 보호막 속에 사는 편이 좋을 거야. 난 당신이 사실 것 모든 일을 말했으면 좋겠어. 밤새워 나에게 전부 말할 것이라고 약속하라구.

Martha

I can't that.

그렇게는 못하겠어.

Mackey

I need a drink. I'm absolutely, what's the word, what's the word, incubating! Incubating! Sorry. What's that.?

한 잔 하고 싶어요. 나는 완전히, 글쎄 뭐더라, 뭐더라, 보육기에 넣어 기르던 존재였지. 보육기에 넣이 기르던 존재였어. 미안해요. 그게 뭐야?

rf» What's the word?: 그게 뭐더라?

exts» get one's flair: 날카로운 안식을 가지고 있다 razzmatazz: 떠들썩함 promo: 판매촉진 get a tumor: 종기가 나다 prickly heat: 땀띠 heat rash: 발진[뾰루지] wart: 물사마귀 mole: 모반 twosome: 한 쌍 That was lousy[nasty].: 정말 별 볼일이 없어.

689 Don't bust my ball. 괴롭히지 말라.

syn» Don't tease or harrass me.

con»

Ben

What's it? The meter maids again?
저게 뭐야? 벌과금 징세원이야?

Mickey

(chucking) Don't bust my balls.
(껄껄 웃으며) 괴롭히지 말라.

Ben

All your big stories, that's my favorite 'Meter Maid Scandal Rocks City Hall'. I don't know why you didn't win the Pulitzer for that, Mick.
당신의 모든 이야기(=허풍)는 내가 가장 좋아하는 'Meter maid Scandal Rocks City Hall'이다. 나는 왜 당신이 그 때문에 Pulitzer상을 받았는지 모르겠어.

exts» source: 이야기에 관한 정보를 가지고 있는 사람, 정보원 ripoff: 도둑질(theft). blow one's mind: 확실히 ...를 놀라게 하다(take one's breath away). be on to (something): (무언가를) 계속 해나가다

690 That'll be the day. 그러한 일은 없을 거지.

con» **Mickey**

I'm kidding. (in the park, Julian is kneeling next to an exercise mat on the ground.) Hellow, my personal trainer. Do you have any idea how much I enjoy telling people I have a personal trainer. Makes it sound like I'm rich. That' ll be the day. What Oh-oh-oh-oh. You're a little moody because I owe you for one or two sessions, right?

나는 농담이야. (공원, Julian이 땅 위에 있는 운동 깔개 옆에 무릎을 꿇고 있다.) 안녕, 나의 개인 훈련 교관. 내가 개인적인 훈련 교관을 가지고 있다고 사람들에게 말하는 것을 얼마나 즐기고 있는지 알아요? (그것은) 내가 부자인 것처럼 만들죠. 그런 일은 없을 거요. 무엇이라고요? 오.오.오.오. 당신은 약간 우울해 보이는 군요, 한 두어 시간 당신에게 빚지고 있기 때문이겠죠?

Jillian

Five (holding up five fingers).

다섯 시간이죠 (손가락 다섯 개를 들어 올리고 있다).

exts» pull off: 잘 해내다(accomplish). prick: 비열한 놈 blow off: 이전의 약속, 계획을 잊어버리다 chow: 음식(food). intrusion: 침입 suspected felon: 혐의가 있는 악한 paw=hand: 앞발 stash: 숨기다, 은닉하다(hide, conceal). Watch the foul language.: 말 조심해. eulogy: 송덕문, 찬양 slow down: 생각하고 있는 것을 천천히 느긋하게 말하다 deadd meat: 벌 받을 것이 분명한 사람 stands: 관람석 Freeze!: 꼼짝 마! fence: 장물아비 tighten up: 누군가에게 좀 더 포커스를 가지고 가다 little punk: 풋내기, 젊은 불량아(young hoodlum)

691 I'm all set. 난 괜찮아 (필요한 것 없어)., 준비가 되어 있다.

rf» I'm all set.=1)I am enough. 2)I'm ready.

con» **Tim**

Hey, you want to try that? I build them myself, pretty fun.

이봐, 당신은 그것을 하고 싶니? 난 나 자신이 그것들을 해내, 정말 재미있지.

Mickey

I'm all set, thanks. Who hires you?

난 괜찮아, 고맙네. 누가 너를 고용했니?

692 **That's tradition.** 그것이 일들이 되는 방법이지.

syn» That's the way it is.=That's the way things are done.

con» **Severo**

The Conversative Party has been in power in our country for <u>as long as I can remember</u>. They are the party of greed and corruption and intolerance and old ideas. We, the Liberal party, have to fight them. (stands) Thank you, dear friends, for your support. Thank you! Oh Thank you, thank you! (The band is playing a song.) No, the one who carves the pig. <u>That's tradition</u>. Come on! (Rosa sips the brandy.)

보수당이 <u>내가 기억하는 한</u> 우리 나라에선 쭉 집권해왔지. 그들은 욕심과 부패와 불관용과 낡은 사상 을 가진 정당이지. 자유당으로, 우리는 그들과 싸우어야만 해. (일어선다.) 고마워, 친구들, 지지해줘가지구. 고마워, 오, 정말 고마워, 고마워! (밴드가 노래를 연주한다.) 아니, 여러분들 잔을 올립시다. 구운 돼지를 잘라내는 사람. <u>세상일이란 그런거지</u>... 자! (Rosa가 브랜드를 입맛 다신다.)

Esteban

O.K. Bravo. Cheers.

좋아요. 건배.

exts» supernatural powers: 초능력 lead ... to the altar=marry ...=tie the knot: ...와 결혼하다 drink the toast: 술잔을 제안하다 provoke events: 일이 일어나게 하다 bandits: 악한들(felons=villain=ruffian). wrapped in one's fantasies: 환상에 사로잡혀 toil: 힘든 일

693   **wrapped in one's fantasies**   ...의 환상에 사로잡혀

con»   **Blanca**

(voice over) After my mother stopped speaking she lived in a world of her own wrapped in her fantasies. A world where logic and laws of physics couldn't always be applied, surrounded by spirits of the air and water and earth making it unnecessary for her to utter a word for many, many years.

(목소리만 나오게) 나의 어머니는 말씀하시는 것을 멈춘 후에 그녀는 그녀의 환상 속에 사로잡혀 사셨다. 논리학과 물리학의 법칙이 항상 적합한 곳은 아니지. 그녀가 수년 동안 한 마디를 단지 언급하는 것을 불필요하도록 만들며 하늘과 바다와 땅의 정령들에 의하여 에워싸인 채로 말이야.

Ferula

O.K

좋아요

exts»   Stop joking around.: 농담 집어쳐. Just the two of us=Alone together: 우리끼리만 set the dogs on: 개가 덤벼들게 자극시키다 That's what's important.=That's what counts: 그게 중요한 것이야. make a stand: 일정한 입장을 취하다 That's enough.=That's it.

694   **hold it nice and flat.**   수평으로 똑바른 상태에 있게 유지하다.

syn»   keep it level and straight=hold it very flatly.

con»   (Esteban demonstrates how to hold as badminton racket.)

(Esteban이 배드민턴 잡는 방법을 시범 보인다.)

Esteban

Hold it nice and flat ..., Blanca.

그것(배드민턴 라켓)을 수평으로 똑바른 상태에 있게 유지시켜라. Blanca.

Ferula

Concentrate, Blanca.

집중해, Blanca.

gr»   형용사 and 형용사=very 형용사

ex»   It is nice and warm today.=It is very warm today.: 날씨가 매우 따뜻하다.

695 **Stop fooling around.** 바보짓 하지 말라.

syn» Stop joking around.

con» **Esteban**

Ferula, if you'd keep it on the court, keep it in here.
Don't hit it so far out! Come on, Ferula. Stop fooling
around. Come on, Ferula.
Ferula, 만약에 당신이 코트위에 그것[공]을 유지시키려면 이곳에 오도록 계
속 유지시켜라. 너무 멀리 치지 말라! 자, Ferula. 바보짓 하지 말라, 자.

Ferula

I know that.
알고 있어.

exts» It's the law of jungle=It's the survival of the fittest: 적자생존의 법칙이다 a
true Utopian: 매력적이고 바람직하지만 실제적이지 못한 사람 There's no doubt
about that.=It's clear.=It's definite.: 분명하다. We have to wait and see.=Be
patient.=Have a faith.: 믿음을 갖고 참아라.

696 *make a stand* 진정한 입장을 취하다

con» **Esteban**

I'm no politician.
난 정치인이 아니요.

Politician

You're a powerful man, Esteban. A man of honor. You'
re just the kind of senator we need. The country is
changing. Things aren't the way they are. People are
getting crazy ideas into their minds. Peasants from the
cities talk about uniting. If we don't make a stand now ...
당신은 권력자요, Esteban. 귀빈이지요. 당신은 우리가 필요로 하는 상원의
원이지요. 이 나라는 변하고 있죠. 상황은 전과는 달라지고 있죠. 사람들은
미친 생각을 갖고 있죠. 당신의 지역구로부터 온 농부들이나 여러 도시로부터
온 노동자들 전부가 단결에 대해 말하고 있죠. 만약에 지금 우리가 진정한 입
장을 취하지 않는다면 ...

Esteban

I'll think about it.
그 점을 숙고해보겠습니다.

697   There' no doubt about that.   의심할 여지가 없죠.

syn»   It's clear.=It's definite.

con»   **Esteban**

(on television) Not at all! We shall win! The country will win. There's no doubt about that. I believe in people's common sense.

(텔레비전 상으로) 전혀 그렇지 않습니다! 우리는 이길 것입니다! 이 나라는 이길 것입니다. 그 점에 대해선 위심할 여지가 없습니다. 나는 국민들의 상식을 믿습니다.

Interviewer

Well, nevertheless, Senator, the tide seems to have turned against you.

글쎄요, 그럼에도 불구하고, 상원의원님, 당신의 행운이 변하고 있습니다.

rf»   The tide seems to have turned against you.=Your luck has changed or turned.

exts»   Rumor says that...=Rumor has it that...: 풍문에 의하면 ... curfew: 통행금지령

---

698   **It's good to cut loose.**   마음껏 노는 건 좋은 일이야.

syn»   It's good to let go.=It's great to let loose.=It's great to break free.=It's great to foot loose.

con»   **Vivian**

 Look at Shelia dance.
쉴라가 춤을 추는데.

Tina

Wow! she's really cutting loose.
와! 그녀는 정말 신나게 즐기는군.

exts»   gutter: 하수도, 빈민가 vandalism: 예술, 문화의 파괴(행위) chores: 잡일, 허드렛일 handy: 능숙한 shrink: 정신과 의사 bugger: 놈, 녀석 veal: 송아지 고기 dowdy: 단정치 못하고 매력이 없는 pump: 여성의 낮은 신발 cozy=snug: 아늑한 hocus pocus: 아무 의미가 없는 터무니 말 creep: 오싹함, 전율. crease: 양복의 세운 줄, 〈비유〉 의견이나 행동방식의 불일치 dementia praecox: 정신 분열증(schizophrenia). flaky: 괴짜의 Bless you!: 몸조심하세요! (상대방이 재치기할 때 상대방에게 하는 말로 중세 때 유래)

---

699   **We're as happy as pigs in a puddle.**   우린 매우 행복해.

sit»   자신의 상황에 매우 만족하거나 행복감을 느끼고 있음을 의미한다.

syn»   He's as happy as a clam.=He's as happy as a king[as a lark, as the day is long].=I'm as pleased as punch.

con»   **Eugene**

They all passed as the entrance exam.
그들은 모두가 입학시험에 합격했어.

Jason

Yes, they're all as happy as pigs in puddle.
그래, 그들은 모두가 매우 즐거워하고 있어.

exp»   holy vow: 혼인 맹세 bump: 우연히 마주치다 wallow (in pleasure): 지나치게 쾌락을 가지고 살아가다 degradation: 저하, 타락(degeneration)

700   get laid   성관계를 갖다

syn»   have sex

con»   **George**

 You get laid much, Ted? *(Ted looks at George with confusion.)*

넌 성관계를 가졌지, Ted? *(Ted가 혼란스럽다는 듯 George를 쳐다본다.)*

Ted

What do you mean?

무슨 소리야?

exts»   probation: 집행유예 suspect: 용의자 sonny: (경멸적) 애송이, 꼬마 stretch: 들 것 search warrant: 수색영장 bigshot: 유력자, 거물 log book=registration book: 등록부 sign out=record one's name when leaving: 떠날 때 이름을 적어놓다 teletype: 텔레타이프 통신[망] tit=breast=nipple: 유방(꼭지). armed robbery: 무장 강도 laundry: 세탁소 suspend: (일시적으로) 기능을 정지시키다, 특기 권리를 박탈하다 line: 일 drop by=stop by: 들르다 scam: 신용사기 fraud: 부정-수단 greedy: 탐욕스러운 top dollar: 최고 금액 hood=hoodlum: 깡패, 갱 Sambo: (경멸적) 흑인

701 We are on our way.

우리는 지금 당신이[우리와 함께] 무엇을 해야 하는지 알고 있지.

syn» Now you understand what you are to do.

con» **Hillary**

 Now, can you pick the circle? Yeah, very good! Yes, one for one. All right, now, can you find the triangle? Close. Now I'll give you a hint. That's not it. It's green. The triangle is green. Yes. Very good. All right, Henry. <u>We' re on our way.</u>

이젠, 당신은 그 원을 집을 수가 있어. 예. 좋아요! 그래, 하나씩. 좋다구. 이젠, 당신은 삼각형을 집을 수 있다구? 가까이. 자 힌트를 줄께요. 그게 아냐. 녹색깔이지. 삼각형은 녹색이라구. 그래, 아주 좋아. 좋아요, Henry. <u>우리는 당신이[우리와 함께] 무엇을 해야 하는지 알고 있거든.</u>

Bradley

How's it going, Blond?

어떻게 지내, Blond?

exts» cool=all right. nasty-ass=bad ass: 질이 나쁜, Yo: 〈속어〉 여어 (격려, 경고의 소리) fabulous: 아주 멋진 real estate: 부동산 shit=stuff=thing. caviar: 철갑상어알을 소금에 절인 것 be under control: ...의 통제하에 있다

702 sit tall 똑바로 앉아 있다(sit (up) straight)

con» **Bradley**

Yeah. But that's a load of bullshit, 'cause you're doin' all the walkin'. Now, let's see if we can get you standin' up, huh? Scoot up for me a little bit. Good. Okay. Sit tall. Sit tall. Now lean towards me. I want you push up, push up with your arms and your legs. Push, push up, push up. Very good. I gotcha, I gocha. Don't worry about it. Good. Very good. How's that feel?

예. 그러나 그것은 쓸데없는 짓이야, 당신이 온종일 걷고만 있기 때문이지. 자, 우리가 당신을 세울 수 있는지 보자구, 알았지? 조금 만 빨리 움찔거리도록 하라구. 좋아요. 똑바로 앉아 보라구. 똑바로 앉아 보라니깐. 이젠 나한테 기대어 보라구. 당신의 팔과 다리를 가지고 당신이 위로 쭉 뻗어보라구. 위로 쭉쭉 뻗어 보라고. 매우 좋아. 내가 너를 잡고 있다구, 잡구 있어. 걱정하지 말아요. 좋아요. 매우 좋아. 기분이 어때요?

Henry

I don't know.

모르겠어.

rf» walk tall: 뽐내다, 자만하다, 뻐기다 stand tall: 준비가 되어 있다, 자신을 가지고 일어서다

exts» gotcha=got you. single-handedly: 혼자힘으로(by oneself). ground: 외출을 금지시키다 resound: 반향하다, 메아리치다(echo), 소리로 그득하다

703 Just like that. 아주 간단해.

syn» It was as simple as that.=That's all there is to do it.

con» **Anita**

You mean you broke up with Karl?

karl과 헤어졌단 말야?

Cathy

Yep, just like that.

응, 아주 간단해.

exts» push: 일을 강력히 몰아세우다 greasy.: 기름투성이의, 기름을 바른(oily), 감정적으로 느끼한 sleep-away: 집 밖 숙소 weird-looking: 이상하게 보이는

65

704	**curl up**	몸을 웅크리다

con»

Linda

(To BBC Interviewer) All at once, it was no longer a fantasy. An address had made them real Hannah, Liesel and my beautiful cousin, Sofi who played the flute, and whose photo I carried and had now been forced into hiding somewhere in the darkness nearby. I wondered if she were in a bed, like I was or curled up on a cold cellar floor. She was alone and frightened or if she could sense that the moment of our meeting was near. In the morning, after dropping the children at school

...

(BBC 면담인에게) 갑자기, 그것은 더 이상 환상이 아니었어요. 주소는 그들은 진짜 Hannah, Liesel, 그리고 플루트를 연주했던 나의 사촌, Sofi라고 쓰여 있었는데, 내가 휴대했던 그녀의 사진은 가까이 어딘가 은닉시키도록 강요받았죠. 그녀가 침대에 있으리라고 생각이 되죠, 마치 나같이 말이죠. 아니면, 차가운 지하 마루 위에 웅크리고 앉아 있겠죠. 그녀가 홀로 있어 놀라지나 않나 궁금하고, 우리의 면담 시간이 가까이 있다는 것을 감지하지 않았나 염려가 되죠. 아침에, 학교에 아이들을 데려다 준 후에...

The interviewer

I see. I've got one more question for you.

알겠습니다. 한 가지 질문이 더 있습니다.

exts»

billing: 계산표(요금청구표) 작성[발송] impound: 압수하다, 몰수하다 reparations: 보상 disentangle: (얽힘, 혼란 따위로) ...을 해방시키다 cum laude〈라틴말〉: with honours. lousy: 더러운, 형편없는 black out: 등화관제 fancy: 멋진 tap: 도청하다 refugee: 피난자, 난민 defector: 이탈자, 망명자, 탈주자(fugitive). exile: 추방자 whereabout: 소재 sanitarium: (정신병 환자 등의) 요양소 asylum: 노인, 맹인 등 약자를 위한 장소 outrageous: 지나친

705   Get out of the closet.   사실을 진술하게 해놓으라구.

sit» '누군가가 자신의 본성이나 견해, 태도를 알려지게 하다'가 'come out of the closet' 또는 'be out of the closet'이다. 이것은 자의가 되었건 아니면 다른 사람한테 발각이 되었건 그의 본성, 견해 또는 태도를 드러내는 것을 의미한다.

syn» Admit.=Come clean.=Go public.

con» **Jim**

Bill says he likes only classical music and that pop music is for people with no taste.

Bill은 자기는 클래식만 좋아한다며 대중가요는 취미가 없는 사람을 위한 거라고 말해.

Tom

Don't believe it. He has a big collection of pop CDs. He should come out of the closet and admit he likes.

그 말 믿지마. 그는 무척 많은 대중가요 컴팩트 디스크를 갖고 있어. 그는 진솔하게 자기가 좋아한다는 것을 인정해야 해.

exts» steeple: (교회, 사원 등의) 뾰족탑 (am)munition: 무기, 탄약, 군수품 double-agent: 이중간첩 news bulletin: 뉴스 속보 drone: 단조로운 저음(기계나 벌 따위) stock up: 사재다, 비축하다(hoard). outskirts: 교외(suburb). curl up: 웅크리다 veteran: 퇴임 군인 재향 군인 cellar: 지하실(basement)]

---

706 tunnel-visioned   시야가 좁다

con» **Clifford**

 I don't want to hear it, Marty.
난 그것을 듣고 싶지 않아, Marty.

Marty

You know, it's your own fault. You're, you're tunnel-visioned, you know that.
네가 알다시피, 이건 너의 잘못이야. 당신은 시야가 좁다구, 알잖아.

Clifford

You know, Marty. We're talking about spending the rest of our lives with someone, why can't it be the person I want? Why do I have to settle for less?
맞아, Marty. 누군가와 우리의 여생을 지 내는 것에 관해 이야기하고 있지, 왜 그녀가 내가 원하는 사람이 안 된단 말이야? 왜 내가 주어진 것에 만족해 야 한단 말이야?

---

rf» settle for less (than one deserves or wants): 자신의 실력과 노력에 상응하는 평가를 받지 못한 사람이 다소 불만스럽더라도 주어진 것을 감수하기로 마음먹는 경우에 적합한 표현

syn» take things as they come=accept one's lot.=not to rock the boat

exts» teeny weenie(baby talk)=tiny: 매우 작[적]은 depth charge: 폭탄주(bomb shot=boiler maker=bomb cocktail). testy: 성질 잘 내는

영화 속 찐 원어민 영어 따라잡기 2

707 testy   성질 잘 내는

syn»   touchy=short-tempered=hot-tempered

con»   **Clifford**

Shem, just get me another drink please, okay?(Shem takes an empty glass and exits.)

Shem, 또 한 잔 주실래요? (Shem이 빈 술 잔을 가져가고, 사라진다.)

Shem

You don't have to be so testy, Sparky.

털끝하면 성질을 낼 필요가 없어, Sparky.

Clifford

Sorry, Shem. (As Shem sips his drink, Amanda enters.)

미안, Shem. (Shem이 그 잔을 마실 때, Amanda가 들어간다.)

exts»   sooth: 가라앉히다[진정시키다] muffin: 옥수수 빵

---

708 catch   사람(A) in... ...현장의 (A)를 잡다

con»   **Clifford**

Okay. That's okay. It'll pass. (Amanda begins to cry and rests her heaed on his shoulder.)

좋아요. 좋죠. 그건 통과할 거예요. (Amanda가 울기 시작한다, 그리고 그녀의 고개를 그의 어깨 위에 기댄다.)

Amanda

No, his name was Max. We were together for almost three years. We were going to spend Christmas together in Rio. Instead, I caught him in bed with another woman.

아니요, 그의 이름은 Max이다. 우리는 거의 3년 동안 함께 있었죠. 우리는 Rio에 함께 크리스마스를 보내기로 했죠. 그 대신에, 나는 또 다른 여자와 함께 침대에 있는 그의 현장을 목격했죠.

709   **You get cat-calls from priest.**   당신은 참으로 섹시하다.

con»   **Amanda**

Don't you find me attractive?
당신은 내가 매력적이라고 생각하지 않아요?

Clifford

Oh, God! I'm sure you get cat-calls from priest.
오, 맙소사! 난 당신이 참으로 섹시하다는 것을 확신하오.

Amanda

Cliff, there's a flame burning inside me and I need your flesh to sooth the fever.
Cliff, 내 몸엔 활활 타오르는 불꽃이 있어요 그리 고 난 그 열병을 진정시켜 줄 당신의 육체가 필요해요.

exts»   crime-ridden: 범죄가 우글거리는 trigger-happy enemy: 총질에 사로잡힌 적
corona-stricken people: 코로나에 시달리는 국민 the milk in the coconut: 코코넛
속의 우유처럼 생긴 물, 사물의 핵심, 요지

---

710   **on the house**   무료의

con»   **Clifford**

Oh, Thank you. I don't know how I'll ever repay you.
오, 고맙소. 당신에게 은혜를 어떻게 갚아야 할지 모르겠소.

Clare

The brandy was 5.75. The mouth-to-mouth is on the house.
그 브랜디는 5.75짜리에요. 인공호흡은 무료예요.

Clifford

What were you doing out there anyway?
어째든 무엇을 하고 밖 에선 무엇을 하셨소?

Clare

I was on a shoot. I'm a photographer. I thought you were a travel agent.
촬영중이었어요. 난 사진작가요. 난 당신이 여행사원이라고 생각했소.

rf»   on a shoot: 촬영 중

711   get on one's feet   자립하다

con»   **Clare**

No, I just took the job at Sunrise so I could shoot their brochure. As soon as I get on my feet, I'm going to stop sending people to Helsinki. Drink your brandy.

아니요, 난 단지 식전에 일을 하였어요 그러므로 나는 그들의 책자를 찍어낼 수가 있었죠. 내가 자립하자마자, 사람들을 Helsinki로 보내는 것을 그만 둘 것이요. 브랜드 마시세요.

Clifford

I can't. I'm still choking on kelp. (They both laugh. She sips her drink.)

마실 수가 없소. 다시마로 계속 답답하오. (그들은 웃는다. 그녀가 그녀의 브랜드를 살짝 입맛 다신다.)

rf»   choke on...: ...먹는데 답답하다 sip: 살짝 맛보다

cf»   gulp: 꿀꺽 마시다 smack: 입맛을 다시다 swallow: 꿀꺽 삼키다 devour: 게걸스럽게 먹다

---

712   be not real big on...   ...대하여 대단히 열정적이지 못하다

con»   **Bartender**

Miss. How come you're not getting ready for big party?

아가씨. 왜 당신은 멋진 파티를 준비하지 않아요?

Clare

Oh, I'm not real big on New Year's Eve. I'm just going to stay in my room, watch it on TV.

오, 난 새해 전야 같은 것에는 관심이 없어요. 난 TV나 보며 방안에 머물러 있을 거예요.

exts»   monogrammed: 머릿글자를 짜 맞춰 도안한 head start: 시간적으로 우세(상황) at one gulp: 단숨에 on a shoot: 촬영 중 on the house: 무료의 booth: 칸막이 좌석(방)

713 get caught in... ...의 일부가 되다

con» **Herbert**

Aren't you ever scared?
당신 무섭지 않아요?

Faber

Not about this kind of stuff. What really spooks me is getting caught in a train of coincidences.
이런 부류의 것에는 무섭지 않아요. 내가 정말로 무서워하는 것은 일련의 우연의 일치가 되는 것이에요.

exts» dandy: 〈속어〉 좋은(fine, excellent) spook: 겁을 집어먹게 하다 make one's destination: 목적지에 도달하다

714 sit around 빈둥빈둥 거리다

syn» be idle=loaf=idle

con» **Ivy**

... You gave me a key, don't you remember? Here, wait ... I couldn't just sit around, knowing you were coming. I've made a special dinner. Lobster sauterne. Something they wouldn't do for you in Venezuela.
당신은 나에게 열쇠를 주었죠, 그렇죠? 여기, 기다리세요 ... 난 단지 당신이 온다는 것을 알고 빈둥빈둥 거릴 수가 없었죠. 그리하여 특별한 저녁을 만들었죠. 바닷가재 요리요. 베네주엘라에서는 당신을 위해 해주지 못했던 훌륭한 요리죠.

Faber

That's is.
그렇군요.

Ivy

... here I would've picked you up at the airport but, I thought it'd be much more fun to surprise you here.
(The letter written to Ivy by Faber is sticking out of the torn-open envelope. The letter is picked up.)

여기에 난 당신을 공항에서 데리고 올 수가 있었지, 하지만, 당신을 여기기에서 놀라게 해주는 것이 더욱 재미있다고 생각했어. (Faber에 의해 Ivy에게 쓰인 이 편지는 봉투가 뜯어진 상태로 밖으로 나와 있다. 편지가 주어진다.)

Letter 'Dear Ivy.'

편지 'Ivy에게.'

---

rf» stick out=jut out=protrude: 튀어나오다 lobster sauterne: 프랑스 sauterne원산의 백포도주로 소스로 끓인 바닷가재 요리

exts» rove around: 세상을 정처없이 떠돌아다니다 coop out: (비좁은 곳에) 갇히다(confine). hold up: 지지[유지]하다(support. uphold). torsion: 뒤틀림 existentialist: 실존주의자 think up: 생각해내다

715　run out on...　...저버리다

syn» abandon=forsake

con» **Sabeth**

No, I'm serious.

아냐, 전 심각해요.

Faber

No, no, I tried that once but she ran out on me. We had a kind of a disagreement. But I don't think you should hitchhike Rome.

아니요, 아냐. 난 그것을 한번 시도 했었죠 그러나 그녀는 날 저버렸죠. 우리는 일종의 불화를 가졌죠. 그러나 난 당신이 로마로 히치하이킹을 한다고는 믿지 않아요.

Sabeth

You sound like my mother.

당신은 엄마같이 웬 잔소리에요.

---

rf» You sound like my mother.: 엄마같이 웬 잔소리에요

syn» I know what I'm doing.=Please, just leave me alone.=Don't harp.=Get off my back.

exts» crazy: 근사한, 멋진 lock into: 갇히다 fancy=whimsical: 엉뚱한 pile up=accumulate: 쌓이다 archaic: 원시적인(primitive). itinerary: 여행 일정

716　　**Doesn't count.**　　　　고려하지 말라.

syn»　　count in: 끼워넣다, 고려하다

con»　　**Whitney**

I love that film. It's a great film.
난 그 영화를 사랑한다. 그것은 정말로 훌륭한 영화야.

Levy

It's art movie. <u>Doesn't count</u>. We're talking about (other) movies.
그것은 예술 영화이지. (그 따위 종류엔) 생각하지 말라. 우린 (다른) 영화에 대해 말하고 있다구.

exts»　　put it casually: 아무렇게나 놓다. konk(or conk): 기계 따위가 갑자기 움직이지 않다 in every definition of the word: 모든 면으로 볼 때(=in all respects). hard case: 다루기 힘든 일 stick-up=holdup: 권총강도 botch 〈속어〉: spoil by the poor work. bingo: 〈속어〉 이겼다 do worldwide: 전세계적으로 (흥행수익)을 가져다주다 penitentiary: 교도소 fit: 일시적 흥분상태

717　dance in somebody else's wedding　남의 공을 가로채다

sit» 이 구문은 신랑-신부가 하객들이 지켜보는 가운데 춤을 춘다는 풍습으로부터 유래, 다른 사람이 당연히 받아야 할 관심을 엉뚱한 사람이 빼앗는 것을 의미한다.

syn» upstage or overshadow=take[steal] one's thunder

rf» take the ball before it bounces.: 남보다 먼저 선수 치다

con» **Bill**

Bobby, you'll be coming to our award banqcuet, won't you. People would love to hear you perform your latest hit.

Bobby, 우리의 시상 축하 축연에 올 거지? 사람들이 네가 최신 히트곡을 부르는 것을 듣고 싶어해.

Bobby

Look, Bill. An awards banqcuet is for your people. I don't want to dance in somebody else's wedding. Let them have their time in the limelight. Don't invite any entertainers.

이봐, Bill. 시상 축하연은 당신 사람들을 위한 것이야. 난 남의 공을 가로 채고 싶지 않아. 그들로 하여금 그들의 스포트라이트[각광]를 받도록 하는 하자구. 연예인들은 아무도 초청하지 말고.

exts» habeas corpus: 인신 보호 영장 shot: 승산(chance), 기회(opportunity). intriguing: 흥미를 자아내는 tempting: 구미를 당기는 screw: 성교하다(get laid)

---

718 **Mind your mouth.** 입 조심해.

syn» Don't speak in such vulgar terms.=Mind your foul language.=Watch your words.

con» **Bourke**

Joseph Donelly, still undefeated? He's a rascal of a holy terror, isn't he? That's a long-legged piece of strawberry tart.

Joseph Donelly는 여전히 불패하는 존재니? 그는 말썽꾸러기고 못된 불한당이지, 맞지? 그 여잔 성적으로 문란한 여자이지.

Joseph

Mind your mouth.

입 조심해.

rf» strawberry tart: 딸기 타르트, 성적으로 문란한 여자

exts» pitchfork: 쇠스랑 dress: 상처를 치료하다 skite fellow=blustering fellow=too much talkative fellow: 수다쟁이, 허풍선이 run away: 가출하다 stuffy: 구식의 flyer: 전단 Aye(구어체)=Yes.

rf» yes=yea=yeah=yep=yup=aye ↔ no=naw=nah=nope=nay. holy terror: 괴롭히거나, 힘있고 공격적인 사람

---

719 **piss against the wind**

자신에게 해가 돌아오게 행동하다, 하늘 보고 침 뱉기하다

sit» 바람에 맞서 오줌을 놓을 때 오줌 파편은 본인에게 돌아오게 마련이다.

syn» spit in the wind: 누워서 침을 뱉다

con» **Kelly**

What are you doing, pissing against the wind? Bourke was a powerful man with connections I need.

자신에게 해가 돌아오게 하며, 당신은 도대체 무슨 일을 하는 거야? Bourke는 내가 필요로 하는 연줄을 가진 강력한 사람이야.

Joseph

I won't kiss his behind just cause the rest of you do.

당신들 나머지들이 하는 것 때문에 난 굽신거리며 아양 떨고 싶지는 않아.

rf» kiss one's behind: 굽신거리며 아양을 떨다(kiss one's ass=brown nose=apple polish=shine up to...=suck up to...)

exts» Toodle-oo: 〈영국 구어〉 안녕, 미안합니다. cross: 배반하다(=defy=betray). snob: 속물 burelesqcuee: 저속한 버라이어티 쇼 knickers: 19세기 여성 속옷 mick=Irishman을 경멸하여 부르는 속어

720 You're just money in their pocket!

당신은 그들에게 수입의 원천이 되지!

syn» You're just a source of income to them.

con» **Shannon**

Oh, they do not!

오, 그들은 그렇지 않지[너를 존경하지 않아]!

Joseph

Enough.

됐어.

Shannon

You're just money in their pocket!

너는 단지 그들에게 수입의 원천에 불과하지.

Joseph

I said, that's enough!

그만하라고 말했잖아!

721 I've done well.　　　　난 인생을 성공했지.

syn» I was sucessful.=I got it made.=I got on in life.=I rose in the world.

con» **Joseph**

Say it! Why can't you say you like my hat? Shannon? Why can't you say you like my suit? I've earned it! I've ... I've done well. (Shannon just glares at Joseph, then starts to get out of the tub. He tries to help her.)

말해봐! 왜 당신은 나의 hat가 좋다고 말할 수 없어요? 샤논 왜 당신은 나의 양복이 좋다고 말할 수 없어? 난 그것을 얻었다구! 난 ... 난 인생을 성공한 셈이지. (Shannon은 그저 Joseph을 바라본다, 그리고 욕조로부터 나오기 시작한다. 그는 그녀를 돕고자 노력한다.)

Shannon

Don't touch me! Go fondle that slut with the runway tits, if she isn't gulping down a pie!

나를 건들지 말아요! 파이를 삼키지 않으려면 가슴이 드러난 옷을 입고 있는 그 행실이 나쁜 여자와 가 놀아나 봐요.

rf» fondle: 애무하다, 시시덕거리다(flirt). slut: 행실이 나쁜 여자(light skirt=slutty girl). the runway tits: 가슴이 드러나는 옷을 입는다는 것을 지칭 eye-ties=Italians

---

722 This is a fight to the finish!

상대방이 쓰러질 때까지 시합을 한다!

---

con» **Joseph**

(to Italian Fighter) Come on, lad.

(이탈리아 싸움꾼에게) 자, 덤비라구, 젊은이.

Dermody

This is a fight to the finish! Betting allowed! A knock-down terminates a round!

이것은 상대방이 쓰러질 때까지 하는 시합이야! 내기가 걸렸다구! 때려눕히는 것이 1회전이라구.

Kelly

Come on, Scraper! Keep your left up!

자, 덤비라구, 구두쇠야! 왼쪽을 계속 들고 있으라구!

rf» scraper: 구두쇠
exts» forfeit.: 몰수하다. 몰수패하다. roll: 바람이 살랑거리다 Dago: 경멸적으로 이탈리아인

Pickin's is slim. 당신의 선택권은 제한되어 있어.

syn» The options are limited.

con» **Wrangler**

You're a little late. Pickin's is slim. Now this here horse is broke. That horse there is greenbroke. Know the difference?

당신은 약간 늦었어. 당신의 선택권은 제한되어 있어. 지금 여기 있는 이 말은 길들어진 말이야. 거기 있는 말은 조금 길들어졌지만 여전히 사납다구. 그 상 이점을 알아?

Joseph

I think I can see it.

마음속에 상상해 볼 수 있을 것 같아.

Wrangler

A broke horse is a dependable horse. A greenbroke horse, he's faster.

길들어진 말은 믿을 수 있는 말이지. 조금 길들어졌지만 여전히 사나운 말은 더 빠르지.

Joseph

That's good. The faster the better.

좋아. 빠르면 빠를수록 더 좋지.

rf» 보통 'break in'은 '(물건을) 길들이다' 'tame=domesticate'은 '(동물을) 길들이다'이다.

ex» I will break in a new knife: 나는 새로 산 칼을 길들일 것이다. slim: 희박한 see: 마음속에 그리다, 상상하다 cocker: 주목할 만하고 인상적인 사람

724   mind one's bottom   조심하다

syn»   be careful=watch=look out

con»   **Sean**

 You mind your bottom, Paddy-boy. Move sure and fast. (Paddy-boy Miller loads bullets into a gun. Sean Miller loads his pistol.)

조심하라구, 별 볼 일 없는 백인 같으니라구. 확실히 빨리 움직이라구. (Paddy-boy Miller가 총에 탄환을 장전한다. Sean Miller가 권총에 탄환을 장전한다.)

Cathy

You're sure?

확신할 수 있겠어?

rf»   Paddy-boy: 〈속어〉 백인

exts»   answering phone: 자동 응답 장치 wing it: 무대의 앞쪽에 있는 프롬프터에 의지하여 연기하다: '바로 연설하겠다'라는 뜻. trustee: (학교, 협회 따위의) 임원, 이사: 복수의 인원으로 구성된 단체의 관리자 Royal Naval Academy: 영국 해군 사관학교 claim credit: (테러 사건의) 주동임을 주장하다 peek in: 엿보다(peep in). serve up: 식탁에 (음식물)을 내다 narrow down: 범위를 좁히다 piss off: 화나게 하다 retinal scan: 망막 검사 make for: 도움이 되다 vigil: 철야기도

con»　**Ryan**

(interrupting) Marty, I am not standing here.

(말을 가로 막으며) Marty, 나 여기에 있지 않겠소.

Cantor

This is not naval intelligence. You know better.

이건 해군 정보원이 아니요. 당신은 바보가 아닐 텐데요.

Ryan

(interrupting) Marty! I am not standing here with my hat in my hand. I am telling you I want back in. (A door opens, revealing admiral Greer as he enters Cantor's office.)

(말을 가로채며) Marty! 부탁[구걸]하러 여기에 온 건 아니오. 난 당신이 다시 들어가길 바랄 뿐이오. (문이 열리고 그가 Cantor의 사무실에 들어가고 있을 때 Greer 장군의 모습이 보인다.)

---

726   something along those lines　　그렇다고 할 수 있지

sit»　상대방 (혹은 누군가)의 말이 기본적으로는 옳다고 얘기하고 싶을 때 사용할 수 있는 표현이다.

con»　**Admiral Greer**

Alice and I are relieved beyond words. You manage any sleep?

Alice와 난 말로 표현할 수 없을 정도로 안도했지. 당신은 잠이라도 붙였나?

Ryan

Not much, sir.

많이는 못 잤습니다, 장군님.

Admiral Greer

I'm interrupting something. You were explaining to Jack about how we'd be better off without him around here. Or something along those lines.

내가 무엇인가를 방해하고 있구먼. 당신은 이 근처에 그 사람 없이 어떻게 우리가 더 잘 지낼 수가 있는지 Jack에게 설명하고 있거나 아니면 그렇다고 할 수 있지.

rf»　beyond words: 말로 표현할 수 없는(beyond description). be better off: 더 잘 지내다 line: 줄, 대사, 말

727   branch off

(줄, 라인) 등이 나뉘어지다(split off)

Ryan

The power comes from the street, then branches off to here. Oh, Gosh. (Ryan picks up the DSS man's radio.) (into radio) This is Ryan. Any DSS agent? Any DSS Agent? This is Ryan! Federal ... Troopers? Anyone? Is anybody reading me? Anybody? (Cathy carries Sally up the stairs.)

전기는 길가로부터 들어온다. 그런 다음에 나뉘어 이곳으로 들어온다. 오, 제 기랄. (Ryan이 DDS 담당병사의 무전기를 쥔다.) (무전기에 대고) Ryan이다. 어느 DSS요원 있는가? 어느 DSS요원 있는가? Ryan이다! 연방 ... 기마대원 들? 어느 누가 있는가? 누구라도 송신을 알아 들을 수가 있는가? 누구 말이요? (Cathy가 Sally를 이층으로 부축해간다.)

Sally

Can I come back down when the lights are on?

불이 다시 들어왔을 때 다시 내려가도 좋은가요?

Cathy

No, sweetie pie, you gotta get some sleep. It's very late.

안 돼요, 귀여운 아씨, 잠을 자야 돼요. 많이 늦었잖아.

rf»   DSS=: Defense Supply Service: 경호 업무 read: (송신)을 알아듣다.

728 walk up and grab them by the balls

강력하게 타인의 관심을 끌다

syn» draw[attract] a strong attention to them

con» **Frank**

 Vacation? Come on, Charlie. It is a Monday night! You said so yourself. I got the piano's for two nights.

방학이라고! 자, Charlie. 오늘은 월요일 밤이야! 네가 스스로 그렇게 말했잖아. 이틀 동안 피아노 연주를 가졌잖아.

Charlie

It was not even half full out there tonight, Frankie. I have six waiters standing in the back listening to basketball. I have to move the liqcuor. To move the liqcuor I have to fill the tables. It is a matter of economics. I love you guys, you know that. Your act has class. But people today. They would not know class ... if it walked up and grabbed them by the balls.

오늘 밤 저기 술자리가 반도 메꾸어지지 않았어. Frankie, 농구 중계를 들으며 뒤에 대기하고 있는 여섯 명의 종업원들이 있잖아. 술을 팔아야만 해. 술을 팔기 위해 식탁을 채워야만 해. 이건 경제학의 문제야. 너희들이 알다시피 난 너희들을 사랑한다. 당신의 행동은 최고야. 그러나 오늘날 사람들은. 그들은 고급을 모르지 ... 비록 그것이 그들의 관심을 강력하게 끈다 할지라도 말이야.

rf» move: (상품이) 팔리다 class=excellence=exceptional merit: 고급

ex» She's a good performer, but she lacks class.: 그녀는 훌륭한 공연가다, 하지만 멋짐이 부족하다. if=even if. pay off: (전액 지불하고) 해고하다

729 go half way　　　(1)타협하다 (2)반분하다

syn»　(1)compromise=meet half way=hit a happy medium (2)divide evenly

con»　**Frank**

I've been thinking that maybe we should make some changes. I've been thinking that maybe we should take on a singer. It is just an idea! I want your opinion. I mean we go half way on everything, right?

난 우리가 아마도 약간은 변해야 한다고 생각해왔어. 아마도 가수 한 명쯤은 고용해야 한다고 생각해왔어. 그건 단지 한 가지 생각일 뿐이야. 너의 의견도 원해. 내말은, 우리는 늘 모든 일에 타협을 해야 한다는 뜻이야. 알아들어?

Jack

I would not say exactly half way, would you?

정확히 타협이라고는 말하고 싶지 않아 알겠어?

rf»　take on=hire=employ: 고용하다

---

730 come out ahead　　　벌이가 잘 되다(become lucrative)

con»　**Frank**

I thought maybe twenty percent. I figure with the additional bookings we will come out ahead. What? Two pianos is not enough anymore, Jack.

난 아마 20퍼센트라고 생각했어. 별도의 예약 제도와 함께 돈벌이가 잘 될 거라고 생각해. 무엇이라 했소? 두 대의 피아노가 더 이상 충분하지 않다 말이야, Jack?

Jack

Nerver was!

절대 필요하지 않지!

con» **Jack**

I did not know that whores were so philosophical.

난 뚜장이일들이 그렇게 철학적이라고는 알고 있지 않아.

Susie

At least my brother is not my pimp. You know I had you pegged for a loser the first time I saw you, but I was wrong, you are worse. You are a coward.

적어도 나의 동생은 나의 뚜쟁이가 아니야. 네가 알다시피 난 내가 너를 처음 보았을 대 실패자라고 인정했든 사실을 알고 있지, 하지만 내가 잘못했지, 너 는 더욱 나빠지고. 당신은 겁쟁이라구.

exts» catchy: 재미있고 외기 쉬운 magnetism: 남을 끌어드리는 힘, 매력 presence: 현장감, 임장감 blue ribbon: (전람회, 경기 따위의) 최고상 on call: 부르면 당장에 응할 수 있는 paper boys: 신문배달 소년 screw up: 망치다(mess up=bungle). hip: (속어) 아는 것이 많은

con» **Susie**

Gosh, you are cold. Do you know that? Gosh, you are like a razor blade.

맙소사, 당신은 냉담하군요. 당신도 그것을 알고 있죠? 맙소사, 당신은 마치 면도날 같군요.

Jack

Careful you're gonna have me thinking you are going soft on me.

당신이 나에게 애정을 품고 있다고 생각하게 있다는 것에 주의해야 해.

Susie

You do not give a fuck, do you? About anything!

신경 꺼요, 알겠죠? 어떤 일에도 말예요.

rf» cold: 냉담한, 쌀쌀한 razor: 명석한 give a fuck[shit]: 〈비속어〉 신경을 쓰다(mind).

exts» wall flower: (파티, 무도회 등) 인기가 없는 젊은 여성 call it a night: 잠자리에 들다 the third grade: 저질, 하등급 crap: 허튼소리(nonsense). blow a gaskett: 미치다 soften the edges of the bad times: 어려운 시기[시절]를 부드럽게[슬기롭게] 넘기다 a chip on one's shoulder: 도전적 태도, 시비조 pimp: 뚜쟁이(pander=procurer=prostitute)

con»   **Frank**

Dignity! Who the fuck are you to talk about dignity? Is this where you get your dignity? Jack, huh? ... I have to make sure the numbers balance out in my favor at the end of each month So every one else can go on living their lives. You don't win medals for it. You can be shit sure you'd all take notice if I folded up shop. So don't talk to me about dignity, little brother. You are drawing on a weak hand. Oh, terrific! Walk away! You're good at that, Jack! You never could commit to anything. Not even a conversation.

존엄성이지! 존엄성에 관해 말하는 당신은 도대체 누구야? 이것이 당신이 당신의 존엄성을 얻은 곳이야? Jack, 어? 난 매달 끝에 반드시 흑자로 수지 균형을 맞춰야 해. 그리하여 그 밖의 모든 사람들이 생활을 계속 영위할 수 있어. 당신은 나의 도움으로 흑자의 수지를 맞출 능력이 없어. 하지만 당신은 내가 가게 문을 닫는다는 것을 완전히 알 수가 있는 것이 분명해. 그러므로 나에게 존엄성에 관 해 들먹이지 말라구. 친구야. 당신은 승산 없이 일을 하고 있는 거야. 오, 멋지군! 꺼져버려! 당신은 그것에 일가견 있잖아, Jack! 당신은 어느 것에도 결코 헌신할 수 없었어, 심지어 대화할 때도 말이야.

Jack

But, I changed a lot, now.

하지만, 지금은 많이 다르지.

exts»   small time: (예술품 따위가) 저급의, 3류의 bang up=big time: 일류의, 우수한

734   start up with...   ...관계를 새롭게 하다

con»   **Sarah**

Are you just finding excuses to start up with Jack again?

당신은 Jack과 다시 관계를 시작할 변명을 찾고 있는 중이에요?

Jenny

I don't know. (Jack then enters the park and walks toward Jenny and Sarah.)

모르겠어. (그러자 Jack이 공원으로 들어간다 그리고 Jenny와 Sarah에게 다가간다.)

exts»   fluster: 허둥대다 out of blue: 갑자기 compulsive: 강박관념에 사로잡힌

735   My heart went out to him.   나는 그에게 마음이 끌렸다.

con»   **Jenny**

(to herself) Why couldn't we have an intercom to listen to the baby instead of a TV? I don't know why I agreed to it. Taking a few years off from work to raise Amy personally. ... It was agonizing, but every night he sat with her. My heart went out to him.

(그녀 자신에게) 왜 우리는 TV 대신에 아기에게 주의를 기울여야 할 내부 통화 장치가 없는 거야? 난 내가 왜 그것에 동의해야하는 지 알 수가 없어. 개인적으로 Amy를 양육하기 위하여 직장을 몇 년 쉬고 있단 말이야. ... 번민스러운 일이지만, 매일 밤 그는 그녀와 함께 앉아 있었지. 나의 마음이 그에게 끌렸던 거야.

Jack

What is it?

그게 뭐야?

exts› intercom=intercommunication system: 기관내 통신 시스템 house dad: 전업으로 가정주부를 하는 남자 code blue: 아주 위급한 응급상황 take a toll: 건강에 나쁜 영항을 끼치다 peeping Tom: 타인의 성행위를 훔쳐보며 성적 만족을 얻는 사람 cop: ...을 훔치다(steal). pee: 오줌 누다 sketch artist: 범인 몽타주 사진을 그리는 전문가

736   look over one's shoulder

신경 거슬리게 남의 행동을 지켜보다, ...어깨 너머로 보다

con›   **Cally**

When you leave from your job, you don't come to the office anymore. Go home, sit in your favorite chair, watch TV. Wash your clothes, take your grandkids to the zoo, go see a ball game. What you don't do is hang around here, looking over our shoulders.

당신이 일을 그만두었을 때 당신은 더 이상 사무실에 오지 않는다. 집에 가, 가장 좋아하는 의자에 앉아 TV나 보고, 옷을 세탁하고, 손주들을 동물원에 구경시키고, 야구경기를 하시오. 당신이 하지 말아야 할 일은 이곳에 어슬렁거리며, 신경 거슬리게 남의 행동을 지켜보는 거예요.

Mack

I'm just trying to help.

난 당신을 돕고 싶을 따름이요

exts›   dope: 얼간이, 바보 jump bail: 보석 중에 소재를 감추다 task force: 특정 일을 해결하기 위해 구성된 팀 in the way: 방해가 되어 nut: 미친 사람 uncanny: 불가사의한 transvestite: 복장 도착자 residency: (병원 따위) 전문 실습기간 multiple personalities: 다중 인격(split personalities). Raising Cain: Dr. Nix가 쓴 다중 인격에 관한 책. 숙어적으로는 '크게 화내다'라는 뜻 case: 환자 trauma: 정신적 외상

con» **Terri**

You do something bad, the other personality takes the rap. Sounds very convenient.

당신은 나쁜 어떤 일을 하고 있지, 다른 사람에게 누명을 씌우고 있단 말이야. 매우 간편한 일처럼 들리지.

Waldheim

It is not a psychological state one wishes to obtain. If there is a new trauma, there may be a new personality.

그것은 사람이 얻기를 원하는 심리 상태가 아니야. 새로운 정신적 외상이 있으 면, 새로운 인성이 존재할 수도 있지.

Terri

So they talk to each other.

그러므로 그들은 상호간에 대화를 갖고 있지.

exts» sqcuabble: 쓸데없는 싸움을 하다 messed-up: 정신이 혼란된 control group: 임상실험의 대조군 experiment group: 실험군 wind up...: 결국 ...이 되다 cushy: 편안한 black out: 의식을 놓다 take over: 지배하다 hypnotism: 최면상태 sell A down the river: A를 배반하다(betray). Hickory, dickory: 동요로부터 따온 의미 없는 말(hocus pocus). rat's nest hair: 흐트러진 머리카락

738   **make .. position on...**   ...관해 ...의 견해[입장]를 밝히다

con»   **Sen. Hyden**

Is there anything that you would like to add, Mr. Hart.?

당신이 첨부해 말할 어떤 것이 있습니까, Hart씨?

Hart

These <u>allegations</u> are erroneous at best - always have been, always will be. How much more of this fiction does my family have to suffer ...? God knows, I would have thought that I had done enough by now <u>to make my position on narcotics perfectly clear</u>.

이러한 탄원들은 기껏해야 그릇된 일이요 - 늘 그러해왔고 늘 그러할 것이요. 이 거짓 시나리오가 얼마나 더 나의 가족을 고통스럽게 하겠는가? 하느님만이 아십니다, 마약에 관해 상세히 견해를 밝히기 위해 지금까지 충분한 일을 해왔다고 생각합니다.

rf»   allegation: 충분한 증거가 없는 주장, 탄원, 소송

exts»   make way for...: ...에게 양보하다 brisk: 날씨가 상쾌한 colonial: 옛스러운, 식민지의 peacenik: 반전운동 talking head.: 텔레비전 화면 가득 비쳐진 얼굴 authority figures: 학생들에게 권위 있는 사람 sirree: No, Yes와 함께 강조의 뜻으로 쓰인다.

ex»   Will you come to the party? Yes, sirree! 그렇죠, 당연한 말씀! spook: 중앙정보국원, 스파이 sanctity: 신성불가침 sum up: 요약해 말하다 closed session: 비공개 회의 travesty: 희화화(parody). sham: 속임수 savings and loan: 저축 융자조합 innuendo: 풍자, 빗대어 말하기 indict: 기소하다 affidavit: (법적) 선언 공술문

con» **Bob**

No, no - leave it on, leave it on, leave it on.

아니오, 아냐 - 그대로 내버려 두시오, 내버려 두라고...

Bugs

Is being responsible as a journalist to ignore the issues, to gloss over the facts, to paint only favorable portrait?

그 문제를 무시하고, 얼버무리고 넘어가고, 호의적인 말만 덧붙이는 것은 언론인으로써 책임져야 할 일 아니오?

Anderson

This way, Bob

이런 식으로 말이요, Bob.

gr» Is being responsible ... 문장에서 동명사 being responsible이 주어이고 다음에 오는 to부정사 to gloss... to paint ...가 is의 보어다.

exts» slant: 왜곡된 yellow journalism: 흥미위주의 선정적 저널리즘 gossipmonger: 남의 뒷공론에 열중하는 사람 behind the leak: (비밀) 누설에 관련되어 guilt by association: 공범죄 negative campaigning: 상대 후보의 인신공격을 위주로 하는 비방 선거운동 tackle: 해결하다 bring ... to bear: ...에 집중하다 photo opportunity: 홍보용 사진 촬영: 〈약어〉 Photo op. push racist buttons: 인종차별주의의 민감한 부분을 이용하다. rip off: 〈속어〉 유용하다 offhand: 즉석으로부터 National Security Council: 국가 안전 보장 회의 fat: 크게 돈벌이가 되는 back down: 포기하다

740 It's shooting your paycheck in the foot.

스스로 해고를 자처하는 짓을 하고 있어.

con» **Michael**

You know, I am really sorry, but we actually have a policy on Cutting Edge that no new material is ever performed until it is proven to work. You know, this is live television - this is not a party.

당신이 알다시피, 난 정말 미안하네, 하지만 우린 정말로 잘 수행되는 것이 입증될 때까지 어떤 새로운 물질도 일찍이 잘 수행되지 않는 Cutting Edge에 관한 정책을 가지고 있지. 당신이 알다시피, 이게 TV 생방송이야 - 정당 모임이 아니라고.

Director

You can do that - it's self-hating. It's shooting your paycheck in the foot. It's crazy, it's self-destructive. And it's not funny.

당신은 그것을 할 수 있어. - 그것은 스스로를 미워하는 행위야. 넌 스스로의 해고를 자처하고 있는 것이지. 미친 짓이라구. 자기 파괴적인 짓이야. 그리고 전혀 재미있거나 우스운 일도 아니지.

exts» yuppie=Young Urban Professionals의 약자. 전후 베이비붐 후반 세대로 우아한 생활을 지향하는 대도시에 사는 화이트 칼라-엘리트 층 a suspect in custody: 구금중에 있는 용의자 ethnic male: 앵글로 색슨 계통이 아닌 남자

rf» WASP=White Anglo Saxon Protestant: 백인 앵글로 색슨 신교도(영국에서 박해를 받고 미국으로 넘어온 미국 초기의 사람들)

741 got some balls[guts=nerves] 배짱이 있다

con» **JC**

 (to Donna) Unbelievable. $600 for three rooms near 180th Street. They got some balls.

(Donna에게) 믿을 수 없어. 180번가 가까이에 있는 방 세 개 값으로 600불이라니. 그들은 배짱이 있어.

Donna

(to JC) You got to know somebody or go through a real estate office.

(JC에게) 넌 누굴 알아 보던가 부동산 사무실에 들어가 보아야만 해.

rf» balls〈속어〉=boldness=courage. Mutt and Jeff: 키다리와 난장이(미국만화 제목) fudge: 우유, 설탕, 버터, 초콜렛 등으로 만드는 과자 Etch-A-Sketch: 자기장을 이용한 화면 위에 쉽게 그림을 그리고 지울 수 있도록 만든 장난감

742 Get out the violin. 감상적인 이야기를 시작할게.

syn» Let me get out a sentimental story.

con» **Angelo**

 Ushers, bridesmaids, who's with who. Fran and me didn't have all this.

안내인들과 신부측 사람들, 누가 누구와 대동하고 있는지. Fran과 나는 이 모든 것을 갖고 있지 않았지.

Yvonne

Get out the violins.

감상적인 이야기를 시작해 볼게.

Fran

It was different with us.

그건 우리와 다른 얘기야.

exts» elope: (남녀가) 눈이 맞아 함께 달아나다 keen on...: ...에 대해 행복한(happy about)

743　Nothing's sinking in.　어떠한 것도 이해되지 않아.

con»　**Grace**

I'm stuck on this page. <u>Nothing's sinking in</u>.

난 이 페이지에 고정되어 있어. 어떤 것도 이해되지 않아.

JC

My heart bleedss for you.

나의 심장이 당신을 위해 펌프질하고 있죠.

Grace

I'll never get all this information. I'll fail the text.

난 모든 정보를 결코 얻지 못할 거야. 시험에 실패하겠지.

JC

Could you do us a favor? Take a fucking Valium and
calm down.

부탁을 드려도 되는지? 빌어먹을 신경 안정제를 드시고 <u>진정하세요</u>.

exts»　fuck up: 〈비속어〉 망치다(mess up). Geez: 감탄사 wasted: 〈속어〉
술취한(drunk) nimrod: 바보(fool). pee: 〈속어〉 소변을 보다(urinate).
loaded=very rich. pissed=very angry. tab: 계산표

744　hit the number　복권에 당첨되다(win the lottery)

con»　**Michael**

Dom, you know about Crazy Ray?

Dom, 너 미치광이 Ray에 대해 알지?

Dom

No, <u>what's going on with him</u>? He came in here the
other night. Smiling, bought beers for everybody. <u>Paid
up his tab</u>. He hit the number?

아니, 그에게 무슨 일이 있는데? 그는 전날 밤 여기에 왔었어. 환한 미소로 모든
사람에게 맥주를 사주었지. <u>맥주 값을 냈어</u>. <u>복권에 당첨되었니</u>?

rf»　pay up one's tab=pick up the tab: 값을 지불하다

exts»　eerie: 이상한(weird). get off the rag: 불평과 걱정을 끝내다 son-of-a-gun:
불량배(rascal) freak out=go crazy. break away=escape: 도망치다

con»   **Kevin**

Who's getting married here?

누가 결혼할 것인가요?

Michael

What took you? Can't you ever be on time?

왜 이렇게 오래 걸렸어? 정각에 올 수 없어?

Brian

First he says he has to -

우선 그는 -해야 한다고 해.

Kevin

What's the rush anyway? Gosh, some guys can't wait
for you to walk the plank.

어쨌든 뭐가 그리 급해? 맙소사, 일부 녀석들은 네가 마지막 걷는 것(총각 딱
지를 떼는 것)을 기다릴 수가 없어.

rf»   walk the plank: (눈을 가린 채) 뱃전 밖으로 내민 판자 위를 걷다: 17세기경 해적의
사형 방법. (강요되어) 지위[관직 (등)]에서 물러나다

exts»   Elvis impersonator: Elvis를 흉내 잘 내는 사람 copy cat=imitator: 흉내[모방] 잘
내는 사람 incest: 근친상간 wise ass: 〈비어〉 건방진 사람(imprudent person).
pearly whites: 〈구어〉 치아

Backstreet Dreams

746   in my prime
내가 한창때는(in my heyday)

con»   **Angelo**

In my prime, I could box toe to toe with the best of them. But by the time I got my shot at the belt, the legs had gone. Age caught up with me. So I turned to wrestling. I made no bones about it. I became a showman, 'Carnivorous Carni-val', yeah, but it was an honest days work, put food on the table for my family. Ahh which reminds me, I'm going to make myself an evening snack. Dreams are better on a full stomach. You hungry?

한창 때는, 난 그들 중의 가장 센 녀석과 바짝 붙어 적극적으로 권투를 했지. 그러나 내가 한 방 맞았을 때, 나의 다리가 부러졌지. 나이가 나를 노쇠하게 한 거지. 그리고 난 레슬링으로 바꾸었지. 그것에 대해 어떠한 결실도 없었어. 그래 난 쇼맨인이 되었던 거지 '잔인한 식인종', 그래, 그러나 그건 떳떳한 일이었어, 나의 가족을 위해 식비를 벌거지. 아, 그것은 나에게 다음과 같은 것을 상기시키지, '난 스스로 저녁 간식을 만들 수 있을 거야. 희망도 속이 든든한 후에야 존재하는 것이라구' 그래 당신도 허기가 지는가?

Dean

Sure.

그렇고 말고.

rf»   showman: 관객에게 웃음을 주는 연예인 honesty days work: 밤에 몰래하는 건전치 못한 일이 아닌 떳떳한 일

rub (A) wrong   (A)의 비위를 거슬리게 하다

syn»   grate one's nerves=get on one's nerves: ...를 거슬리게 하다

con»

Dean

Ahh.

아하 그렇군.

Angelo

Now, when an opponent rubbed me wrong, I used this.

지금, 상대방이 나의 비위를 거슬리게 했을 때, 난 이것을 사용했지.

Dean

Aha.

아하 그렇군.

Angelo

This is real. Who's your next of kin, huh?

이건 사실이야. 당신의 가장 가까운 친척은 누구야, 응?

rf»   next of kin: 근친자

exts»   neck grab: 〈레슬링〉목잡는 기술 lock it in: 목을 꽉 조이다

---

748   **That will buy you some more time.**

그것은 너에 좀 더 시간을 벌게 해줄 거야.

---

con»   **Angelo**

He's a fine looking boy. He'll get better. I'll tell the owner you never got it. That will buy you some more time.

그는 멋진 아이 야. 그는 더욱 나아질 거야. 나는 당신이 결코 그것을 얻지 못했다고 주인에게 말할 거야. 그렇게 말하는 것은 너에게 좀 더 시간을 벌 수 있게 해줄 거야.

Dean

Thanks.

고맙네.

exts»   come down with...: ...병에 걸리다. enforcer: 깡패 Humpty Dumpty: 키가 작고 뚱뚱한 사람을 우습게 부르는 말(미국 동요에 등장하는 계란 모양의 인물) autistic: 자폐증의 along the line: ...의 방침을 따라서, ...와 (아주) 비슷한 slut: 매춘부 screw: ...와 성관계를 맺다 bla: 아무 뜻이 없이 내 믿는 소리 bond: 유대관계 Watch your tone.: 목소리 좀 낮춰 줘.

con» **Dean**

Ah, speaking of such ... Have you heard from Vinny
lately?

아, 그 이야기를 하니까 생각나는데... 너 최근에 Vinny로부터 소식을 들었니?

Angelo

A while back, he's been very busy. Did you know that
he was promoted to vice-president of the company?

얼마 전에 그는 매우 바빴어. 그가 그 회사의 부사장으로 승진되었다는 소식
알고 있었니?

exts» come through: 성공하다 knda=kind of: 다소, 약간, 조금 tight: 돈이 부족한
nut: 괴짜, 바보(nerd). paint a picture: 그림으로 그려주다[설명하다] off the
book: 불법으로, 비공식적으로 clean money: 정당하게 깨끗하게 버는 돈 ball
breaker=hard work. my line of work: 나의 일 jerk: 머저리, 바보 good chance:
큰 확률 plead insanity: 미친 체하다 bozo: 바보, 얼간이 bond: 채권, 주식, 증권

750 Balloon went up. 명령이 떨어졌어., 준공식[개회식]이 시작되었어.

con»

Curran

Balloon went up. Get in.
명령이 떨어졌어. 타라.

Hawkins

Gentlemen, there's a God in heaven.
신사 여러분, 하늘이 돕는다.

exts»
close call: 위기일발이야 Nice shot.: 명중이야. Move out=Let's go. Roger:
〈통신전문어〉알았어 Cool out!=Calm down!: 침착해! Cover me!: 빨리 엄호해!
Jackpot: 맞았어, 바로 그거야. jackpot: 예상외의 큰 성과 No shit=No kidding

751 Let's set perimeter. 거점을 확보하자.

con»

Graham

No shit, sir!
농담하지 마시오, 중대장님!

Curran

Behind those bags! Take cover! Let's set perimeters.
자루 뒤에! 숨어! 거점을 확보하자.

Ramos

Sniper on the wall!
벽에 저격병이 있어!

exts»
Load them up.: 그들을 탑승시켜라. Extract!: 철수하라(Withdraw!=Retreat!).
skylight: 채광창 be aborted: 무산되다 tip=information. jack up=stimulate:
자극시키다

752 take exception to... ...에 이의를 제기하다, ...에 화를 내다

syn» disagree with...

con» **Stinson**

Navy Seals are paid to take risks, to get shot at, <u>if</u>
<u>necessary</u>. I take exception to that decision.
Navy Seal들은 위험을 감수하고, <u>필요하다면</u> 사살되도록 지불된 거예요. 난
그러한 결정에 동의할 수 없어요.

Admiral

<u>Bull shit</u>, the point is not <u>what might have been done</u>,
but what we do now?
제기랄, 문제는 <u>행해졌을 지도 모르는 것</u>이 아니라, 지금 하는 일이냐?

rf» what might have been done: 행해졌을 지도 모르는 것

cf» might have been: 훌륭하게 되었을 지도 모르는 사람

exts» stand down=relax. Get some perspective on this.: 이 문제에 대해 좀 더
생각해보시오. booby trap: 위장 폭탄, 폭발물 bomb disposal group: 폭발물
제거반 inserttion platform: 침투작전 개시 지점 shadow: 비밀리에 따르다 The
op's go.: 작전 개시 op's=operations. mike: (1)minute (2)microphone

753 Let's rock the box. 갑시다.

syn» Let's go.

con» **Curran**

Looks peaceful enough. Let's go swimming. The op's a
go! Equipment cheek in 30 mikes.
매우 평화롭게 보이는군. 수영하러 갑시다. 작전 개시! 장비를 30분 이내에 검
사할 것.

Graham

You heard the man? Let's rock the box.
당신들 그 사람의 소리 들었지? <u>가자구</u>

exts» cap=shot. hold: 선창, 화물실, EOD=Explosive Ordinance Officer: 폭발물
처리 장교 crate: 나무 상자 What are the SEALs up to?: SEAL이 하는 일이
뭐죠? wetback section: 불법취업 멕시코인 집단거류지 frogman: 잠수요원 Got
a favorite tune?: 좋아하는 노래 있소? drop out of sight=disappear. defection:
탈당, 도망 skipper: 선장 Bail: 낙하산을 끊고 탈출하라구.

754 tell what was who=the truth of the situation

상황의 실체를 말하다

sit» 'what was who'는 일종의 말장난. '사실을 말하다, 털어놓고 얘기하다' 등의 뜻 인데 '사실을 명확히 말함으로써 오해의 여지가 없도록 한다'라는 의미까지 내포하고 있다.

syn» 'tell what was what, let it all hang out, hold nothing back' 등이 있다.

con» **Kalito**

(voice over) Some body's pulling me, close to the ground. I can sense, but I can't see. I ain't panicked. I been there before. Same as when I got popped on 104th street. Don't take me to no hospital, please. Most of my crew got washed a long time ago. Don't worry. My heart, it don't ever stop. I ain't ready to check out. Seems like I just out of the joint. Stood up in front of the judge and told him what was who.

(화면에 목소리만으로) 누군가가 나를 끌어당기고 있어, 지면 가까이에서. 볼 수는 없지만 느낄 수가 있지. 겁나지 않아. 전에도 이 같은 경험이 있으니까. 104번가에서 총을 맞았을 때와 똑같은 상황이지. 나를 병원으로 데려가지마, 제발. 내 동료들은 대부분 오래전에 갔어. 하지만 걱정하지 말아. 내 심장, 그 것은 결코 멈추지 않을 거야. 지금은 사라질 준비가 되어 있지 않았어. 감옥으로부터 방금 나온 것만 같은데. 재판관 앞에서 상황[실상]을 설명하였지.

Gail

You did it well.

잘했어요.

rf» get popped: 총에 맞다

exts» crew: 〈속어〉 동료, 패거리 joint: 〈속어〉 감방(prison, jail). vindicate...: ...의 혐의를 풀다, 변호하다 absolution: 석방, 방면 wiretap: 도청장치

con»   **Judge Feinstein**

(to Karlito) Okay, Mr Brigante, I'm all ears.
(Karlito에게) 좋소, Brigante 씨. 어디 들어봅시다.

Karlito

Okay. Your honor, with all due respect let me assure
this court that I am through walking on the wild side.
That's all I'm trying to tell you. I have been sick with
the social ills known in the ghetto.

알겠습니다. 존경하는 재판관님, (대단히) 지당하지만, 뒷길목 생활은 이제 모두
끝났다고 이 법정에서 확실히 말씀드립니다. 이것이 제가 말하고자 하는 전부입
니다. 저는 빈민굴에서 볼 수가 있는 사회악이라는 질병에 넌더리가 났습니다.

rf»   with (all due) respect: (대단히) 지당하지만, 죄송하지만 (상대의 발언에 대한
       정중한 반론·거절의 표현으로 통신에서는 wadr처럼 약어로 쓴다.)

exts» rap: 지껄이는 행위 reinvigorate: 소생시키다 relocate: 새장소로 옮기다 court of
       appeal: 상소법원 reverse: 파괴하다 toss: 기각하다(dismiss=reject)

---

756   **through thick and thin**   만난을 무릅쓰고, 시종일관(consistently)

---

sit»   어떠한 상황이 닥치더라도 어떤 행위를 지속하거나 결정을 바꾸지 안겠다는
       의미를 갖는 숙어.

syn»   Unconditionally=come heck-or-high water

con»   **Judge Feinstein**

(to himself) I can't believe this.
(혼잣말로) 정말 못말리는군.

Karlito

Oh, how could I forget my dear, close friend and
lawyer, David Kleinfeld, who never, never, never, gave
up on me through thick and thin. (to Kleinfeld) Why
don't you stand up (Karlito pulls Kleinfeld to his feet.)

물론 내 절친한 친구이며 변호사인 데이비드 클라인펠트를 제가 어찌 잊을
수가 있겠습니까? 그는 어떠한 상황이 닥치더라도 결코, 결코, 결코, 저를 포
기하지 않았습니다. (클라인펠트에게) 일어서. (칼리토가 클라인펠트를 일으
켜 세운다.)

exts» district attorney: 지방 검사 attorney general: 법무장관 unleash: 석방하다
       purveyor: 조달[납품]업자 road company: 지방 순회 극단 one-nighter: 하룻밤
       흥행

757   out of line   무례한, 건방진

sit» 누군가가 무례한 행동을 한다거나 해서는 안 될 일을 하는 경우에 쓰이는 숙
어다.

syn» be off base=bark up the wrong tree=be out of order

con»   **Gail**

Well, you're out now.

이젠 나왔잖아요.

Karlito

Oh, yeah. Yeah, I am. Am I <u>out of line</u>, Gail? Just
<u>popping up</u> like this after all these years?

그래, 이제는 나왔어. 내가 너무 무례했나, 게일? 수년이 지난 후에 이렇게 불
쑥 나타나가지구.

rf» pop up: 불쑥 나타나다
exts» drop: 절교하다 cut it clean: 관계를 영원히 끊다 spasm=fit: 발작 payoff=bribe.
phony: 〈속어〉 사기꾼

758   grow on   점점 더 아무개의 마음에 들다

con»   **Karlito**

(voice over) Seems like every day I'm finding
something new I like about Gail. I keep mentioning us
getting out of New York, going to live in the Bahamas
together, permanent. <u>She ain't saying much but I can
tell the idea is growing on her.</u> Money's coming in
steady now. It won't be long till I got what I need. This
dream of mine is so close I can touch it.

매일 나는 게일에게서 새로운 것을 발견하는 것 같아. 뉴욕을 떠나 바하마에서
영원히 함께 살자고 늘 얘기했지. 게일은 별 말이 없지만 <u>그녀도 마음에 들어
하는 것 같아.</u> 이제 수입도 일정하고 머지않아 필요한 돈이 마련될 거야. 이러
한 내 꿈이 손에 닿을 만큼 가까이 다가왔지.

Gail

I didn't like him <u>the minute I met him</u>.

처음 <u>그를 보자마자</u> 마음에 안들었어.

gr» the minute...=the moment...=the second...=the instant-...=as soon as...:
...하자마자
exts» go along for the ride: 지금부터 함께 책임지다 angle: 음모, 책략

---

759   **on the surface**   겉보기에는, 외관상(seemingly)

ant»   inwardly: 내적으로는

con»   **Duncan**

Yes ... Dr. George Brinkman, world's leading expert on laser technology, I believe.
예, 조지 브링크맨 박사, 세계 최고의 레이저 기술 전문가 아닙니까?

Man

Quite so, but I think it's far more serious than it sounds on the surface ... What do you about the Order of the Black Eagle?
맞네, 하지만 그 문제는 표면상으로 드러난 것보다 훨씬 더 심각하네. 검은 독수리 단에 대해 아는 바 있나?

exts»   It's my privilege to...: 제가 ...하게 되어 영광입니다.

---

760   **have every reason to ...**   ...할 충분한 이유가 있다

ant»   have no reason to ...: ... 하기 위한 하등의 이유가 없다

con»   **Man**

We have every reason to believe the Order of the ... Black Eagle is responsible.
검은 독수리 단이 그 짓을 저질렀다고 믿을 만한 충분한 이유가 있네.

Duncan

For what purpose?
무슨 목적으로 말입니까?

exts»   pattern oneself after...: ...을 모방하다 be up to...: ...을 꾀하다 detain: 붙들다, 억류하다 compound: 구내(precinct). infiltrate: 침투하다, 잠입하다 pompous: 건방진

761   **pass oneself off as...**   짐짓 ...인체하다, ...으로 통하다(pass for...)

con»   **Man**

All the information you've been given is in these envelopes, along with your identification papers. You should have no trouble passing yourself off as Bladen and Marta. Any cuetions?

당신들이 제공 받아온 모든 정보는 신분 증명서와 함께 이 봉투들 안에 들어 있어. 둘 다 Bladen과 Marta로 행세하는 데 아무 지장이 없을 것이야. 질문 있습니까?

Tiffany

It seems pretty straight forward to me.

제가 보기에는 아주 간단하군요.

gr»   have been pp: 현재완료수동태 (과거부터 현재까지) ...행해져 왔다

ex»   We have been taught English by Mr. Jack for 10 years.: 우리는 10년 동안 Jack샘에 의해 영어 가르침을 받아왔다.

exts»   get a move on: 출발하다, 급히 행동하다 pleasantries: 별 뜻 없이 형식적인 인사말 get down to business: 본론에 들어가다

762   **come in handy**   편리하다, 유익하게 쓰이다

con»   **Sato**

This might come in handy. It will give you up to six minutes of oxygen.

이건 유익할 겁니다. (비상시) 산소공급을 해줍니다.

Duncan

I hope you don't ever have to use it.

당신이 이걸 쓰지 않았으면 바랍니다.

exts»   en route to...: ...로 여행중 credentials: 신임장(letter of credence). rally: (규합)대회 turnout: 구경 온 사람들, 참석자. hold one's tongue: 입을 다물다 insolent: 거만한 for the benefit of...: ...을 위해 would-be: (1)...척하는 (2)자칭의 impersonator: 분장자, 모방자

763   if it isn't ...

누군가 했더니 바로 .. 군

sit»   뜻밖의 사람을 만났을 때 하는 표현.

syn»   Isn't that ...?

con»   **Maxie**

Well, if it isn't Duncan Jax!

아니, 이건 던컨 잭스 아니에요!

Duncan

Maxie Ryder! ... What a vision of loveliness you are ...

맥시 라이더! ... 너무나 예뻐 보이는군 ...

exts»   save one's bacon: 목숨을 구하다 cantina: 술집 mercenary: 용병 windbag: 수다장이(chatterbox). imprint: 날인(하다)

---

764 **pull it off** 임무를 완수하다

---

con» **Dutch**

Why us?
그런데 하필이면 우리야?

Dillion

Nobody else could pull it off! I needed that cover story
to get you in here.
그 밖의 어떤 사람도 그것을 해낼 수가 없어! 자넬 이곳에 끌어들이기 위해
거짓말을 해야겠네.

rf» cover story: 표면상의 구실, 잡지 표지에 관련된 주요 기사
exts» crack: 처치하다.

---

765 **I woke up.** 난 세상의 현실에 눈을 떴지., 철이 들었지.

---

con» **Dillion**

I woke up. Why don't you. You're an asset. An
expendable asset. And I used you to get the job done.
Got it?
난 철이 든 거야. 자넨 왜 철이 들지 않는 건가? 자넨 하나의 재산이야. 희생
시켜도 무방한 소모품이라고. 난 임무 수행을 위해 자넬 고용했지. 알아듣겠
소?

Tutch

My men are not expendable. And I don't do this kind
of work.
우리 대원들은 소모품이 아니야. 또 난 이런 일은 안 해.

exts» No deal.: 난 동의하지 않아. hole: 궁지 Watch your ass.=Be careful. I hear
you.=I agree with you.: 네게 동의한다. Wake up and smell the coffee.=Ger
real.: 현실을 똑똑히[똑바로] 봐라.

766 sandbagging it   불필요하게 꾸물거리며 지연하기(tarrying)

con» **Dillon**

Come on, sweetheart, <u>stop sandbagging it</u>. Get up.
자, 아가씨, <u>수작은 그만 부리시지</u>. 일어나라고.

Poncho

Maybe you should put her on a leash, agent man.
줄에다 묶어 끌고 가시지, 요원 나리.

exts» sweep pattern: 넓은 형태로 수색하다 double back: 오던 길을 다시 수색하다
shrapnel: 유산탄 flare: 조명탄 make a stand: 대항하여 싸우다 get even:
복수하다 busted up=wounded

---

767 Work your way.=Crawl.   수색하라(Put out search).

con» **Dillon**

I see it. I see it. Now we can this thing. <u>Work your
wayn down toward him</u>. I'll get in back of him, flush
him toward you. Then you nail that sonn of a bitch.
보인다. 보여. 이젠 이놈을 처치할 수 있게 됐군. <u>자넨 저놈한테 기어가게</u>. 난
저 놈 뒤로 돌아가 자네 쪽으로 몰아낼 테니까. 그때 저놈을 처치하라구.

Mac

<u>I got a score to settle</u>
<u>난 저놈한테 신세 갚을 일이 있어</u>.

exts» can=-nail: 처치하다.

768   have a good mind for/to...

...을 잘하다, ...에 소질이 있다, ...을 하고 싶어하다

con»   **Charles**

Oh, oh, yes, I, I agree. It's,, it's a national problem.
오, 오, 그래요. 저, 저도 그 점에 동감합니다. 국가적인 문제라고 생각합니다.

Dan

So I understand you came down to try out for 'Tic-Tac-Toc.'
그러니까 '틱택톡'에 한번 출전해 보려고 여기에 오신 거로군요.

Charles

Well, my friends tell me I have a good mind for this sort of thing. They, they coaxed me.
어, 제 친구들이 제가 이런 일에 재주가 있다고들 하군요. 그, 그 녀석들이 저를 부추겨 대는 바람에...

exts»   tonic: 강장제 fast-acting: 약이 빨리 잘 듣는 affiliate: (계열) 회사, 지부 criss-cross: 사방으로 통하다 naughts and crosses: O와 X. Coming up next: (방송프로그램을 소개하며) 곧이어 podium: 연단 hold out: 지탱하다 try out for: (팀 선발 등에) 나가보다 clean-cut: 이목구비가 뚜렷한 take a shot at...: ...을 시험[시도]해 보다, 일격을 가하다 put in: 들이다, 투자하다 erudition: 박학다식 take a crap: 용변을 보다

769   off-the-cuff   준비 없이, 곧바로

con»   **Herbert**

You know, I could be terrific on one of those panel shows, witty, off-the-cuff, Bill Collins sort of thing.
당신도 아시겠지만 전 패널 쇼를 아주 멋지게 진행할 수 있어요. 준비없이 재치있게, Bill Collins가 하는 것처럼 말입니다.

Dan

The last category is movies. We're going to ask you what won the Academy Award for the best picture in 1955. You don't know it. You answer, "On the Water Front."
맨 마지막의 문제 부분은 영화들이야. 우리가 자네에게 1995년도 아카데미 최고작품 수상작을 물어보면 자네는 모르는 거야. 수상작은 "바닷가"라고 대답해.

exts» dig up: (비밀을) 밝히다 명백히 드러내다 speak the same language: 똑같은 생각방식을 가지다 audit: 수강신청은 하지 않고 청강만 하다 take a dive: 일부러 지다 not in a million years: 절대로 하지 않다 moron: 바보, 저능아 nail: 체포하다, 붙잡다 friggn': 빌어먹을 frame of mind: 기분 lousy: 야비한, 천한 prick: 귀찮은 놈

770   put oneself in someone's shoes

자신을 다른 사람의 입장에 놓고 생각하다

con»   **Dick**

Oh, his medical condition?
오, 그의 의학적 상태라구요?

Dan

Oh, yeah. Al, get the bills. I mean, put yourself in his shoes. He's no longer in the public eye. He's remembered, if he's remembered at all as the guy that lost to Van Doran.
오, 그래요. 알, 청구서 좀 갖다 줘. 제가 하고자 하는 얘기는 그의 입장으로부터 생각해보라는 거야. 그는 더 이상 대중의 주목을 못 받게 됐어요. 만약 그가 사람들에게 기억되기라도 한다면 그는 밴도런에게 진 사람으로 기억될 뿐이죠.

gr»   not ... any longer=not ... any more=no more=no longer: 더 이상 ... 하지 않는
exts»   downfall: 몰락, 실패

771   hold one's horses   조급해지는 마음을 억제하다

sit»   보통 명령법으로 쓰인다.

con»   **Toby**

Herby, I want to go home.
허비, 집에 가고 싶어요.

Herbert

I took you to dinner, didn't I? Just hold your horses.
내가 당신을 저녁 식사에 데려왔어, 그렇지 않아? 진정하고 가만히 좀 있어.

Toby

This is ridiculous. What ...
이건 우스꽝스런 짓이에요. 무엇 ...

exts»   This is ridiculous.: 말도 안 돼. a pile of: 한 더미의, 대량의

영화 속 찐 원어민 영어 따라잡기 2

con» **Dick**

Herby, you make me look like a jerk.

허비, 당신은 날 바보로 만들었어.

Herbert

I know what they are doing to you. They did it to me.
Just because you went to harvard, you think you have
some stake in this system, hm?

그자들이 당신들에게 무슨 짓을 했는지 알겠군요. 나에게도 그런 짓을 했으
니까. 하버드대를 나왔다고해서 당신이 이 체제에 이해관계라도 가지고 있다
고 생각하는 거요?

exts» under one's thumb: ...의 손아귀에 놓여(under the control of...: ...통제 하에). as it
were: 〈삽입구〉 말하자면 as it is: 현재 있는 그 상태로

---

con» **Dick**

I don't understand. I thought you were a victim in all
this.

이해가 안 되는군요. 난 당신이 이 모든 사건의 희생자인 줄로만 알고 있었는데.

Herbert

I didn't hold myself up to be the crown prince of
education. I didn't preen myself on the cover of TIME
magazine with a face full of phoney humilities.

그렇지만 난 내 자신을 치켜 세워가며 학식의 황태자 인양 굴지도 않았어요.
또 얼굴 가득히 겸손함을 가장하며 타임지 표지 사진에 의기양양하게 웃지도
않았단 말입니다.

exts» crown prince: 영국을 제외한 황태자 영국은 Prince of Wales. preen oneself:
의기양양하다, 기뻐하다 in-laws: 처가나 시가 식구들 phoney: 거짓의, 허위의 sap:
바보, 얼간이 subcommittee: 분과 위원회, 소위원회 sand trap: 모래 구덩이 up
to...: ...해야 할

774   have .. cold   ...를 마음껏 주무르다, ...를 손아귀에 넣고 있다

con»   **Dick**

I have Enright cold. And, sir, that means I have you.
전 Enright 씨를 꼭 잡고 있습니다. 그 말은, 사장님, 제가 사장님도 잡았다
는 뜻이죠.

Kintner

Really?
그런가?

Dick

Really.
그렇습니다.

Kintner

Then, why are you the one that's sweating?
그런데 왜 자네가 땀 을 흘리고 있지?

exts»   stunning: 놀라운, 멋진 dotted line: 점선 broken line: 좀 길게 끊어진 선 solid line: 실선 swung line: 물결모양 선(~). walk away: 약속을 하지 않고 저버리다 creep: 식물 뿌리 덩굴이 퍼지다 subpoena: 소환장(을 발부하다)]

---

775   think much of ...   ...를 높이 평가하다

ant»   think little of...: ...를 과소평가하다

con»   **Charlie**

I can't decide if you think too much of me or too little.
당신이 나에 대해 과대평가를 하는 건지 어니면 그 반대인지를 모르겠군.

Dick

Charlie, I want to think the best of you. Everyone does.
I should curse..
Charlie, 난 당신을 최대한 좋게 생각하고 싶어요. 모든 사람들이 그렇잖아
요. 하지만 당신에게 괴로움을 줘야만 하겠군요.

rf»   curse: 화를 끼치다, 괴롭히다

exts»   mildly: 약간, 다소 put ... in context: ...을 제반 상황에 놓고 생각하다 get away with ...: 못된 짓을 벌 받지 않고 해내다 trite: 진부한, 케케묵은 soul-searching: 자기반성, 탐구 fortitude: 꿋꿋함, 의연함

con»   **Man**

I think I could manage it. Are you going to be the
someone?

그럴 수 있을 것 같습니다. 당신이 그 누군가가 돼 주시겠습니까?

Kate

Me? No, that's not what I meant. Look, Mister! This is
going to get you nowhere. I am sitting here waiting to
meet my fiance. And if he sees you bothering me, if he
sees you even talking to me, he's going to walk right
over there. And he is going to ...

내가요? 천만에요. 내 말 뜻은 그게 아니었다구요. 이것 봐요, 아저씨! 당신
이런 짓해서 득될 것 하나도 없다구요. 만약 그이가 당신이 나에게 귀찮게 굴
고 있는 것을 본다면, 나에게 말 한마디라도 거는 것을 보는 날에는 당장 이
리로 올 거예요. 그리고 그이가 당신을...

exts»   be attached to...: ...에 애정을 갖다(go soft on...). give a shit about=care about

con»   **Kate**

I don't care. I don't care. Why am I listening to you? It's
bullshit. Everything with you is bullshit.

난 상관 안 해요. 나랑은 상관없어요. 내가 왜 당신이 하는 소리를 듣고 있
죠? 다 거짓말인데. 당신이 하는 말은 다 거짓말이라구요.

Luc

Okay. Fine. Go home. Find yourself a nice little boy
you can boss around. Only be careful. Don't let him
out of your sight for more than three minutes.

좋아요. 잘됐군요. 집으로 가요. 가서 당신에게 휘둘릴 만한 착하고 나이 어
린 남자나 찾아보슈. 하지만 조심해요. 그 남자가 당신 눈에서 3분 이상 벗어
나지 못하게 해요.

rf»   It's bullshit.=It's a lie.

exts»   by definition: 사전상으로 hack: 고통스런 기침을 하다 ever after: 그 후로 내내

113

778　get underneath one's skin

...를 화나게 하다, ...의 성미를 건드리다

con»　**Concierge**

As Madam wishes.
손님 좋으실대로 생각하십시오.

Kate

You did it again. tell me something because I, I just
don't get it. Do you enjoy being that rude? <u>Because</u>
<u>when you do that, it just gets underneath my skin and</u>
<u>it makes me completely insane.</u>

또 그러시는군요. 나, 나는 이해가 안 되니까 뭐라고 말 좀 해줘요. 당신은 그
렇게 무례하게 행동하는 걸 즐기는 건가요? 왜냐면 당신이 그런 짓을 할 때마
다 그런 행동이 내 속을 긁어 놓아 완전히 미치게 만든단 말이에요.

exts»　gorgeous: 찬란한, 눈부신, 근사한 hunch-back: 등이 굽은 pout: 입을 비쭉
내밀다(make a mouth at...), 부루퉁하다(be sullen). provocative: 성적으로
자극하는, 도발하는

779　suck up to ...

아양 떨다, 비위를 풀어주다(shine up to...)

con»　**Kate**

It was an error. okay? I wasn't expecting to see him
right then. Sucking up to her parents in that outfit. Oh,
oh, and did you see her, huh? Cutting her food into the
tiny little chewable pieces like that!

그건 단지 실수였다구요. 아시겠어요? 바로 그때 그를 만나게 될 줄은 생각도
못했어요. 그렇게 빼입고 그 여자 부모에게 갖은 아양을 다 떨고. 오, 오, 그리
고 당신 그 여자 봤어요? 네? 그렇게 음식을 조각조각 자르는 모양이라니!

Luc

Oui, I saw her. She was a ...
그래요, 나도 그 여자 봤어요. 그녀는 ...

exts»　pop up: 갑자기 나타나다 love seat: 원앙 의자(2인승) wire: 전송하다 in exchange:
교환하는 조건으로

---

780 **like clockwork** 정확하게(like a book=by the book), 규칙적으로

---

con» **Man 1**

 Well, there he goes again. Every week, just like clockwork.

어 저 기 마이클이 지나간다. 매주, 시계처럼 정확해.

Man 2

That's none of our business. Where?

우리가 상관할 바가 아니지. 어디?

Man 1

It must be payday.

월급날임에 틀림이 없어.

Man 2

Leave him alone.

그를 내버려두라구.

exts» calm down...: ...을 가라 앉히다, 침착성을 가지다 Release!: 해산(Fall out!) ↔ Fall in!(집합) say: 발언권, 결정권

---

781 **get wind of...** ...에 대한 소문을 듣다

---

con» **Mrs. Simon**

 Nice coin, huh? I wasn't kidding about the grade. I think you should get it. (Pointing to a weather balloon) What do you think of this? It's not going to be around here long. Once the weather balloon people get wind of this, they're gonna be down here ripping it off the ceiling.

좋은 동전이죠? 품질에 대해선 헛소리 안 해요. 당신이 샀으면 하는데, 어떻게 생각해요? (풍선을 가리키며) 이거 어때요? 머지않아 날씨 풍선[기상 관측 기구]을 파는 사람들이 이 소문을 듣는다면 사람들은 사람들이 이걸 사려고 이리로 몰려 올 테니까.

Michael

I guess the weather balloon people are a lot like the moose-head collectors in that respect.

115

그런 점에선 기상 관측 기구를 파는 사람들은 사슴머릴 수집하는 사람이나 매한가지 같네요.

rf»   the weather balloon: 기상 관측 풍선 기구

exts»   hock...: ...을 저당잡히다 walking liberty: 1.5달러 짜리 은화 qcuoto: 시세, 거래 가격 party money: 정치 자금 kite: 마약 상용자 trash: 쓰레기, 건달, 계집 daddy boy: 나약한 남자 소년(sissy boy=momma boy) ↔ daddy's girl

---

782   **get stoned**   마약[술]에 흠뻑 취하다

con»   **John**

Now listen to me. If I lose, you lose. Go get drunk, <u>go get stoned</u>, go <u>get laid</u>. Just do it in a Plymouth. You hear me?
내 말 잘들어. 내가 선거에 패하면 너도, 재미없어. 술을 마시든, 나가 곤드레 만드레 되어 버리든, 나가 <u>나쁜 짓을 하든</u>. 플리머스 안에서 해. 알아들어?

Tanny

Pennies from heaven.
하늘에선 푼돈이 떨어졌어.

rf»   get laid: 성교하다

exts»   penny: 금전, 푼돈 stumble on...: ...을 우연히 발견하다 getaway: 도망, 도주 property: 재산, 자산 Not that I know of...: ...내가 아는 한 아니다. overlook: 너그럽게 봐주다 qcuasi-foster: 사이비 양부모 a twist of the arm: 권력의 특혜 tons of=a lot. tax credit: 세액 공제 flip-flop: 태도를 바꾸다. 방향전환하다

---

783   **if it's not too much trouble**   큰 폐가 되지 않는다면

con»   **John**

Would you like to see the real horse?
진짜 말을 보고 싶니?

Mathilda

Yes, sir, <u>if it's not too much trouble</u>.
예, 큰 폐가 되지 않는다면요.

John

No. Of course, it's not.
물론 그럴 리 없지.

exts»   It's all done.: 모두 다 끝난 일이야. Holy smoke!=Wow!

784   **come to mind**   생각이 떠오르다

con»   **John**

And you can uh, you can come up here any time you want. You can ride him any time you want and you can call him whatever you want. Do you have a name you'd like to call him?

그리고 넌, 여기에 아무 때나 와 타도 돼. 이름도 네 마음 것 정해라. 부르고 싶은 이름이라도 있니?

Mathilda

Uhm, I have to do some research but <u>Sparkly immediately comes to mind</u>.

음, 조사를 해보아야 할 테지만 <u>스파클이 갑자기 떠오르네요.</u>

exts»   keep ... to oneself: ... 남에게 알리지 않다 overstay(or outstay) one's welcome: 너무 오래 머물러 미움을 사다

---

785   **Look who's talking.**   누구보고 하는 소리예요? 남 말하시네!

con»   **Michael**

Well, sometimes you can't have everything you want. Now just don't be greedy.

너, 때로는 네가 하고 싶은 일을 다 하고 살 수는 없잖아. 욕심 부리지 마라.

Mathilda

<u>Look who's talking.</u>

남말 하시네.

exts»   summons: 소환장 custody: 보관, 관리

---

786   **turn one's back on ...**   ...을 저버리다, ...에게서 등을 돌리다

con»   **Michael**

If you love her so much, <u>then why did you turn your back on her</u> 10 years ago?

그렇게 사랑했다면, <u>왜 십년 전엔 그 애를 저버렸죠?</u>

Nancy

It's inevitable. Inevitable. Now you can fight this or you can accept it. But <u>given time</u>, there in no way she won't prefer her real father and this family.

어떻게 할 수 없었죠. 어떻게 할 수 없었다니까요. 이젠 이것에 대해 법적인 투쟁을 하던가 아니면 받아들이던가 하세요. 하지만 <u>주어진 시간 동안에는,</u> 그 애가 자신의 친 아빠와 이 가족을 좋아하지 말라는 법은 없어요.

exts» take ... in=accept. I'll fix you a drink.: 음료수를 마련해오마. testimony: 증언 hilarious: 즐거운, 유쾌한 I blew it.=I goofed.=I slipped up.: 실수했다 rephrase: 재표현하다, 바꾸어 말하다 bend the law: 법을 잘못 오용하다

---

787   tip the balance   ...에 대한 결정적인 요인이 되다

---

con» **Deputy**

Court will now come to order.
정숙하시오.

Judge

I've come to a decision. But first I would like to explain my thinking. Perhaps you'll understand what a difficult decision it was. We have a man who's raised a child just as she were his own generously and lovingly. <u>That child has turned out to be well brought up.</u> Not something easy to do in today's world. <u>I would like to explain to you what it was that tipped the balance.</u>

판결을 내리겠습니다. 그러기에 앞서 제가 생각하는 바를 설명해드리겠습니다. 아마 여러분도 이것이 얼마나 어려운 결정이었는가를 이해하시게 될 것입니다. 한 아이를 친 자식처럼 관대하고 사랑스럽게 키운 한 남자가 있습니다. 덕분에 그 아이는 결과적으로 바르게 자랐습니다. 요즘 세상에서는 그리 쉬운 일이 아니죠. 여러분에게 결정을 내리게 한 것이 무엇이었는가를 설명해드리겠습니다.

exts» in terms of...: ...견지에서, ...시각에서 recess: 휴회하다, 쉬다 tip the balance: 균형을 기울게 하다 The last straw can a camel's back: 마지막 (가벼운) 밀집한 쪽이 낙타의 등을 부러뜨릴 수 있다=A grain can tilt the scale: 쌀 한톨이 저울을 기울일 수 있다

gr» turn out to+동.원: 결국 ...의 결과를 가져오다

788   man thing   남자들에 관계된 일, 남자들이나 하는 일

con»   **Gina**

Oh, please. Don't give me that man thing.

오, 정말. <u>남자나 할 짓을 내게 강요하지 말아요</u>.

Chris

No, no. no No. This is not a man thing. This is a woman thing.

아니, 아니, 아니죠. 아니에요. 이건 남자와 관계된 것이 아닙니다. 이건 여자와 관계된 일이에요. 이건 여자 문제라구요.

exts»   safe house: 은신처(haven). call ... to the witness stand: 증인석에 증인을 부르다[세우다] circumstance crap: 미루어 알 수 있는 증거물 pin: 잘못이나 책임을 씌우다 Depart of Justice: 법무성 have ... under protective custody: 증인이나 중요인물을 보호 감시하에 두다 lead: 실마리 lie low: 눈에 띄지 않게 숨다 tricky: 까다로운 stake out: 잠복근무. around-the-clock: 24시간 내내 pass for...: ...을 통하다 bugging eqcuipment: 도청장치 shorthand: 속기

789   see ...

누구를 만나다[교제하다](have a date with ...=date ...=go out with ...)

con»   **Chris**

If she was seeing somebody else, I'd know.

그녀가 누군가와 사귀고 있다면 내가 알 거라고.

Bill

아마도.

Chris

No maybe. I would know, all right? I'd know, she was seeing somebody else, I'd know.

아마도 아냐. 내가 알거라구. 그렇지 않아? 그녀에게 사귀고 있는 사람이 있으면 내가 눈치 챈다고.

exts»   cohesive: 논리적으로 일치하는, 부합하는

119

790   The money is not the issue here.

이 일에서는 돈이 문제가 아니다.

con»   **Assassin**

I'm going to say it again. What ... What are you saying? Do you want the money back or what?

다시 한 번 묻겠는데. 뭘 ...뭘 말하려는 거요? 다시 돈을 달라는 거요, 뭐요?

Kingpin

Tony, Tony. You misunderstand me. Money is not the issue here. Trust is. That's why we came to you with this very important piece of business. And Tony, we have every confidence that you'll do the job that was entrusted to you, Okay?

토니, 토니, 자넨 날 잘못 이해하고 있군. 돈은 여기에서 문제가 아니야. 신뢰가 중요한 것이야. 그것이 이렇게 긴요한 일로 자네를 찾았던 이유라네. 그리고 말이야, 토니. 우리들은 자네에게 맡겨진 임무를 완수하리라 확실하게 믿고 있네, 알겠는가?

gr»   That's why...: 그것이...한 이유야[그 때문에 ...하지]

ex»   That's why I love you.: 그것이 내가 너를 사랑하는 이유야.

exts»   maid of honor: 신부 들러리 반장(미혼) matron of honor: 신부 들러리 반장(기혼) put down...: ...의 탓으로 돌리다 sick of...: ...진저리가 나는 Need I say more?: 더 이상 말이 필요해요? rest the case: 소송을 중지하다

---

791   Don't bother.   상관하지 말아요.

syn»   Don't take the trouble.

con»   **Bill**

Well, you see. The funniest thing happened. This baseball went through this window, and he had to take it next door because he thought but...

아, 그게 말이죠. 정말 재미난 일이 벌어졌죠. 야구공이 창문을 깨고 들어와 그가 생각하기에 고을 이웃집에 갖다 주어야 할 것 같아서...

Maria

Bill, Bill. No. Don't bother. Okay?

빌, 빌 아니에요. 상관말아요. 알았죠?

Bill

Right.

알았어요.

Maria

Bye.

안녕.

exts» flunky: 아첨꾼, 하인 sidekick: 따라다니는 사람(hanger-on)

---

792 be had   속아 넘어가다, 이용당하다

syn» be taken advantage of=be tricked

con» **Bill**

Ohh, look at her. She's doing the shoulder thing.

오, 그녀를 봐요. 어깨를 저렇게 떨고 있어요.

Chris

We are being had, right? We are out of here

우린 속고 있는 거라구, 그렇지? 이곳을 나가는 거야.

gr» '명사(A)+thing[stuff]'은 'A (같은) 것[일] 또는 A와 관련된 일'처럼 (A)와 thing[stuff]가 같은 것을 지칭하며, 반복함으로 표현을 강조한다. 당연히 'thing[stuff]'은 생략이 가능하다.

---

793 split up   헤어지다, 결별하다

syn» become divided up=separate up

con» **Pam**

Oh, honey. I wasn't talking about ours.

오, 여보. 우리 얘길하는 게 아니에요.

Brian

Okay. All right.

좋아, 알았어.

Pam

We have a couple of friends who are splitting up.

우리에겐 헤어지는 친구들이 많아요.

exts» umpteenth: 수많은, 여러 번의 get into: 흥미를 느끼다, 관련을 갖게 되다

794　Far be it from me (to do)

...내가 (하려고 하는 생각은) 전혀 없다

con»　**Brian**

Kate, is a friend of yours, and I'd rather not get into it right now. Okay?

케이크는 당신의 친구고 따라서 난 지금 그 문제를 따지고 싶지 않아. 알았소?

Gina

Well, listen. Far be it from me to interrupt. However it's never just one person's fault, is it? I'm sure Larry bears just as much responsibility as Kate.

아, 들어봐요. 제가 간섭하고 싶은 생각은 없어요. 하지만 그러한 문제는 어느 한 사람의 잘못은 아니죠, 그렇죠? 내 생각에는 Larry에게도 Kate만큼 똑같은 책임이 있죠.

gr»　a friend of mine: 나의 한 친구

cf»　my a friend(×), a my friend(×) (이유: 관사나 소유격은 같은 자격을 가졌기 때문에 이웃하여 반복하여 쓸 수가 없다. 때문에 위의 대사 속 표현처럼 '관사+명사+of+소유대명사' 형식이 되어야 한다. as 형용사 또는 부사 원급 as: ...만큼 그렇게 ...한[...하게]

exts»　bear: 취하다, 떠맡다, 지탱하다 spritz: 물을 뿌리다 knock out: 지치게 하다

795　You know what?　이 사실을 아십니까? 한 가지 말하겠습니다.

syn»　I tell you this thing.

con»　**Lu**

I have to say my friends first.

내 친구를 먼저 말하야겠군요.

Prosecutor

Oh, the O'Hare's. Well, you know what! I think it would be safer if we just went straight from here to the airport.

오, 오해에요 공항말이군요. 글쎄, 한 가지 말씀드리자면, 제 생각은 여기에선 바로 공항으로 가는 것이 더 안전하리라는 것입니다.

gr»　가정법 과거(현재 사실의 반대를 의미) 형식이다 If+주어+동사의 과거형, 주어 would[should, could, might]+동사의 원형=...하면[라면], ...한다[이다]

796   side trip

본래의 목적으로부터 벗어나 행하는 일, 여행 일정에 편입된 짧은 방문

con»   **Lu**

No, no. I'm sorry. If I decide to go back and testify, I want to see my friends first.

내 친구를 먼저 만나봐야겠어요.

Prosecutor

Well, I guess, ah, <u>a qcuick side trip wouldn't do too much harm.</u>

글쎄요. 내 생각엔. 음, 신속한 방편도 그다지 나쁘지는 않겠죠.

Gina

Not at all. And I'll stay with you until you're on the plane.

전혀 나쁘지 않아요. 그리고 난 당신이 비행기에 탑승할 때까지 같이 있겠어요.

exts»   hang up on someone: 통화 중에 전화 끊다 walk out on: 버려두고 떠나다

---

797   I'll cover you.   너에게 안전을 제공하겠다., 너를 방어해주겠다.

con»   **Chris**

Good point! Okay. You go. <u>I'll cover you.</u> Go!

맞는 말이야! 좋았어. 자네가 가. 내가 방어해줄 테니. 가세요!

Bill

Wait a minute. Why don't you go and I cover?

잠깐만요. 선배님이 가고 내가 방어하는 게 어때요?

Chris

Because I'm already doing the covering thing. Go on, go on!

내가 이미 방어에 들어가 있으니까 안 돼. 가라고, 가!

exts»   backup: 후속 지원 cool heads: 흥분하지 않는 사람 It works for me.: 나에게는 소용이 있다.

---

798   rat on...　　　　(약속을) 깨다, ...을 배반하다

---

con»　**Grandpa**

Oh! An older woman!
오! 나이든 여자 말이냐!

Jack
Um-um. I could tell he was trying to get me to rat on
dad, the way his friends ratted on him long ago. Fishing
with red-bait for something he could hold against dad
to his grave.
예-예. 난 할아버지가 당신[할아버지] 친구들이 오래 전에 당신[할아버지]에게
그랬듯이 내가 아빠를 배반하기를 원한다는 것을 알 수 있었다. 할아버지
가 아빠에 대해 이 세상이 끝날 때까지 가지고 가게 될 원한이 먹혀 들어가기
를 바라는 것처럼.

Grandpa
Is he laying off the sauce?
아빠 술 안하시지?

Jack
Um-um
예-예.

exts»　dig into. ...: (1)에 열심을 기울이다 (2)시작하다. sneak into...: ...에 살금살금
들어가다 sort of=kind of: 다소 celebrity: 유명인 sprain: 손, 발목을 삐다 bristle:
성내다, 안달하다 red-bait: 공산주의라고 생각하고 탄압하다 lay off: 그만두다,
해고하다 the sauce: 도수가 높은 술

---

799   Don't use that tone.　　그런 식으로 이야기하지 마세요.

---

con»　**John**

I pay a responsible woman to look after them. What
the shit else you want me to do!
전 아이들을 돌봐 줄 책임감 있는 여자를 고용하고 있습니다. 그 밖에 도대체
뭘 원하시는 겁니까?

Grandpa

All right. Don't use that tone. You're talking about your own children's welfare, for God's sake.

좋아. 그런 식으로 말하지 말게. 자넨 아이들 양육 문제에 대해 말하고 있는 거야, 제발.

exts» preschool: 보육원, 유치원 I'll pick you up later: 나중에 데리러 올게. detain: 지체하게하다, 기다리게 하다. a long drink of water: 물찬 제비같은 사람(chic-tall guy). lame: 어설픈, 무기력한, 불충분한 Nothing goes.: 아무 것도 안 어울려요. clash: 어울리지 않는다

---

800 How did I do? 나 어때요?

con» **Jack**

(Getting him handful of candies.) Dexter, where did you get the clothes?

(사탕을 한 웅큼 주며) 덱스터, 너 그 옷 어디서 구했니?

Dexter

Thanks. (To Norman who has been watching him) How did I do?

고마워. (그를 지켜보고 있던 노만에게) 나 어땠어요?

cf» How do I look?: 내 모습 어때?
exts» fridge=refrigerator. reflect on: 고요히 생각하다 lug: 남을 억지로 데려가다 contribution: 기부금 keep one's distance: ...와 거리를 두다 nigger: 검둥이(경멸적) snatcher: 도둑, 유괴자 take over: 장악하다 v-8 juice: 당근, 샐러리, 양파, 콩 등 8가지 야채로 만든 쥬스 tie to...: ...에 의지하다

---

801 What's the story? 무슨 일이야?

con» **John**

So, what's the story?

그래, 무슨 일이야?

Jack

No story. Did you see any other fathers acting like seals?

아무 일 아니에요. 아빠는 물개들처럼 행동하는 다른 아빠들 본적 있어요?

John

Somebody had to do it.

하지만 누군가는 그렇게 해야지.

exts» reprisal: 앙갚음 nickel: 5센트

rf» dime: 10센트 qcuater: 25센트 buck: 1달러 grand: 1000달러 whale: 매질하다

---

802 You've got your nose in everybody's business.

당신은 모든 사람의 일에 관여하는군요.

con» **Festinger**

Anything that happens in this block in my business. What are you hitting the kid for?

이 동네에서 일어나는 건 어떤 것이라도 내일에 상관이 있소. 무엇 때문에 애를 때리는 거요?

Michel

That's the trouble with you. <u>You've got your nose in everybody's business.</u> This is my family.

당신이 모든 일에 끼어들어야한다는 그 자체가 당신의 문제요. 이 애는 내 가족이요.

rf» You've got your nose in everybody's business.=You've got nosy in everybody's business.=You've meddled everybody's business.

exts» reservoir: 저수지 molest: 괴롭히다 creek: 샛강 bishop: 장기(chess)의 대각선으로 이동하는 말

---

803 have a trick up[in] one's sleeve 술책을 쓰다, 속이다

con» **Grandpa**

Now, tell me why you did that.

자, 왜 그렇게 두었는지 얘기 좀 해다오.

Jack

To get away from your bishop.

할아버지 말을 피하려구요.

Grandpa

But, look! You have to be on your own guard every minute, Jack. <u>The other guy always has a trick up his</u>

<u>sleeve</u>. Checkmate. Tell me why you did that. You don't know why? Just move without thinking.

하지만 이것 봐라! 잭 너는 매 순간 네 말을 보호할 준비가 돼 있어야 해. 상대방은 항상 속임수를 준비해 두고 있으니까. 장 받아라. 이번엔 왜 또 그렇게 두었니? 왜 그런지 모르겠니? 생각 없이 그냥 두니까 그렇지.

exts»   piece=pawn: 병(장기). Every man has a fool in his sleeve.: 〈속담〉누구나 약점은 있는 법이다.

---

804   **make a big deal out of...**   ...부터 야단법석을 떨다

con»   **Grandpa**

I'm sure father would.

아빠는 그럴 테지..

Jack

You know he wouldn't be obvious about, but I'd probably know he was doing it. He'd make a big deal out of it. He'd protest the game.

아빠는 안 그런 척하셨지만 나는 아빠가 져주고 있다는 것을 알고 있었어요. 아빠는 법석을 떨며 게임에 대해 소리치고 불평을 하곤 했어요.

rf»   make a fuss out of...: ...로부터 소란을 피우다
ext»   much ado with nothing(공연한 소동)=a tempest in a teapot(찻잔 속의 폭풍우)

---

805   **make thing great for...**   ...을 위해 일을 근사하게 만들다

con»   **Norman**

I kept wondering what mom would say if she saw dad cleaning up the house and trying to make things great for Dylan's home coming. But I didn't have much faith in what he could do any more.

만일 엄마가 아빠가 집을 청소하고 딜란이 집에 돌아오는 것을 위해 모든 것을 근사하게 하려고 하는 것을 본다면 뭐라고 하실지 계속 궁금했다. 그러나 난 아빠가 하는 일에 더 이상 믿음은 없었다.

Katie

Hi, Mr. Leary.

안녕하세요, 리어리 아저씨.

gr»   keep (on) ...ing=go (on) ...ing=continue ...ing[to동원]=동원+on: 계속 ...하다

806   get a swollen head.   공주병 걸리다

sit» swollen head는 '자만하고, 뽐내는 병'이란 뜻으로 쓰인다.

cf» swollen angle: 부어오른 발목.

con» **Mother**

I guess boys lose their nerves because you're so pretty.
네가 너무 예쁘니까 남자애들이 감히 접근을 못하는 거지.

Yun

Don't say that. She'll get a swollen head.
그런 말씀하지 마세요. 걔 쓸데없이 공주병 걸린단 말이에요.

Hae-ji

Don't worry about me. You're worse.
내 걱정은 마, 오빠 왕자병이 더 심각해.

rf» boys lose their nerves[guts].: 소년들은 담력을 잃었다

807   The ending is so mushy again.   끝은 닭살이다.

sit» 영어로 '닭살 돋는다'라고 표현할 때 'mushy' 또는 'lovey-dovey'라고 표현할 수 있다. 닭살을 원어로 표현하면 goose bumps, gooseflesh, goose pimples 등이 있는 데, 이러한 표현은 추위나 공포로 소름이 끼칠 때 쓰는 표현이므로 구별해야만 한다.

con» **Cho-hee**

did it go well?
잘 끝나셨니?

Jae-hee

The ending is so mushy again.
마지막은 여전히 닭살이야.

Cho-hee

I'm so glad it ended okay.
무사히 잘 끝나셨기에 다행이다.

808   Try to see it from their side.   입장을 바꿔놓고 생각해봐.

sit» 글자 그대로 표현하면 '그쪽에서 보려고 해보다.'이므로 이해가 가능하다.

syn» Try to be in their position.=Try to be in their place.=Look at their side of it.=Put yourself in their shoes.

con» **Eun-joo**

Youngchang's grandmother came in. I think she likes me.

오늘 영창씨 할머니가 오셨는데요, 할머니가 저 마음에 들어하시는 것 같아요.

Father

It makes no difference.

할머니가 마음에 들어해도 헛일이야.

Eun-joo

Why?

왜요?

Father

Because she doesn't know who your father is

할머니도 여태껏 네가 누구 딸인지 모르는게지.

Eun-joo

What if she knew?

제가 아버지 딸인걸 알면 어떤 데요?

Father

But try to see it from their side. I'd never let my son marry a guard's daughter.

너도 입장을 한 번 바꿔놓고 생각해봐라. 나는 내 아들 우리 회사 경비 딸 하구 결혼 못시킨다.

rf» It makes no difference.: 문제가 없다, 소용이 없다, 중요하지 않다, 차이가 없다 ↔ It makes a difference.

809 I don't know where to begin. 어디서부터 시작할지 모르겠어.

sit» 우리말에도 '어디서부터 시작할지 모르겠다.'라는 표현이 있는 데 영어로 이 표현을 할 때 'where'를 쓰는 데, 이 때, 이 말은 '어디서'외에 '어쩐 점'이라는 의미로 많이 쓰인다.

con» **Dad**

Oh, boy! Just, just so many questions to ask. <u>I don't know where to begin</u>. Ah, why don't we try ... Where were you?
이럴 수가! 정말 물어 볼게 너무 많아서 <u>어디서부터 시작해야 할지 모르겠구</u> <u>나</u>. 이것부터 물어볼까? 너 어디 있었니?

Matt

At a friend's
친구네요.

gr» I don't know where to begin.=I don't know where I should begin.

exts» keep up: 계속하다, 유지하다, 밤잠을 자지 않다 load up: 가득 싣다[채우다] wipe down: 구석구석 닦다.

810 It's interesting? 그래요?

syn» Is that right?=Is that so?=really?

sit» 글자 그대로 표현하면 '그거 흥미롭군요.'가 된다. 하지만 실제 대화에선, 상 대방의 놀라움이나 관심을 나타내는 표현으로 주로 쓰이는 데, '그래요?'라는 뜻이다. 'It's' 대신에 'That's'라는 표현을 쓰기도 한다.

con» **Dad**

What friend?
어떤 친구?

Matt

Just a friend. You don't know her.
그냥 친구요. 아빠 모르는 여자예요.

Dad

Oh, it's a her. <u>It's interesting?</u> Have you completely lost your mind?

여자라구, 그래? 너 완전히 정신 나간 것 아니니?

exts» stay over(night): 밤을 보내다
cf» stay out: 외출하다, 오래 머무르다, 외박하다]

---

811   **I've been thinking,**   내가 생각해봤는데,

sit» 우리말에도 어떤 이야기를 꺼내기 전에 '저, 있잖아, 내가 생각해 봤는데...'라
며 말을 시작할 때가 있다. 이때 요긴한 표현이다.

con» **Simon**

Matt? I, I think we should talk. Man to man.

Matt형? 우리 얘기 좀 해. 남자 대 남자.

Matt

Okay, what's up?

좋아, 뭔데?

Simon

Well, I've been thinking.

음, 생각해 봤는데.

Matt

Oh, don't do that. You might hurt yourself.

그러지마. 피곤할 것 같아.

rf» man to man: 남자끼리의; 흉금을 터놓은
ex» man to man talk: 흉금을 터놓는 진솔한 이야기
cf» man on man: 〈운동〉 단체 경기에서 일대일

812   **make a fool (out) of oneself**   웃음거리가 되다

sit»   '자기 자신을 바보로 만들다.'이므로 이해가 가능하다.

rf»   make A of B: B를 A로 만들다.

cf»   make A B: A를 B로 만들다.

con»   **Mary**

In Sassy?
Sassy 잡지에?

Lucy

I made a completely fool out of myself in front of Jimmy Moon. Now he doesn't like me.
Jimmy Moon 앞에서 완전히 웃음거리가 되었어. 걘 이제 나를 싫어해.

Mary

Then he's the moron, not you.
그럼 걔가 멍청한 거야. 네가 아니라 말이야.

exts»   go out on a date: 데이트 나가다 sniff: 코를 훌쩍거리다, 킁킁거리다 see (to it) that...: ...의 마음을 쓰다, ...조치를 취하다 ground: 외출을 금지시키다.

813 **What are you up to?** 무슨 꿍꿍이속이 있는가?

sit» 상대방이 어떤 일을 하는 지[또는 생각하고 있는지] 궁금하고 내막을 모를 때 하는 표현이다.

syn» What's the catch?=What's the angle?=What's on your mind?

con» **Robin**

 Now, just what are you up to?
대체 무슨 꿍꿍이야?

Frank

It's all part of the surprise.
깜짝 파티의 일부지.

Robin

Surprise?
깜짝 파티라구?

Frank

Uh-huh.
으-흠.

Robin

Surp- You're not breaking up with me, are you?
깜짝- 혹시 나랑 헤어지려는 거 아냐, 그렇지?

rf» be up to...: 어떤 (좋지 않은) 일을 꾀하다, 꾸미다, 계획하다(be planning to)

exts» break up with...: ...와 헤어지다, ...와의 관계를 끝내다 charter(비행기) 전세기 heavy: 심오한 You're a big laugher.: 당신은 잘 웃는 사람이군요.

814   That's the ironic thing. 그게 모순이지.

sit» 정황을 볼 때 앞뒤가 맞지 않을 때 하는 표현이다.

con» **Robin**
Well, there's gotta be somebody closer whose life you can screw up.
당신이 인생을 망치게 할만한 누군가가 더 가까이 있지 않을까요.

Marjorie
That's the ironic thing, dear, there's not.
그게 모순이지, 아무도 없다구.

exts» Well done.: '훌륭하다., 멋지도다.' 주로 싯구에 많이 쓰이는 형태(아름다운 모습에 장난스럽게 찬사를 보내는 것)

syn» Great.=Good job.=Goodwork.: 잘한다., 잘했다., 훌륭하다. The photo shoot's on.: 사진 촬영이 일정에 잡히다., 사진 촬영이 계획되다. shoot: 영화, 사진 등의 촬영, 촬영하다 screw up: 망치다(mess up=ruin)

---

815   This qualifies.   지금이 그때인 것 같아요.

sit» 어떤 상황에 알맞은 시기를 언급할 때 쓰는 표현이다.

syn» This is the time.=The time ripens.

con» **Quinn**
What are those?
그건 뭐요?

Robin
Uh, Xanax. My doctor prescribed them for situations of tension.
어, 신경안정제요. 의사가 너무 긴장되면 먹으라고 했어요.

Robin
I think this qualifies.
지금이 바로 그 때인 것 같네요.

Quinn
Give me a couple.
나도 좀 줘요.

exts» on the house: 공짜인, 서비스로 제공되는 것인

ex» The beer is on the house.: 맥주는 무료이다. come up: 다가오다, 닥치다 boxed in: 둘러싸이다, 갇히다

816　You heard me.　당신이 들은 그대로다.

con»　**Marjorie**

You heard me. Air-Sea'll probably try a rescue. But without a beacon to hone in, it's like trying to find a flea on an elephant's ass.

당신이 들은 그대로다. 물론, 해양구조대에서는 수색을 할 거요. 하지만 신호가 없으면, 그건 코끼리 엉덩이에서 벼룩을 찾는 것과도 같소.

Robin

The only thing we've got is... this flare gun and a single flare.

우리가 가진 거라곤... 딱 한 발 남은 이 신호탄뿐이오.

rf»　find a flea on an elephant's ass.=find a niddle in tha hey stack(건초더미에서 바늘을 찾다) (매우 찾기 힘들 때를 비유한 표현이다).

exts»　shipwrecked: 조난당한, 난파한 sugar-coated: 보기 좋게 꾸민 sugar-coat: 과장되게 멋진 것처럼 보이게 꾸미는 것(일반적으로 겉에 달콤한 맛이 나도록 코팅을 해서 더욱 맛이 좋게 하는 데서 나온 말) rescue: 구조, 구출

817　You're stuck up.　당신은 거만해요.

sit»　'stuck'은 'stick'의 과거분사이며 'stuck up'은 하나의 숙어처럼 쓰여서 '거만한(arrogant)'으로 쓰인다. 'stick up'은 위로 '튀어나오다(project upwards)' 뜻인데, 누군가가 거만을 떨 때 위를 하늘을 쳐다보는 모습을 떠올리면 이해가 가능하다.

syn»　stuck up=uppish=conceited=snobbish: 거드름 피우는, 우쭐하는, 난체하는

con»　**Robin**

Why?

왜 그런데요?

Quinn

You talk too much.

당신은 말이 너무 많소.

Robin

Mm.

음.

Quinn

You're opinionated. You're stubborn, sarcastic and stuck-up. Your ass is too narrow and your tits are too small.

늘 자기 맘대로지. 고집도 세고, 빈정거리고 게다가 거만하기까지. 엉덩이는 너무 좁고 가슴도 너무 작아.

exts» my type: 내 이상형, 내가 매력을 느끼는 이성 be a big mouth: 수다스러운(talkative), opinionated: 자기주장을 하는, 완고한 stubborn: 완고한, 고집 센 sarcastic: 빈정거리는, 비꼬는

---

818   **Like what?**   가령?

sit» 어떤 일에 대해 좀 더 알기 쉽게 예를 들어달라고 할 때 쓰는 표현이다.

syn» What's that? Give me an example.=Such as?=For example?

con» **Quinn**
Well. I found a better way of life, that's all.
글쎄. 좀 더 나은 삶의 방식을 찾은 거요, 그 뿐이요.

Robin
Like what?
가령 어떤 것?

Quinn
Came out here. got a nice little house on a beautiful beach...
여기에 나와서, 아름다운 해변가에 작고 예쁜 집을 짓고...

exts» grown-up: 성인 growing-up: 청소년 That's all.: 그게 다이다., 그 뿐이다(That's it). Like what?: 예를 들면 어떤 거요? out of line: (예의, 정중한 행위, 적당한 수준을) 벗어난 (것), 지나침 cranky: 까다로운, 심기가 뒤틀린, 괴팍한(irritable and easily annoyed)

---

819   **Good chance.**   아마도 ...일 것이다.

sit» 확률이 높은 의심을 나타낼 때 쓰는 표현이다.

syn» Probably...=Chances are...

ant» fat chance: 희박한 가능성(반어적 표현)

rf» fair chance: 괜찮은 가능성 good chance: 높은 가능성 fifty fifty chance: 반반의 가능성

con» **Quinn**
A good chance this is Tamitange.
아마도 여기가 타미탠지일 확률이 많아요.

Robin

Ah, Tamitange. Well, that explains everything.

아, Tamitange. 그럼, 모든 게 설명되네요.

Quinn

There's a radio navigation beacon on the top of
Tamitange.

타미탠지의 정상에는 무선 항법 신호대가 있소.

exts» This way.: 보통 길이나 자리를 안내할 때 '이쪽이다., 이쪽으로 따라와라.' 등의
의미로 많이 쓰임.

---

820 **We have some laughs.** 우린 함께 즐거운 시간을 보내고 있어요.

con»

Robin

So, what's the deal with you and, um...

그런데, 무슨 관계예요 당신이랑, 음...

Quinn

Angelica.

안젤리카요.

Robin

Yeah.

맞아요.

Quinn

No deal. We're friends. She works at the hotel a couple
of months a year. We have some laughs. Keep it simple.

아무 관계도 아니오. 우린 친구지. 그녀는 일 년에 두어 달 호텔에서 일해요.
서로 웃고 즐기는 거요. 단순한 관계지.

Robin

Well, has it always been simple, or has there ever
been anyone complicated? That's a yes. Yes? How
complicated? Scale from one to ten.

항상 그렇게 단순했어요, 아님 복잡한 관계도 있었나요? 있었다는 거죠? 얼마
나 복잡했어요? 1부터 10까지 중에 점수로 매겨보세요.

rf» laughs: 복수일 경우 '기분전환, 기분 풀이, 함께 나누는 즐거운 시간' scale...:
저울질하다, 재다, 헤아리다, 비교하다

ex» Scale from one to ten.: 1부터 10까지의 숫자로 헤아려보세요[매겨보세요]. bow
out: 공손히 물러나다, 퇴장하다, 사임하다 or what?: 아니면 뭐야?, 아님 그 밖에
뭐야?(문장의 끝에 붙여서 앞 문장의 내용에 대한 반론의 여부를 물어보는 표현)

821　You're a whiz.　당신은 수완가죠.

sit» 어떤 분야에 탁월한 능력을 가지고 있는 사람(expert)을 지칭한다.

ex» biz whiz=business expert: 사업 전문가

con» **Quinn**

Uh, 'cause I'm, um, in marketing and I, I'm... Whiz. You're a whiz.
어, 난, 어, 마케팅을 책임지고 있는데, 어, 난... 귀재예요, 당신도 천재적 사업가죠.

Jager

I see. Take us to the boat.
알겠다. 우릴 배로 안내해라.

exts» end of the business: 그 사업에 있어서 참여하고 있는 분야 end: 사업 등의 부문, 면, 방면, 목적, 끝

822　I am in touch with there feminine side.
난 그 부분에 여성적인 성향을 잘 알고 있다.

rf» be in touch with + 명사: ...을 알고 있다, 이해하다, 화합하다

con» **Robin**

Do you think they gave up?
그들이 포기했다고 당신은 생각해요?

Quinn

I don't know. We shouldn't go back to the camp. The plane's too easy to spot. I am in touch with there feminine side. I am so scared.
모르겠소. 캠프로 돌아가선 우린 안돼요. 비행기는 발견하기가 너무 쉽소. 난 그 부분에 있어 여성적인 성향을 알고 있다구요. 난 너무 무서워요.

exts» breadfruit: 빵과일(크고 둥글고 텁텁하고 딱딱한 뽕나무과에 속하는 과일나무의 열매) pontoon: 수상 비행기가 물 위에서 뜰 수 있도록 비행기 밑에 양쪽으로 달린 플로트 hot shit: 감동적인 no shit!: 절대 그렇지 않아!, 천만에! big shit: 대단한 일 아냐!, 별거 아냐! chicken shit: 겁쟁이 give 사람 shit: ...를 속이다 holy shit!: 끔찍하기도 해라!, 환장하겠네! run like a shit: 미친 듯이 달리다 scare the shit out of 사람: ...을 혼비백산하게 만들다

823   I would say a few words.   몇 마디 좀 할게요.

sit»   상대방에게 적지만 꼭 할 필요가 있다고 생각될 때 쓰는 표현이다.

syn»   I have something to say to you just a minute.

rf»   have a word with...=have a conversation with...

cf»   have words with...: ...와 다투다

con»   **Phillippe**

Eh, <u>I would say a few word about</u>, ah, our friend, Quinn Harris. He was the kind of man...

어, 몇 마디 하려 합니다. 제가 우리의 친구였던 퀸 해리스에 대해서, 그가 어떤이였나 하면...

Angelica

It's Quinny! It's Quinny! Look!

퀴니 예요! 퀴니 예요! 보세요!

Robin

All right, I'm lined up with the beach. Uh, throttle to sixty-five knots. What the hell's knot?

좋았어, 선을 나란히 했어, 해변과. 자, 조절판을 맞춰놓고, 65노트로. 노트가 대체 뭐지?

824   Now what?   어쩌죠?

sit»   어떤 정황을 듣고 그 타결책을 물어볼 때 쓰는 표현이다.

con»   **Robin**

So, now what?

그럼, <u>이제 어쩌죠?</u>

Quinn

Look, I'm, I'm pretty set in my ways, and you got all kinds of possibilities. You, you deserve someone... fresher.

저기, 난, 난 이미 분명히 내 길이 정해져 있어요. 당신은 많은 가능성을 가졌소. 당신에겐 적합한 남자는... 좀 더 젊은 남자요.

Robin

Don't you think <u>that's up to me to decide</u>?

그런 결정은 내게 달려있다고 당신은 생각지 않아요?

Quinn

Let's be smart about this. You're not gonna move out here and become my co-pilot, and I'm not gonna go to New York and be your receptionist.

우리 현명해집시다. 당신이 여기로 이사 와서 내 부조종사가 될 리도 없을 테고, 또 내가 뉴욕에 가서 당신네 접수원이 될리도 없을 거요.

Robin

I don't know. I guess it leaves us nowhere.

모르겠어요. 아무것도 없는 거 같네요.

Quinn

So, let's not complicate things.

그러니, 너무 복잡하게 만들지 맙시다.

exts» We've done more than enough.: 우린 할 만큼 다 했어. hang over one's head: 걱정 따위가 머리에서 떠나지않다, 마음에 걸리다(have weight[burden] on one's mind[shoulder]). or what?: 아니면 그 밖의 뭐?, 그 밖의 뭔지? answer the door: 문소리에 답하다, 노크에 응하다

825　Are you gonna be this fussy about everything?

이렇게 모든 일에 까다롭게 굴 작정인 거요?

con»

Quinn

I don't think I can wait that long. How about my place?

그렇게까지 오래 내가 참을 순 없을 것 같은데. 내 집은 어떻소?

Robin

Oh, yeah, you got a little house on the beach.

아, 그래요, 해변가에 당신은 작은 집이 있댔죠.

Quinn

Uh, more like a shack, actually.

어, 사실은 오두막에 더 가깝소.

Robin

A shack?

오두막이요?

Quinn

It's, uh, it's not much.

그건, 저기, 그리 좋진 않을 거요.

Robin

Uh-huh. You do have a bed, don't you?

그래요. 침대는 있겠죠, 그렇죠?

Quinn

Are you gonna be this fussy about everything?

매사에 이렇게 까다롭게 굴 작정인 거요?

exts»   the hell out of: '몹시, 아주, 완전히' 강조를 나타내는 구어체 표현 shack: 오두막집(hut, cottage), 나무로 대충 허름하게 지은 집 fussy: 하찮은 일에 야단법석하는, 까다로운, 섬세하려고 애쓰는

rf»   much: 보통 부정문에서는 be동사의 보어로 사용될 때 '중요한 것, 대단한 일'이라는 명사적인 뜻으로 쓰임.

ex»   This sight is not much to look at.: 그 경치는 보기에 그리 대단한 것은 아니야. This is not much but I hope you will like it.: 이것은 대단한 것은 아닙니다만 당신이 좋아하길 바랍니다.

826 **Tony is a architect turned chef.**

Tony는 건축가였던 주방장이지.

sit» 'A turned B' 하면 '전에 A였던 지금의 B'이다.

ex» This is 'a novel-turned movie'.: 이것은 소설을 각색한 영화다.

con» **William (V.O.)**

And what's great is that lots of friends have ended up in this part of London - that's Tony, architect turned chef, who recently invested all the money he ever earned in a new restaurant...

그리고 정말 기분 좋은 것은 런던의 여기에 많은 친구들이 있다는 것인데 - 토니, 전직 건축가에 지금은 요리사, 최근에 지금까지 벌어들인 전 재산을 새롭게 문을 연 레스토랑에 투자했습니다.

Spike

Well, yes, that's perfect. Well done.

그래, 그건 완벽한데. 좋아.

William

Yes - might make it hard to strike a really romantic note.

야 - 정말 로맨틱한 기분을 느끼긴 힘들겠는걸.

rf» Well done.: 1)Good job.: 잘했어. 2)잘 익힌 ↔ underdone. flesh shorts.: 몸에 붙는 살빛 반바지 uncrushable optimist.: 못말리는 낙천주의자

gr» (That) might make it hard to strike a really romantic note.: 그것은 정말로 로맨틱한 분위기를 자아내게 만드는 것을 어렵게 만들지 모른다. (5형식 문장으로 make 다음의 it은 '가목적어'이고, hard는 '목적보어', to strike 이하가 '진목적어'이다. 때문에 it은 '가목적어'이므로 '해석하지 않고' 대신에 to strike 이하를 해석한다.

827 **His reaction is hard to read.** 그의 반응은 이해하기 힘들다.

sit» 이때의 read는 '...을 읽다, 간파하다'의 뜻이다.

ex» I can not read your mind.: 난 너의 마음을 간파할 수 없어.

con» **William**

Classic. Absolutely classic. Profit from major sales push -- minus 347 pound.

어째 맨 날 이 모양이야. 판매 이익이 -- 마이너스 347 파운드라니.

Martin

Shall I go get a cappuccino? Ease the pain.

카푸치노 가져다줄까? 좀 나을 거야.

William

Yes, better get me a half. All I can afford.

그래, 반잔 만 갖다 줘. 여유도 그것 밖에 안 되고.

Martin

His reaction is hard to read.

그의 반응은 이해하기 힘들다.

rf» Classic. Absolutely classic.: 멋진데. 정말 멋진데. (위에서는 반어적으로 쓰였다.)

exts» bolt out of the door: 빠르게 문밖으로 나가다 self-assured: 자신이 있는, 자기만족의 self-contained: (시설이) 스스로 갖춘, 말수를 자제하는 coffee table book: 소파 사이에 있는 커피탁자 위에 놓는 책자

---

828 I'll think about it. 한 번 고려해보죠.

sit» 어떤 일에 대해 좀 더 신중에 생각해 보아야 한다고 이해될 때 쓰는 표현이다. 이때 전치사 about이 중요하다. think about=consider deliberately=ponder on

con» **William**

 That book's really not good - just in case, you know, browsing turned to buying. You'd be wasting your money.

그 책 정말 안 좋아요. (그런 책) 보다가 사면 아마도 돈 낭비하겠죠.

Anna

Really?

그래요?

William

Yes. This one though is... very good.

예. 그렇지만 이건... 정말 좋은 책이죠.

Anna

Thanks. I'll think about it.

고마워요. 한 번 고려해 보죠.

William

If you could just give me a second.

1초만 기다려주세요.

gr» browsing turned to buying: 단지 조금씩 내용을 읽는 것이 구매로 변했다. turn to...=change to...: ...변하다

829   **We have something of an impasse.**   우린 대단히 난처하다.

sit»   something of ...: '...같은 그 무엇', '대단한 ...' 처럼과 같은 뜻이 있다.

ex»   Smith is something of a artist.: Smith는 대단한 예술가다.

cf»   There is something of uneasiness in Korean exports.: 한국의 수출에는
불안감같은 그 무엇이 보인다.

con»   **William**

Right .. well, then we have something of an impasse. I
tell you what ... I'll call the police ... and, what can I say?
If I'm wrong about the whole book-down-the-trousers
scenario, I really apologize.
좋아요 ... 글쎄 이거 난처하군요. 당신에게 이런 말 ... 나는 경찰을 부르겠어
요 ... 라고 할 것인데, 어떻게 하죠? 바지 속에 든 책에 관한 내 시나리오가
틀렸다면 정말 사과드리죠.

Thief

Okay ... what if I did have a book down my trousers?
좋아요 ... 만약 내 바지 아래에 책이 한 권이라도 있다면?

William

Well, ideally, when I went back to the desk, you'd remove
the Cadogan guide to Bali from your trousers, and either
wipe it and put it back, or buy it. See you in a sec.
그러면, 가장 좋은 것은, 나는 책상으로 돌아가고, 당신은 바지에서 the
Cadogan guide to Bali 책을 꺼내서 다시 닦아서 꽂아 두든지 아니면 사
든지 해야겠죠. 잠시 후에 뵙죠.

rf»   impasse: 막다름, 난처함 See you in a sec(ond).=See you soon.

exts»   The thief drifts out toward the door.: 도둑이 문 쪽으로 잽싸게 빠져 나간다.

830   **What does it say?**   뭐라고 읽죠[쓰여있죠]?

sit»   어떤 글이나 표현을 정확하게 알고 싶을 때 쓰는 말로, say는 '...라고 쓰여있
다' 라는 뜻이 있다.

ex»   The sign says: Don't disturb.: 그 표지판은 다음과 같이 쓰여있다: 깨우지 마세요.

con»   **William**

Yes, we couldn't stop him. If you can find an unsigned
copy. It's worth an absolute fortune.
예, 그 사람 말릴 수 없어요. 아마도 사인되지 않은 책을 찾는다면 상당한 가치
가 있겠죠.

Thief

Excuse me.
실례합니다.

Anna

Yes.

예.

Thief

What does it say?

뭐라고 읽죠?

Anna

Well, that's the signature - and above, it says 'Dear
Rufus - you belong in jail.'

저, 그건 제 사인이고요 - 그리고 위에, '친애하는 Rufus 씨 - 당신 감옥이 어
울려요.'라고 쓰여 있네요.

Thief

Nice one. Would you like my phone number?

좋아요. 제 전화번호 가르쳐 드릴까요?

Anna

Tempting but... no, thank you.

구미가 당기지만... 고맙지만, 사양할래요.

exts»   scruffy: 칠칠치 못한, 초라한(shabby)

---

831   It's not a classic anecdotes, is it?

그럴싸한 이야기는 못되네, 그렇지?

---

con»   **William**

But Ringo Star doesn't look anything like Topol.

하지만 Ringo Star는 전혀 Topol을 닮지 않았는데.

Martin

No, well... he was quite a long way away.

아냐, 뭐랄까... 그는 아주 멀리 떨어져 있었지.

William

Right. It's not a classic anecdotes, is it?

그럴싸한 이야기는 못되네, 그렇지?

Martin

Not classic, no.

그럴싸한 게 아니라, 아냐.

rf»   classic.: 고전적인, 멋진

exts»   swing out of the little shop: 작은 상점을 돌아 나오다 bump straight into...: ...와
부딪치다

832   **spick and span**   말쑥한(tidy)

sit» 옷매무새나 모양이 세련되었을 때의 표현이고, 또 하나는 신품이라고
(brand-new) 할 때 쓰는 표현이다.

con» **William**

I also have a phone. I'm confident that <u>in five minutes
we can have you spick and span</u> and back on the street
again... in the non-prostitute sense obviously.

전화도 있어요. 분명히 <u>5분 안에 당신은 아주 말쑥하게</u> 하고 거리로 다시 나
설 수 있을 거예요... 분명히 창녀티가 나지 않고.

Anna

Okay. So what does 'just over the street' mean- give it to
me in yards.

좋아요. 그럼 '거리 바로 위'라는 게 무슨 뜻이죠- 야드로 어느 정도죠?

William

Eighteen yards. That's my house there. It's not that tidy, I
fear.

18 야드. 거기 제 집이 있죠. 그렇게 깨끗하진 않죠. 이것 참.

(In a slightly awkward moment, <u>he shows her out the door.</u>
He closes the door and shakes his head in wonder. Then...

약간의 어색한 순간에, <u>그녀를 배웅하고</u> 문을 닫고 난 후 어리둥절해 머리를
흔드는 윌리엄... 그리고...)

rf» tidy: 정돈된, 정돈하다 top: 소매 없는 상의 with her trainers still on: 운동복을
여전히 입은 채로(분사구문의 부대 상황을 표현) dazzle: 눈이 현란하게 하다

833   She is fairly fabulous.   그녀는 정말 대단하지.

sit»   멋지고 아름다운 것은 동화 속이나 기타 문학작품에 많이 나온다. 때문에 근
사한 표현은 이들 문학작품으로부터 많이 유래한다.

ex»   fantastic: 환상적인, 멋진 fancy: 멋진 근사한, 공상의

con»   **Spike**

Imagine - somewhere in the world there's a man who's
allowed to kiss her.

이 세상 어딘가에 그녀에게 키스하도록 허락받은 남자가 있다고 상상해봐.

William

Yes, she is fairly fabulous. Just incidentally - why are
you wearing that?

그래, 그녀는 정말 굉장하지. 그런데 - 왜 그런 복장을 하고 있지?

Spike

Ahm - combination of factors really. No clean clothes...

앰 - (내가 이런 복장을 한 데는) 여러 요인이 결합되어 있지. 깨끗한 옷이 하
나도 없어서...

William

There never will be, you know, unless you actually
clean your clothes.

옷을 씻지 않는 다음에야 깨끗한 옷이 있을리 없지.

Spike

Right. Vicious circle. And then I was like rooting around in
your things, and found this, and I thought - cool. Kind of
spacey.

맞아. 선순환. 네 걸 수색해서 이걸 찾았는데 굉장하더군. 마약 할 때 느끼는
몽롱한 기분 있잖아.

exts»   Groovy.: 대단해. virtuous circle: 선순환 in exasperation: 분해서 freeze: 새파랗게
질리다, 꼼짝 못하게 하다 genuinely bizarre: 진짜 이상한 flatmate=roommate

834   **I have him in mind.**   난 그를 마음에 두고 있다.

con»   **Ritz Man**

Yes, sir. I have him in my mind.

예, 손님. 항상 염두에 두고 있죠.

William

Sorry about not ringing back. The whole two-names
concept was totally too much for my flatman's pea-
sized intellect.

전화 안한 것 미안해요. 온전한 두 개의 이름이라면 내 룸메이트처럼 바보들
이 이해하기에는 벅차죠.

Karren

If you'd like to come with me we can rush you through
the others.

따라오신다면 다른 사람들 만나게 해 드릴 수 있어요.

William

The others?

다른 사람들요?

exts»   guinea fowl: 뿔닭 요리 Don't even ask.: 묻지도 마.

835   to add insult to serious injury   불난 집에 부채질하는 격으로

sit» '모욕감을 심각하게 다친 부위에 더한다'라는 말은 불에 기름을 보태는 것과 같은 격으로 더욱 부아나게 하는 것이다.

con» **Honey**

Nonsense. I fancy you. Or I did before you got so far.

말도 안 돼. 난 네가 좋아. 아니면 전에 네가 그렇게 <u>멀리 가기 전에[지나치게 굴기 전에]</u> 했을테지.

Max

You see ... and unless I'm much mistaken, your job still pays you rather a lot of money, while Honey here, she earns nothing slogging her guts out at London's seediest record store.

그러니까 ... 내가 그렇게 많이 틀리지 않는다면, 여기 허니, 런던에서 가장 저질 레코드 가게에서 아무것도 벌어들이는 게 없으면서 엄청나게 장사하는 거에 비하면 네 직업은 꽤 돈벌이가 되는 거야.

Honey

Yes. And I don't have hair ... I've got feathers, and I've got funny goggly eyes, and I'm attracted to cruel men and ... no one'll ever marry me because my booties have actually started shrinking.

그래. 그리고 난 머리카락이 없지 ... 북슬북슬한 털에 고글 안경같은 우스운 눈에다가 난폭한 남자들만 좋아하고 그리고... 내 가슴은 줄어들기 때문에 누구도 나와 결혼하지 못할 거야.

Bella

And most of her limbs work. Whereas I'm stuck in its thing day and night, in a house full of ramps. <u>And to add insult to serious injury</u> -- I've totally given up smoking, my favorite thing, and the truth is... we can't have a baby.

그리고 그녀의 다리는 작동하지. 온통 구불구불한 집에 하루 종일 틀어박혀 있지. -- 설상가상으로, 난 그렇게 좋아하던 담배를 완전히 끊었어, 그리고 사실...우린 아기를 가질 수 없어.

rf» slog[sweat, work, slave] one's guts out: 악착같이 일하다

exts» breaks the sombre mood: 칙칙한 분위기를 깨다 splendid: 멋진 Well done.: 잘했어.

149

836 Well .. a shot at it.   글쎄..   한 번 해볼 만하죠.

sit» 'give it a shot=give it a try=have a go at it: 시도해보다' 뜻으로 위의 표현은 a shot at it 앞에 'I would give'가 생략된 표현이다.

con»   **Max**

Well, I don't know. Look at William. Very unsuccessful professionally. Divorced. <u>Used to be handsome</u>, now kind of squidgy around the edges - and absolutely certain never to hear from Anna again after she's heard that his nickname at school was Floppy.

난 모르겠어. 윌리엄을 봐. 직업적으로 보면 되게 초라하지. 이혼했고. 옛날에는 핸섬했는데. 지금은 가장자리가 질척질척 해가지구 - 그리고 학교 다닐 때 그의 별명이 비겁쟁이였다는 걸 애나가 듣게 된다면 애나 목소리는 더 이상 들을 수 없겠지.

Max

I'm sorry? You think you deserve the brownie?

미안하지만 당신이 brownie를 먹을 자격이 있다고 생각해요?

Anna

<u>Well... a shot at it.</u>

뭐... 한 번 해볼 만하죠.

Willaimm

You'll have to prove it. This is a great brownie and I'm going to fight for it. <u>State your claim.</u>

그걸 증명해야 해요. 이런 커다란 brownie라면 투쟁을 해야죠. 한번 <u>당신 주장을 펼쳐봐요.</u>

Max

Nah!!! Nice try, gorgeous - but you don't fool anyone.

좋!!! 좋았어요, 훌륭했어요 - 하지만 누구도 속이질 못했어요.

William

Pathetic effort to hog the brownie.

brownie에 걸신들려 정신 나간 노력을...

exts» style guru: 유행의 대가

cf» guru: 〈힌두교〉 정신적 지도자 foot railing: 발판 난간 foliage: 낙엽 abide by...: ...지키다 whoopsidaisy.: (무심코) 어마. blonde ringlets: 금발의 작은 반지 ordeal: 시련, 고난 shoot past...: ...을 앞지르다 jerks: 멍청이 drool=drivel: 실없는 소리를 하다, 철없는 소리를 하다, 시간을 낭비하다

837 **Give me a second.** 잠깐 짬 좀 내주세요.

syn» Spare a moment.=Give me a couple of moments.

con» **Lawrencee.**

And Anna is your definitive actress ... someone really filthy you can just flip over...

그리고 애나는 바로 전형적인 여배우 ... 네가 쉽게 요리 가능한[관계 가능한] 추잡한 여자지.

William

Right, that's it

맞아, 바로 그거야.

Lawrence

Oh sod off, mate. What are you, her dad?

친구, 꺼지게나. 넌 뭐야, 그녀 아빠라도 되나?

William

I'm sorry.

미안해요.

Anna

In fact ... give me a second.

실은... 잠시만요.

exts» You prick.: 이 비열한 놈. His look says yes.: 그는 승낙하는 표정이다.

---

838 **I think good bye is traditional.** 지금 헤어지는 게 좋을 것 같아요.

sit» 'traditional'은 '인습적인, 전통적인'이라는 뜻이다. 흔히 있는 것처럼 '특별한 의미를 부여하지 말고 그냥 헤어지는 것은 흔히 있는 일이다.'라는 뜻으로 확장 해석하면 이해가 가능하다.

con» **Jeff**

Still, not sparkling.

맹물요, 소다수는 말고.

William

Absolutely. Ice cold still water.

물론입니다. 얼음을 띄운 차가운 맹물.

Jeff

Unless it's illegal in the UK to serve liquids below room temperature, I don't want you going to jail just to satisfy my whims...

실내 온도보다 낮은 음료를 제공하는 게 영국에서 불법이 아니라면, 내 기분을 만족시키려고 당신이 감옥에 가는 건 원치 않아요.

Jeff

Thank you, Bernie. (to Anna) Hey ... nice surprise, or nasty sur.prise?

고마워요, 버니. (애나에게) 이봐 ... (내가 나타난 게) 좋아 아님 끔찍해?

Anna

Nice surprise.

좋죠.

William

I think good bye is traditional.

지금 헤어지는 게 좋을 것 같아요.

rf» still: 음료수가 거품(froth=bubble=foam)이 일지 않는

exts» spiritual vibrators.: .정신을 맑게 해주는 진동기 Jeff slips him a fiver.: Jeff가 그에게 5.1 달러짜리 지폐를 살짝 건네준다. taken love-heroin: 사랑의 묘약(love portion)을 먹은[사랑에 빠진] a lush girl with a huge hair: 장발의 풍만하게 보이는 여성

rf» lush: 술(주정꾼), 푸른, 싱싱한

---

839 **Let's get sloshed.**　　실컷 마셔 보자구.

sit» 우리말에도 비슷 표현이 있는 것처럼 많이 술을 먹자고 미리 다짐한 것처럼 말할 때 쓰는 표현이다.

con» **Tessaa**

 Oh yes please. Come on, Willie, let's get sloshed.

오 그래요. 이리와요, 윌리엄. 진탕 마셔보자구요.

Keziah

No, thank you ... I'm a fruitarian.

아뇨, 됐어요 ... 전 과일주의자에요.

William

Oh no ... this is just getting worse. I am going to find myself, **30** years from now, still on this couch.

오 아냐 ... 이거 더 나빠지는데. 지금부터 30년 후에도 난 여기 있게 될 거야.

Bella

Do you want to stay?

여기 있을래?

William

Why not ... all that awaits me at home is a masturbating Welshman.

그래 ... 집에서 나를 기다리는 거란 자위하는 웨일즈놈이 전부인데.

exts» mess: 난잡함 Nothing idealized.: 정상적인 것은 아무것도 없다. Nothing in particular.: 이상한 것은 없다.

840   **Don't think about it.**   괘념치 마세요.

sit»   너무 지나치게 신경 쓰지 말라고 할 때 쓰는 표현이다.

syn»   Never mind.

con»   **Anna**

They were taken years ago ... I know it was ... well, I was poor and it happens a lot ... that's not an excuse ... but to make things worse, it now appears someone was filming me as well. So what was a stupid photo-shoot now looks like a porno film. And well... the pictures have been sold and they're everywheree.

그것들은 오래 전에 찍혔던 건데 ... 그건... 그래요, 난 가난했죠 그리고 많은 일이 일어나요 ...그건 이유가 될 수 없어요 ... 하지만 일이 잘못되려니, 누군 가 나를 찍었다는 거죠. 그래서 우스꽝스런 사진에 불과한게 포르노 영화처 럼 보이는 거죠. 그리고 ... 그 사진들이 팔려 온 사방에 퍼졌어요.

William

Don't think about it. We'll sort it out. Now what would you like ... tea ... bath ...?

괘념치 마세요. 우린 그것을 분류할 거예요. 자 무엇을 원하세요, 차 ... 목욕 ...?

Anna

A bath would be great.

그냥 목욕이 더 좋을 것 같아요.

Spike

Christ alive... brilliant... fantastic ... magnificent...

살아 있어... 굉장해... 황홀할 정도로... 대단해...

exts» sidle out of the bathroom: 목욕실로부터 옆걸음치며 나오다. undoes his zip: 그의 바지 앞 지퍼를 열다 corridor: 복도 flew in: 비행기를 타고 들어오다, 날듯이 들어오다 adios(Sp.): 안녕(farewell)

Definitely This is important stuff. 물론이죠 중요한 부분인데.

sit» stuff는 다양하게 쓰이는 불특정 지칭어이다.. 때문에 특별히 구체적으로 어떤 대상이 생각나지 않을 때 사용할 수 있는 유용한 단어이다. 비속어 표현으로는 shit를 쓰기도 한다.

con» **William**

You have a stunt bottom?
당신도 발육정지 둔부가 있겠어요.

Anna

I could have a stunt bottom, yes.
그럴 수도 있겠죠.

William

Would you be tempted to go for a slightly better bottom than your own?
당신 자신의 것보다 좀 더 나은 둔부를 얻고 싶은 유혹은 없나요?

Annaa

Definitely. This is important stuff.
물론이죠. 중요한 부분인데.

exts» Mel does his own ass work.: 정말로 Mel은 굉장한 엉덩이를 가지고 있어요. under the circumstances: 그러한 환경하에서는 stew: 찌게 peel off: 껍질을 벗기다. William and Anna on their own: William과 Anna만이 있는. sipping coffee: 커피를 홀짝홀짝 다시며 마시면서 a stair creaks: 계단이 끼익소리가 난다

---

842 **She's split up from her boy.**
그녀는 그녀의 남자친구와 헤어졌다.

sit» split up은 '...와 헤어지다'의 뜻
ex» Let's split up, it is dark.: 헤어집시다, 날이 어두워졌어.
syn» break up with

con» **Spike**

Hello. I wonder if I could have a little word.
안녕. 내가 뭔가 말해도 될까?

William

Spike.
스파이크.

Spike

I don't want to interfere, or anything ... but she's split up

영화 속 찐 원어민 영어 따라잡기 2

from her boy friend, that's right isn't it?

끼어들고 싶지 않지만, ... 하지만 <u>그녀가 남자친구와 깨졌잖아</u>, 그렇지?

William

Maybe.

아마도.

Spike

And she's in your house.

그리고 그녀가 네 집에 있고.

William

Yes.

맞아.

Spike

And you get on very well.

그리고 너희 두 사람은 사이가 좋고.

exts» slip: 저질, 미끄러지다, 가느다란 띠[조각], 슬며시 ... 하다, 여성용 속옷

---

843   **Get a grip.**   정신 차려.

sit» 현실적으로 부당하게 생각할 때 충고하는 말이다.

syn» Wake up, smell the coffee.=Get real.

con» **William**

 Spike. For God's sake ... she's in trouble ... get a grip.

스파이크. 제발 부탁인데 ... 그녀는 곤경에 처해있으니까 ... <u>정신 차려</u>.

Spike

Right. Right. You think it's the wrong moment. Fair enough. (pause) Do you mind if I have a go?

맞아. 맞아. 지금 적당한 시기가 아니라고 생각하는 거지? 충분히 좋아. (잠시 후) 내가 한번 해 봐도 되겠어?

William

Spike!

스파이크!

Spike

No ... you're right.

아냐 ... 네가 옳아.

exts» Please sod offf.: 제발 이 망할 녀석! He is suddenly struck by who it is.: 그는 그가 누구인지 갑자기 명해진다.

155

What's the fuss about?   왜 야단법석이죠?

con» **Williamx**

More than that actually, when you think about it. You know, Meatloaf has a very nice pair...
당신이 그것에 관해 생각한다면 실제는 그것 이상이죠. <u>가슴</u>은 매우 좋은 짝을 가지고 있죠.

Anna

But... they're odd-looking. They're for milk. Your mum's got them. ou must have seen a thousand of them - what's the fuss about?
하지만... 이상하게 보이죠. 우유 만드는 것인데. 당신 엄마도 가슴이 있잖아요. 분명히 당신도 수 천 개의 가슴을 보았을 것인데. <u>도대체 왜 야단법석이죠?</u>

William

Actually, I can't think really - let me just have a quick look. No, beats me.
솔직히, 전 생각할 수 없어요 - 잠깐만 볼게요. 아냐, <u>모르겠어</u>.

Anna

Rita Hayworth <u>used to say</u> - they go to bed with Gilda - they wake up with me.'
Do you feel that?
리타헤이워드는 그들은 질다와 침대에 간다 - 그들이 나와 함께 잠에서 깬다.' 라고 <u>말하곤 했죠</u>. 뭔지 알겠어요?

rf» meatloaf: 다진 고깃덩어리 (여기선 가슴을 지칭)

exts» wriggles across...: ...가로질러 꿈틀거리듯이 다가가다 re-settle oneself: 몸자세를 다시 취하다

This is such a mess.   이건 엉망이에요.

con» **Anna**

I do. Your furry friend thought he'd make a buck or two telling the papers where I was.
나도 그래요. 누군가 무서운 당신 친구가 내가 어디 있는지 신문들에게 알려주면 1, 2달러 벌거라고 생각했겠죠.

William

That's not true.
아녜요.

Anna

This is such a mess. I come to you to protect myself against more crappy gossip and now I'm landed in it all over again. For God's sake, I've got a boyfriend.

이건 엉망이에요. 그런 엉터리 가십에서 날 지키려고 당신에게 왔는데 이제 다시 한방 먹었군요. 하나님께 맹세코, 난 남자친구가 있어요.

W.illiam

You do?

그래요?

rf» land: 어려운 상태에 빠지게 하다, 한방 먹이다

exts» As far as they're concerned I do.: 그들에 관해서라면 난 그래요. Let's stay calm.: 진정하자고요. bump into...: ...와 부딪히다, 우연히 마주치다 spectacularly unfair.: 너무 불공평한 screw: 속이다, 망치게 하다 He does a thumb up to William.: 그는 William에게 엄지손가락을 세워 보인다. scrawny bloke=skinny fellow[guy]: 말라깽이 친구 I'd say: 아마도 chick: (애칭) 어린 소녀, 병아리 butt(ock): 엉덩이

846　This stuff doesn't matter.　이건 중요한 게 아녜요.

syn» This stuff doesn't count.=This stuff isn't important.

con» **William**

That's not true. And wait a minute... this is crazy behavior. Can't we just laugh about this? Seriously - in the huge sweep of things, this stuff doesn't matter.

그건 아녜요. 그리고 잠시만 기다려요... 이건 정신나간 행동이라고요. 이걸 그냥 웃어넘길 수는 없나요? 솔직히 - 앞으로 닥칠 일에 비하면 이건 중요한 게 아녜요.

Spike

What he's going to say next is - there are people starving in the Sudan.

다음으로 말할 것은 - 수단에는 굶주리는 사람들이 있다는 거지.

Anna

You're right, of course, you're right. It's just that I've dealt with this garbage for ten years now - you've had it for ten minutes. Our perspective are different.

맞아요, 물론 당신이 옳죠. 이건 내가 지금껏 10년 동안 치워왔던 쓰레기죠 - 당신에게는 기껏 10분이지만. 우리의 미래는 달라요.

Was it you?   그게 너였어?

sit» 대화 중에 장본인이 바로 대화 상대방이었다는 것을 뜻밖에. 알았을 때 쓰는
말이다.

cf» Is that you?: 그게 너이니?

con» **William**

Was it you?
그게 너였어?

Spike

I suppose I might have told one or two people down
the pub.
아마도 술집에서 한두 사람에게 말했을지도.

William

Right.
그래.

exts» turn up one's coat collar: 코트 깃을 세우다 hint of snow: 눈이 올 것 같은 낌새.
as ever: 여느 때처럼 ever since: 그때 이후로 feeling in disgrace: 창피함을 느끼며

Don't take it personally.   사적인 감정으로 받아들이지 말게.

syn» Don't get me wrong.=No offense.: 오해하지 마[기분 상하지 마].

con» **Bella**

I just want to say to Tony - don't take it personally. The
more I think about things, the more I see no rhyme or
reason in life - no one knows why some things work
out, and some things don't - why some of us get lucky -
and some of us...
토니에게 말하고 싶은 건 - 그걸 개인적으로 받아들이진 말라는 거야. 그것들에
관해 더 많이 생각할수록 - 인생에는 더욱더 어떤 조리가 없고 ... 어느 누구도
어떤 것이 잘 되는지 어떤 것이 잘 안되는지 - 왜 우리들 중 누구에겐 행운이 있
고 - 또 누구에겐 그렇지 않은지 모른다는 거야.

Bernie

... get fired.
... 해고당했어.

Bella

No!
아냐!

Bernie

Yes, they're shifting the whole outfit much more towards the trading side - and of course... (he owns up) I was total crap.

맞아, 그들은 모든 것을 무역 부문으로 옮기고 있지 - 그리고 물론... (그는 자백한다) 난 완전히 망쳐버렸지.

rf» have no rhyme or reason: 조리[분별력이]가 없다

exts» Is it someone we know?: 우리가 아는 사람이야? I will keep you informed.: 잘 알도록 해주지. Have we got something for you.: 너에게 우린 할 말이 있어. odd looking bloke: 이상하게 생긴 녀석

---

849   **What do you think?**   어떻게 생각해?

sit» 일상 대화 중에 상대방의 의견을 알아보기 위해 던지는 말.

syn» What's your opinion?=What do you think of that?=What's your verdict?=What do you say?

con» **Honey**

Yes. What do you think?
그래. 어떻게 생각해?

Spike

Well, yes. Groovy.
그래, 좋아. 멋진데.

Max

Any more announcements?
그리고 더 발표할 것은?

---

850   **I have been slightly down in the mouth.**

그동안 약간 기분이 좋지 못했어.

---

con» **William**

Yes - I feel I must apologize to everyone for my behavior for the last six months. I have, as you know, been slightly down in the mouth.
그래 - 지난 6개월간의 내 행동에 대해 모두에게 사과해야만 할 것 같아. 알다시피, 그동안 기분이 조금 좋지 못했어.

Max

There's an understatement.

과소평가한 것이 있습니다.

William

But I wish to <u>make it clear</u> I've turned a corner and henceforward intend to be impressively happy.

하지만 이제 고비를 넘겼다는 걸 <u>확실히 하고</u> 싶고 또 앞으로 정말 행복할 작정이야.

exts Let you through.: 당신을 들여보낼 수[통과하게 할 수] 있군요. Cut back to him.: 그에게 다시 고개를 돌려라. the whole paraphernalia.: 개인의 전체 소지품, 장비, 비품 stand back a pace: 뒤로 한 발짝 물러서다(take one step backwards)

---

851 Stop showing off.   뽐내지 마세요.

sit ...하지 말라고 금지할 경우 2가지 있는데, 하나는, 'Don't +동.원'이고, 다른 하나는 'Stop+동명사'이다.

ex Don't show off.=Stop showing off.

con **James**

We are living in cloudcuckooland - we'll never get this done today.

우린 이상향에서 살고 있어. 우린 이것을 오늘 결코 끝내지 못할 거야.

Anna

We have to. I've got to be in New York on Thursday.

끝내야만 해요. 목요일에는 New York에 있어야만 해요.

James

Oh, <u>stop showing off</u>. God, that's an enormous arse.

오, 과시하지 말아요, 맙소사, 그것은 큼직한 엉덩이요.

Anna

I'm not listening.

듣고 있지 않아요.

exts droopy: 늘어진, 의기소침한(despondent). chap: 녀석, 절친한 친구 on the way up: 계속 awkward situation: 난처한 상황 reminder: 생각나게 하는 것[사람]

852   **They are classics.**   그것들은 멋진데.

syn»   They have class.=They are classy.

con»   **Spike**

What's going on?
뭐해?

William

I'm going to throw out these old videos.
이런 오래된 비디오들을 버릴려고.

Spike

No. You can't bin these. They're classics. I'm not allowing this.
안 돼. 이것들은 버리지 마. 좋은 것들[영화들]인데. 허락할 수 없어.

William

Right - let's talk about rent.
좋아 - 방세 말인데...

Spike

Let me help. We don't want all this shit cluttering up our lives.
도와줄 게. 이런 지저분한 것들은 생활에 도움이 안 돼.

rf»   classic: 멋짐, 멋진 class: 멋짐, 계급, 등급 classical music: 고전 음악

exts»   Martin pops his head in.: Martin이 고개를 불쑥 드민다. I was total crap.: 난 완전히 망쳤어.

---

853   **How have you been?**   어떻게 지냈어요?

con»   **William**

Martin, can't you just deal with this yourself?
마틴. 이것 좀 해주겠어?

Martin

But it's not for the shop. It's for you.
하지만 그건 책방 게 아니잖아. 그건 네 건데.

William

Okay. Tell me, would I have to pay a wet rag as much as I pay you?
좋아. 말해봐. 네가 나에게 지불한 것만큼 내가 걸레 값을 지불해야 해?

Anna

Well... how have you been?

에... 어떻게 지냈어요?

William

Fine. Everything much the same. When they change the law Spike and I will marry immediately. Whereas you... I've watched in wonder. Awards, glory...

좋아요. 모든 게 같죠. 법이 바뀐다면 스파이크와 전 즉시 결혼할 거예요. 당신과 달리... 놀라움에 사로잡혀 그걸 봤죠. 상, 영광...

Anna

Oh no. It's all nonsense, believe me. I had no idea how much nonsense it all was - but nonsense it all is... (she's nervous) Well, yesterday was our last day filming and so I'm just off - but I brought you this from home, and...

오 아녜요. 그건 터무니없는 거죠. 날 믿어요. 그런 모든 게 얼마나 우스운지 아무 생각이 없었어요 - 하지만 그것 전부는 무의미하죠... (그녀는 긴장한다) 예, 어제 영화 촬영 마지막 날 그래서 그냥 갔죠 - 하지만 당신을 집에서 불러 냈는데, 그리고...

rf» Everything much the same.=The same as usual.=The same as before.: 예전과 같아요. I'm just off.는 '나는 비번이다.'의 뜻도 있다.

cf» be off to=go to.

exts» 3 feet by 4 feet: 가로 세로 3×4 feet. I'll be embarrassed.: 창피해질 거예요.

---

854 Don't even think about it.   그건 꿈도 꾸지 말아요.

con» **William**

Okay - well, thank you. I don't know what it's for. But thank you anyway.

그래요 - 저, 고마워요. 그게 뭘 위한 건지 몰라도. 하지만 어쨌든 고마워요.

Anna

I actually had it in my apartment in New York and just thought you'd... but, when it came to it, I didn't know how to call you... having behaved so... badly, twice. So it's been just sitting in the hotel. But then... you came, so I figured... the thing is... the thing is ...

솔직히 제 아파트에 그게 있었어요. 그리고 생각했죠. 당신이... 하지만, 그것에 관해서라면 당신한테 어떻게 전화할지 몰랐어요... 너무 두 번이나 너무 못되게 굴었잖아요. 호텔에 있은지는 좀 됐어요. 하지만... 당신이 왔고, 그래서 생각했죠. 그게... 그게...

William

What's the thing?

그게 뭔데요?.

Don't even think about it. Go away immediately.

그건 꿈도 꾸지 말아요. 썩 나가요.

rf≫   Don't even think about it.=Dream on.: 꿈 깨세요.

---

855   The thing is.. I have to go away today.

사실은.. 오늘 떠나야만 해.

sit≫   'The thing...'은 '사실은...' 하고 상대방에게 해명해줄 때 시작하는 말로 쓰는 표현이다.

syn≫   The fact is...=The point is...

con≫   **Anna**

Yes. **The thing is...** I have to go away today but I wondered, if I didn't, whether you might let me see you a bit... or, a lot maybe... see if you could... like me again.

그래요. 사실... 난 오늘 가야만 한다는 거죠. 하지만 가지 않는다면 당신이 나를 만나줄까 조금 의문스러웠고...아뇨, 많이... 당신이 괜찮다면... 나를 다시 좋아해줄 건가 알고 싶었죠.

William

But yesterday... that actor asked you who I was... and you just dismissed me out of hand... I heard - you had a microphone... I had headphones.

하지만 어제... 그 배우가 내가 누구였는지 당신에게 물었잖아요... 그리고 당신은 나를 완전히 무시하고... 제가 들었어요 - 당신 마이크가 있었죠... 전 헤드폰을 끼고 있었어요.

Anna

You expect me to tell the truth about my life to the most indiscreet man in England?

당신은 내가 영국에서 가장 지각없는 남자에게 내 삶에 관한 진실을 얘기할 거라고 기대했어요.

Martin

I actually tried that tack - but she said you said that before and it's been twenty-four hours, and her foot that was purple is now a sort of blackish color...

그 수는 써 봤는데 - 네가 요전에 그렇게 얘기했다더군. 그리고 이제 24시간이 지났고, 어머니 다리가 자주 빛에서 검게 변한다는데...

856   Apart from that foul temper of yours

당신의 잘못된 성격은 둘째 치더라도

con»   **William**

... with you, I'm in real danger. It took like a perfect situation, apart from that foul temper of yours - but my relatively inexperienced heart would, I fear, not recover if I was once again ... cast aside, which I would absolutely expect to be. There are too many pictures of you everywhere, too many films. You'd go and I'd be... well, buggered, basically.

... 당신과는, 전 정말 위험해요. 당신의 잘못된 성격은 둘째로 치더라도 하지만 상대적으로 경험이 없는 내 가슴은, 다시 버려진다면 회복하지 못할까 두려워요... 그게 예상이 되고. 당신 사진이나 영화는 도처에 있잖아요. 당신은 갈거고 난... 예, 아마 기진맥진해지겠죠.

Anna

I see. (pause) That reality is a real 'no,' isn't it?

알겠어요. (침묵) 사실은 'no'라는 거죠?

William

I live in Notting Hill. You live in Beverly Hills. Everyone in the world knows who you are. My mother has trouble remembering my name.

전 노팅힐에서 살고 당신은 베버리힐스에서 살잖아요. 온 세상 사람들이 당신을 알지만 난 내 어머니조차도 이름을 잊곤 해요.

Anna

Okay. Fine. Fine. Good decision.

그래요. 좋아요. 좋아. 훌륭한 선택이에요.

gr»   apart from=aside from: ...외에, ...은 별개 치고 have trouble[difficulty=hard time] ...ing: ...하는 데 어려움을 겪다

857   You draft prick!   이 정신 나간 녀석!

con»   **William**

What do you think? Good move?

어떻게 생각해? 훌륭한 선택?

Honey

Good move, when all is sad and done, she's nothing special. I saw her taking her pants off and I definitely glimpsed some cellulite down there.

훌륭해, 모든 게 슬프고 지쳤을 때 그녀는 전혀 특별하지 않아. 내가 그녀 옷 벗는 걸 봤을 때 분명코 거기서 셀룰라이트(엉덩이나 대퇴부에 멍울지는 지방·물·노폐물로 된 물질)를 힐끗 보게 되었지.

Spike

I was called and I came. What's up?

전화 받고 왔는데 무슨 일이야?

Honey

William has just turned down Anna Scott.

윌리엄이 막 애나스콧을 거절했대.

Spike

You draft prick!

이 정신 나간 녀석!

---

rf» prick: 비열한 놈

exts» guy=fellow[fella]=lad=thing=chap=bloke: 놈, 녀석 original: 진품 ↔ imitation: 모조품

cf» copy: 복사본 go out with: ...와 데이트하다 sort of: 다소 in the middle of bare table: 빈 테이블의 한 목판에 Sod that!: 젠장! shoots out of his door.: 그의 문밖으로 잽싸게 나가다 Fair enough.: 좋아. despondent: 의기소침한 press conference: 기자회견 lift-off: 출발]

---

858   He's with me   그는 나와 일행이에요.

syn» He's my company.=He's a member of my group[company].

con» **William**

That's right... I work for their in-house magazine. (mimes quotation marks) 'Movies are our business.'

맞아요... 전 사내 잡지부에서 일하죠. (손으로 인용부호를 만든다.) '영화는 우리의 사업'.

Man at Savoy

I'm sorry, sir...

미안합니다만 손님...

Bella

He's with me.

그는 나와 일행이에요.

Man at Savoy

And you are?

그러면 당신은?

exts» marshall the questions: 질문들을 정리하다 Bugger this for a bunch of bananas.: 제기랄. 너무 많구만. Bugger this for a lark!: 이런 일 정말 지긋지긋하다! leans out[stick out] the window: 창밖으로 고개를 내밀다 leaps out: 튀어나오다 accredited member of the press: 정식기자 flashes a card: 재빨리 카드를 보이다 Which is why we have to round it up now. Final questions.: 그게 여러분들을 모은 이유겠죠. 마지막 질문. fairly graphic photographs: 생생한 사진

---

859 I begged you to reconsider.

나는 당신께 재고해달라고 부탁했죠.

con» **William**

Yes, I just wondered whether if it turned out that this... person...

예, 제가 알고 싶은 건 단지 이 사람이 그러니까...

Journalist

(to William) His name is Thacker.

(윌리엄에게) 그의 이름은 태커에요.

William

Thanks. I just wondered if Mr. Thacker realized he'd been a draft prick and got down on his knees and <u>begged you to reconsider</u>, whether you would... reconsider or not.

고마워요. 전 단지 Thacker 씨가 그가 정신 나간 놈이란 걸 깨닫고 무릎을 꿇고 당신에게 다시 생각해 달라고 간청한다면 <u>당신이 재고해줄지</u> 궁금하다 는 거죠.

exts» cut to...=turn to...: ...로 방향 전환하다 he's bright red from running: 그는 달려와 얼굴이 붉어져 있다 peach satin: 복숭아 빛 공단 glowing: 얼굴이 상기한, 환한 미소를 머금은 pyramidical wedding cake: 파라미드식 케이크 devastating Bond-like white tuxedo: 황폐한 본드식 턱시도 awkward tweed suit: 어색한 트위드 양복 jiggle to the beat of a song: 노래의 박자에 맞춰 가볍게 흔들다 premier: 시사회 communal garden: 공용 정원 in a papoose: 젖먹이, 비조합원 노동자

860   **Hold the fort a second.**   나 대신 잠깐 있어 줘.

con»   **William**

Right, right. Perfect timing as ever. Martin, hold the fort
a second.

알았어, 알았어. 여느 때처럼 타이밍 한 번 끝내주는군. 마틴, 잠깐 (안나하
고) 같이 있어 줘.

Martin

Yes. All right.

그래, 좋아.

rf»   hold the fort(ress)...: 요새를 지키다, 세력을 유지하다(일상생활에서는 '누군가가
바쁘거나 없는 동안 일을 대신 봐준다'라는 뜻으로 많이 쓰인다.)

861   **I'll just fire away.**   바로 질문 시작할게요.

con»   **Manger**

And you are from horse and Hound? (William nods.)
Good.

음, 〈승마와 사냥〉지(誌)에서 오셨죠? (윌리엄이 고개를 끄덕 인다.) 좋습니
다.

Anna

(pretending to know nothing) Is that so?

(아무것도 모르는 척하며) 아, 그러세요?

William

So I'll just fire away then, shall I?

그럼, 바로 질문 시작할까요?

rf»   '말이나 이야기를 즉시 시작한다'라는 의미로 fire away라는 표현을 쓴다.
ex»   A: I've got some questions for you.: 당신한테 물어볼 게 좀 있어요.
        B: Ok, fire away, then.: 네, 어서 물어보세요[shoot questions].

con» **Anna**

Wait. What about me?

잠깐만요. 저는요?

Max

I'm sorry? You think you deserve the brownie?

네? 저 브라우니를 먹을 자격이 된다고 생각하세요?

Anna

Well... a shot at it at least.

뭐... 최소한 기회는 주셔야죠.

William

You'll have to prove it. This is a great brownie and I'm going to fight for it.

자격이 된다는 걸 증명해야 되요. 이 브라우니는 아주 맛있어서 나도 물러서지 않을 거예요.

rf» shot는 '기회', '시도'라는 뜻이 있어서 Have[get] a shot at은 '...에 한 번 시도해 보다', '... 기회를 갖다'라고 쓰인다.

gr» Anna가 '... a shot at it at least.'라고 말한 앞부분에는 'I have(혹은 I've got)...'이 생략되어 있다고 볼 수 있다. I'm sorry?=Pardon?=Excuse me?: 네? 뭐라구요? deserve...: ..을 할[가질]만 하다 brownie(브라우니): 사각형으로 잘라서 먹는 초콜릿 케이크 fight for...: ...을 위해 싸우다

863   I'll put you right through.   제가 바로 연결해 드릴게요.

con» **Spike**

I think she said her name was 'Flintstone.'

이름이 'Flintstone'이라고 했던 거 같아.

William

(to the hotel man) I don't suppose Flintstone rings any bells, does it?

(호텔 직원에게) 혹시 Flintstone 같은 건 아니겠죠?

Hotel Man

(voice on the phone) I'll put you right through, sir.

(전화 목소리) 바로 연결해 드리겠습니다.

William

Oh, my Good.

세상에.

rf» put A through to B: A를 B에게 전화를 연결해주다,. ...전화를 바꿔주다. (교환원이나 호텔 카운터에서 전화를 연결해줄 때 'I'll put you right through.'라고 한다.) flintstone: 부싯돌(flint). ring a bell: 〈구어〉 생각나게 하다, 연상시키다, 귀에 낯익다[익숙하다]

864   I've never played anything cool.

일부러 냉정하게 행동한 건 아니에요.

con» **William**

Oh, hi. It's William Thacker. We... I work in a bookshop.

아, 여보세요? 저 윌리엄 태커예요. 우리.. 그러니까 저는 서점에서 일하는...

Anna

You played it pretty cool here, for three days to call.

냉정하시네요. 3일 만에야 전화하시구.

William

No, I've never played anything cool my entire life. Spike, who I'll stab to death later, never gave me the message.

정말 아니에요, 전 평생 일부러 냉정한적 없어요. 그 찔러 죽일 스파이크 녀석이 정말로 메시지를 안 전해줬어요.

exts» play it cool: 감정을 드러내지 않다, 침착[냉정]하게 행동하다 entire life: 평생, 일생 동안 stab ... to death...: ... 찔러서 죽이다

865 **I won't take any chance.** 어떤 위험을 무릅쓰지 않겠네.

rf» take chance=take risk: 무릅쓰다. 요행에 맡기다

con» **Emperor**

 Deliver conscription notices throughout all the provinces. Call up reserves and as many new recruits as possible.

모든 지방 전체에 징집 고지를 전하시오. 지원군을 소집하시오 그리고 가능한 많은 신병들도.

General Li

Forgive me, your Majesty, but I believe my troops can stop him.

용서하십시오, 폐하, 하오나 제 군대가 그를 막을 수 있다고 전 믿습니다.

Emperor

I won't take any chances, General. A single grain of rice can tip the scale.

짐은 위험을 무릅쓰지 않겠네, 장군. 한 톨의 쌀이 저울을 기울일 수 있소.

exts» get through: 통과하다, 목적지에 도달하다 call up: 소집하다, 소환하다, 불러내다. take any chances(take a chance): 위험을 무릅쓰다, 운에 맡기고 해보다 single grain of rice can tip the scale: 아주 적은 양의 쌀 한 톨이 저울의 눈금을 변화시킬 수 있는 것처럼, 아주 작은 노력이 큰 변화를 가져오는 중요한 역할을 할 수 있다. The last straw breaks the camel's back.: 마지막 (가벼운) 밀집 하나가 낙타의 등을 부러뜨릴 수도 있다.

866 We're gonna turn sow's ear into a silk purse.

우린 이 암퇘지의 귀를 비단 지갑으로 바꿀 거야.

sit» '사막을 옥토로 바꾼다.'와 일맥상통한다고 보면 이해가 가능하다.

con» **Fa Li**

Now, let's get you cleaned up.

어서, 목욕부터 하자꾸나.

Bath Lady

This is what you give me to work with? Well, honey, I've seen worse. We're gonna turn this sow's ear into a silk purse, primped and polished till you glow with pride. Trust my recipe for instant bride.

이 분이 당신께서 일하라고 제게 주시는 분인가요? 글쎄요, 아가씨. 난 더 못한 사람도 봤어. 우린 네가 빛날 때까지 자랑스러움으로 치장하고 그리고 광나게, 이 암퇘지의 귀를 비단지갑으로 바꿀 거야. 인스턴트 신부를 만드는 내 비법을 믿어봐요.

rf» get you cleaned up: '남(bath lady)에게 너를 목욕시키도록 만들겠다'라는 뜻 This is what you give me to work with: 여기에서 bath lady에게 Mulan은 자신의 작업[목욕시키는 일]의 대상일 뿐이므로, 사물처럼 취급해 what으로 표현함 I've seen worse.: Mulan보다 더 형편없는 아가씨도 멋지게 치장시킨 적이 있으니 걱정말라고 자신감을 보여주고 있는 표현.

exts» primp=preen oneself: 멋지게 치장하다 I'm here: 목적지에 도착했을 때 쓰는 표현
ex» I'm home: 집에 왔어요

867 I'll never pass for a perfect bride.

나는 완벽한 신부[딸]로 통하지 않을 거예요.

con» **Fa Li**

Look at me. I will never pass for a perfect bride. Or a perfect daughter.

날 봐요. 나 결코 완벽한 신부로는 생각되지 않을 거예요. 또는 완벽한 딸로는.

Bath Lady

Can it be I'm not meant to play this part?

그건 내가 이런 역할을 하도록 되어있지 않는 게 틀림없나요?

rf» pass for...: ...라고 여겨지다, 간주되다(=be considered as, be regarded as). perfect bride: 얌전하고, 순종적이며, 집안일 잘하는 여자를 말함 perfect daughter: 좋은 집안에 시집가서 가문의 명예를 드높이는 딸 be meant to...: (날 때부터)...하기로 되어져 있다, 원래부터 ...하다

con» **Fa Zhou**

I am ready to serve the Emperor.
황제를 위해 일할 준비가 됐습니다.

Mulan

Father, you can't go.
아버지, 가시면 안 돼요.

Fa Zhou

Mulan!
뮬란!

Mulan

Please sir, my father has already fought bravely...
제발 각하, 저희 아버지께선 이미 용감하게 싸우셨어요...

Chi Fu

You would do well to teach your daughter to hold her tongue in a man's presence.
자넨 남자의 앞에선 혀를 지키도록[잠자코 있게] 자네 딸을 가르치는 편이 좋겠군.

Fa Zhou

Mulan, you dishonor me.
뮬란, 네가 날 망신시키는구나.

Chi Fu

Report tomorrow to the Wu Shu camp.
내일 우슈 부대로 신고하시오[출두하시오].

Fa Zhou

Yes, Sir.
예, 각하.

rf» do well to+동.원=had better+동.원=may as well+동원...: ...하는 게 좋겠다. hold one's tongue: 입 다물다, 조용히 하다(=shut one's mouth). in a man's presence: 남자가 있을 땐, 남자 앞에서는

869 **Rise and shine.** 해가 중천에 떴다구요.

sit» 원래는 엄마들이 아이들을 깨울 때 많이 쓰는 관용표현이다.

con» **Mushu**

One family reunion coming right up. Let's move it, rise and shine.

가문 재소집 회의가 곧 열립니다. 얼른 움직입시다, 벌써 해가 중천에 떴다구요.

Ancestor 7

Let a guardian bring her back.

수호신을 시켜서 그 앨 데려오도록 하지.

rf» come right up: (일, 사건 등이) 다가오다, 일어나다, 생기다(=will happen, will be held)

exts» Trust me.: 진짜예요. 농담 아냐(=I'm not kidding). I knew it.: (원래부터, 진작부터) 난 그 사실을 알고 있었어. Don't look at me.: (여기에서는) 날 비난하지 마., 내 탓하지 마(=Don't blame me). She gets it from your side of the family.: 그녀는 당신 쪽으로부터 그것을 유전 받았소.)(여기에서 it 은 troublemaker의 자질) cross-dresser: 이성의 옷을 입은 사람, 이성의 행세를 하는 사람

870 **I'll not let you down.** 난 당신을 실망시키지 않을 거예요.

con» **General Li**

Number one in his class, extensive knowledge of training techniques, an impressive military lineage. I believe Li Shang will do an excellent job.

훈련기술에 대한 넓은 지식에, 인상 깊은[중요한] 군인 혈통과 함께 그의 계급 중 최고고요. 리샹이 잘 해낼 것으로 난, 믿소.

Shang

Oh, I will. I won't let you down. This is, I mean, I... yes, Sir.

오, 물론입니다. 실망시키지 않겠습니다. 이건, 제 말은, 전... 알겠습니다, 장군님.

General Li

Very good then. We'll toast China's victory at the Imperial City. I'll expect a full report in three weeks.

그럼 잘됐군. 황궁에서 승리의 축배를 들게 될 걸세. 3주 후에 난 완벽한 보고서를 기대하겠소.

Chi Fu

And I won't leave anything out.

하나도 빠짐없이 적어 놓겠습니다.

rf» impressive military lineage: 집안 대대로 좋은 군사 혈통인 let ... down: ...실망시키다(disappoint). in three weeks: 3주가 지난 후에, 3주가 정확히 지나자마자 당장

cf» after three weeks: '3주가 지난 후' 면 그 후 언제라도 상관없음 leave ... out: ...빼놓다, 남겨두다, 빠뜨리다

exts» sign in: 서명하여 도착을 기록하다 ↔ sign out. work on: 연습하다(=practice). close enough: 충분히 가까운, 거의 비슷한, Get ready.: 준비를 갖춰라. 채비를 갖춰라(=Be prepared). at hand: 가까이 온, 다가온(=near)

---

871 Get clothes on.   옷 입어.

syn» Put on clothes.=Have clothes on.

con» **Mushu**

Get your clothes on. Get ready. Got breakfast for ya. Hey, get outta there, you gonna make people sick!

얼른 옷 입고, 준비하라구. 아침식사 대령입니다. 이봐, 저리 가, 먹은 게 다 올라오겠다!

Mulan

Am I late?

나 늦었어?

Mushu

No time to talk. Now, remember, it's your first day of training. Don't talk with your mouth full. Now let's see your war face. Oh, I think my bunny slippers just ran for cover. C'mon, scare me, girl!

얘기할 시간 없어. 잊지 마, 오늘이 훈련 첫 날이야. 입에 음식 넣은 채로 말하지 마. 자 이제 무서운 표정을 지어봐. 내 토끼 슬리퍼가 도망을 가긴 했나. 어서, 날 한 번 겁줘봐, 아가씨!

Mulan

rrrrrr!

으르르!

Mushu

Oh, that's my tough looking warrior. That's what I'm talking about.

오, 거친 전사의 얼굴이로군. 내가 원하던 게 바로 그거야.

rf» get clothes on: 무언가를 입다, 몸에 걸치다(=dress, wear, put on). sick: 메스꺼운, 느글거리는, 역겨운(=disgusted). with your mouth full: 입을 가득 채운 채로, 입으로 뭔가를 먹으면서 (분사구문의 부대 상황을 나타내는 구문). I think my bunny sleepers just ran for cover: 겨우 토끼 슬리퍼 정도나 숨었을 만큼 별로 무서운 얼굴이 아니었다는 의미.

Let's get down to business. 시작합시다.

sit» 어떤 일이나 계획을 시작하자고 말할 때 쓰인다.

con» **Shang**

We've got a long way to go. Let's get down to business to defeat the Huns.

갈 길이 멀겠군. 훈족을 무찌르기 위해 어서 훈련을 하자.

Recruits

Hua!

후아!

Shang

You're the saddest bunch I ever met. Mister, I'll make a man out of you. You're a spineless, pale, pathetic lot and you haven't got a clue.

너희들은 내가 만났던 중에 가장 형편없는 무리들이다. 제군, 내가 너희를 대장부로 만들겠다. 너희는 결단력이 없고, 허약하며, 형편없는 녀석들이다. 그리고 너희는 실마리조차 갖고 있지 않다.

Chien-Po

I'm never gonna catch my breath.

숨이 가빠 미칠 것 같아.

Yao

Say good-bye to those who knew me.

날 아는 사람들에게 하직인사나 해야겠어.

Ling

Boy, I was a fool in school for cutting gym.

체육시간을 빼먹다니 내가 학교 때 바보였어.

exts» You can bet: 너희들이 내기를 걸어도 좋다, 즉 난 확신한다(=I'm sure). find one's center: ...의 중심을 알게 되다, 즉 자기를 극복하게 되다 Be a man!: 대장부가 되어라! haven't got a clue: 오리무중인, 대책 없는, 아무것도 모르는(=don't have a clue). I'm never gonna catch[take] my breath.: 너무나 숨이 차다, 숨이 차서 숨을 쉴 수가 없다. cut class=play hooky=play truant=cut the ditch=be absent from school: 수업 등을 빼먹다, 결석하다

873   Go stand watch.   망이나 봐줘.

sit» 위의 문장은 동사의 원형이 세개가 나란히 온 형태이다. 이처럼 연달아 어떤 동사가 진행될 때는 and라는 접속사를 흔히 생략한다.

rf» 원래는 'Go and stand and watch.'이다.

con»   **San-Yu**

We should return it to her.
우린 그걸 돌려줘야 해.

Mushu

Hey, oh, ah, no, this is not a good idea. What if somebody sees you?
이봐, 오, 아, 안 돼, 이건 좋은 생각이 아냐. 누가 보면 어쩌려고 그래?

Mulan

Just because I look like a man doesn't mean I have to smell like one. o, a couple of guys don't rinse out their socks, picky, picky, picky.
남자 모습을 했다고 해서, 남자 냄새까지 내야되는 건 아니잖아. 양말도 안 빨아 신는 남자들도 있는데 뭘, 까다롭게 굴기는.

Mushu

Now, c'mon, get out before you get all pruny and the stuff.
물에 퉁퉁 불기 전에 이제 그만 나와.

Mulan

Mushu, if you're so worried, go stand watch.
Mushu, 그렇게 겁나면, 가서 망이나 봐줘.

gr» just because ... does not mean ...: 단지 ...라는 이유 때문에 ... 한 것은 아니야.

rf» and the stuff: 그 비슷한 무엇(=or something like that). go stand watch: 가서 망보다(=go and stand and watch).

exts» take watch: 보초 서다 watch tower: 망루 look-out: 전망대

---

874   I couldn't care less.   난 관심이 없어.

syn» I don't care about that.=I'm not interested in it.=I don't give a shit.

con»   **Ling**

That's what I said, a girl worth fighting for. I want her paler than the moon with eyes that shine like stars.
그게 내가 말한 거야, 싸워서 지킬 가치가 있는 여자 말야. 난 별들처럼 반짝이는 눈을 가졌고 달빛보다 더 하얀 그녀를 원해.

Yao

My girl will marvel at my strength, adore my battle scars.

나의 힘에 내 애인은 놀랄 거야, 전쟁에서 생긴 흉터를 사랑할 거야.

Chien-Po

I couldn't care less what she'll wear or what she looks like.

그녀가 뭘 입는지 또 어떻게 생겼는지도 난 별로 관심 없어.

gr»   I couldn't care less: 전혀 관심이 없다.

cf»   I could not agree with you more.: 전적으로 너에게 동의한다. (이처럼 '부정어 ... 비교급'을 사용하여 '최상급'을 표현 한다.)

---

875   **I'm a major find.**   내가 아주 주목받을 사람이라고.

con»   **All Three**

It all depends on what she cooks like beef, pork, chicken...

그건 소고기, 돼지고기, 닭고기처럼 그녀가 뭘 요리 하느냐에 모두 달려있지.

Yao

(I) Bet the local girls thought you were quite the charmer. My girl will think I have no faults.

(내가) 장담컨데 넌 아주 매력적인 사람이라고 그 지방 소녀들이 생각 했겠어. 내 애인이 난 결점이 하나도 없다고 생각할거야.

Chien Po

that I'm a major find.

내가 아주 주목받을 사람이라고.

Mulan

Uh, How about a girl who's got a brain, who always speaks her mind?

머리가 좋고, 항상 속마음을 털어놓는 여자는 어때?

Ling, Yao and Chien-Po

Nah!

아니지!

exts»   worth + ...ing: ~할 가치가 있는, ...할 만한 depend on...: ~에 달려있다, 의존하다, ...나름이다 charmer: 매력 있는 사람, 매혹적인 사람, 마법사 find: 발견물, 주목되는 사람

ex»   a sure find: 찾아가면 반드시 있는 사람 have got a brain: 머리가 좋다, 영리하다 speak one's mind: 심중을 털어놓고 말하다, 솔직하다

876　You da man! 　　　　역시 넌 대장부야!

con»　**Mushu**

I knew we could to it. You da man!

난 우리가 해낼 줄 알았다니까. 역시 넌 대장부야!

Ling

Step back, guys. Give 'em some air.

물러서, 다들. 숨을 쉬게 해줘.

Shang

Ping, you are the craziest man I've ever met. And for that, I owe you my life. From now on, you have my trust.

핑, 넌 내가 만난 사람 중에서 제일 정신 나간 놈이다. 그 덕분에, 네가 날 살렸어. 이제부터, 난 널 믿겠다.

Ling

Let's hear it for Ping! The bravest of us all!

핑에게 박수를! 우리 중에서 가장 용감했어!

Yao

You're king of the mountain! Yes, yes, yes!

넌 산의 제왕이야! 그래, 맞아, 그래!

rf»　You da man!: 넌 역시 사나이야!, 넌 역시 남자다워! 구어체에서 남자끼리 하는 칭찬의 말 da는 the 의 구어적 축약 sort a: '~라고 볼 수 있지, 뭐 그 비슷한 거'라는 정도의 의미를 지닌 구어체에서 자주 등장하는 표현 Let's hear it for 명사: 미국 구어에서 '~에게 성원, 박수를 보내자.'라는 의미

exts»　No way.: 절대 안돼., ...할 방법이 없어.(어림없어 절대 불가능해 보이는 일에 대해서 쓰는 표현. 문장의 제일 앞에 쓴다). slip through one's fingers: 손가락 사이로 스르르 빠져 나가다

877　I didn't mean for it to go this far.

이렇게까지 할 의도는 전혀 없었어요.

---

con»　**Chi Fu**

Treacherous snake.

교활한 뱀 같으니.

Mulan

My name is Mulan. I did it to save my father.

제 이름은 뮬란이에요. 아버지를 구하려고 그랬던 거예요.

Chi Fu

High treason!

대역죄야!

Mulan

I didn't mean for it to go this far.

이렇게까지 할 의도는 전혀 없었어요.

Chi Fu

Ultimate dishonor.

최악의 불명예지.

Mulan

It was the only way. Please believe me.

그게 유일한 방법이었어요. 제발, 믿어주세요.

Chi Fu

Hmph, Captain.

흠, 대장.

rf» high treason: 대역죄, 대 반역죄

---

878   At least, you had good intentions.

적어도, 넌 의도는 좋았잖아.

syn»   At least, your intentions were good.

con»   **Mushu**

The truth is we're both frauds. I mean, you risked your life to help people you love. I risked your life to help myself. At least, you had good intentions.

사실은 우린 둘 다 가짜야. 내 말은, 넌 사랑하는 이들을 도우려고 네 목숨을 걸었지. 난 나 자신을 도우려고 네 목숨을 걸었단 말야. 적어도, 넌 의도는 좋았잖아.

Cri-kee

Chirp, Chirp, Chirp. Bawl, Bawl, Bawl.

귀뚤, 귀뚤, 귀뚤. 엉, 엉, 엉.

Mushu

What? What do you mean you're not lucky? You lied to me?

뭐야? 네가 행운의 귀뚤이가 아니란 말야? 나한테 거짓말했어?

do things right: 일을 제대로 해내다, 똑바로 처리하다 look in the mirror: 거울을 들여다보다 worthwhile: 할 보람 있는, 시간과 노력을 들일 가치가 있는, 훌륭한 fraud: 사기꾼, 협잡꾼, 가짜 chirp: 찍찍 짹짹, 귀뚤 등의 울음소리를 나타내는 의성어 Bawl: 엉엉 울음소리를 나타내는 의성어 make way for 사람: ~을 위해 길을 비켜주다 Keep your eyes open: 눈을 크게 뜨고 있어요.(방심하지 말고 철저히 경계하라는 말=Keep your eyes skinned, keep your eyes peeled). thanks to: 덕분에 덕택에, 때문에, 나쁜 일에도 쓰임(owing to, due to, because of, on account of). brave: 훌륭한, 용감한(courageous). 용사[전사]

---

879   **Bow to me.**   나에게 굴복하라.

---

con»   **Shan-Yu**

Boo. Guard the door. Your walls and armies have fallen. And now it's your turn. <u>Bow to me</u>.

워. 문을 지켜라. 만리장성과 황군들은 무너졌다. 이제 네 차례다. 내게 굴복하라.

Mulan

Okay, any questions?

좋아, 질문 있어?

Yao

Does this dress make me look fat?

나한테 이 드레스가 좀 뚱뚱해 보이지 않니?

rf»   Boo: '워, 피이, 우우' 등의 위협, 경멸, 불찬성 나타내는 의성어 Does this dress make me look fat?=Does this dress look fat on me?: 나한테 이 드레스가 좀 뚱뚱해 보이지 않니?

cf»   그 코트가 당신한테 잘 어울려요.: That coat looks good on you.=That coat suits you nicely.=That coat becomes you well.=You look nice in your coat. make A up: A를 생각해내다, 해결하다, 짜내다 (I'm) way ahead of you sister.: 내가 너보다 먼저 훨씬 앞서 가고 있어., 벌써 네 생각을 읽고서 행동 중이야. way: 미국 속어로, '훨씬, 멀리'라는 의미로 부사나 전치사를 강조

ex»   He's is coming way behind me.: 그는 나보다 훨씬 뒤에 오고 있어.

880   With all due respect, your Excellency.

황공하옵니다만, 폐하.

con»   **Chi Fu**

Your Excellency?

네, 폐하?

Emperor

<u>See to it that</u> this woman is made a member of my council.

이 여인을 짐의 참모로 임명하고자 하니 실행토록 분명히 하여라.

Chi Fu

A member of your council, what? But, ah, there are no council positions open, your Majesty.

폐하의 참모라... 네? 하지만, 저기, 참모의 직위는 공석이 없는데요, 전하.

Mulan

<u>With all due respect</u>, your Excellency, think I've been away from home long enough.

황공하옵니다만, 폐하. 집을 떠나온 지 너무 오래된 듯 하옵니다.

gr»   See (to it) that 주어 + 동사: ~하도록 주선하다, 꼭~시키다 With all due respect (or with respect): 지당하십니다만, 황공하옵지만 due: 마땅한, 지당한 Honorable: 각하, 선생, 님 등의 경칭

exts»   I've heard a great deal about you.=I've heard so much about you.=I've heard a lot of you.: 너에 대해서 많은 얘기를 들었다. What?=What did you say?=What are you talking about?: 뭐라구요?

181

881 Let me out.
나 좀 꺼내 줘.

ant» Let me in.: 나 좀 나가게 해줘.

cf» Let me through.: 나 좀 지나가게 해줘.

con» **Ian**

Jake, thank God. Let me out.
제이크, 하느님 감사합니다. 나 좀 꺼내줘.

Jake

Did you get my mail? Math test? A-minus. All right, you made It look just good enough. You score me those backstage passes to Dave Matthew's at the Coliseum? Aw, that's my man. All right. Uh, twelve, thirty-two, uh, what was that last number again, Ian? One sixty-eight?
내 편지 가졌니? 수학 시험은? A 마이너스라. 좋았어, 넌 그걸 충분히 좋아 보이게 만들었어. 너 대공연장에서의 데이브 매튜스의 분장실 출입증을 날 위해 얻었니? 와, 역시 내 친구다워. 좋아. 어, 12, 32, 어, 마지막 번호가 뭐였 지 다시 말해줄래, 이안? 168이었나?

Ian

It was Eddie Taffet and his troglodyte trio. They're bugged about the phony I.D.'s we sold them.
그건 에디 타펫과 그의 원시인 3인조 짓이야. 걔들이 우리가 걔들한테 팔았던 그 가짜 신분증을 먹었어.

Jake

All right, I'll take care of them later. Right now, I need you to get on the net, change that ticket my dad got me to New York into two seats to Cabo San Lucas.
알았어, 그건 나중에 내가 처리할게. 지금 당장, 난 네가 인터넷에 접속해서 아빠가 나한테 보내준 뉴욕행 티켓을 카보 산 루카스행으로 가는 두 좌석으 로 바꿔줬으면 해.

rf» backstage passes: (공연장의)분장실을 들어갈 수 있는 허가증 coliseum: 대연기장, 대경기장, 공연장 That's my man.: 역시 넌 내 부하야(손아랫사람의 행동을 칭찬할 때).=You've done well for me. What is the deal with you?: 어찌된 일이야?, 무슨 일이야? troglodyte: 선사시대 동굴거주 원시인 I'll take care of them later.: 내가 그 문제는 알아서 할게., 처리할게.

882   This is the most inconsiderate thing I've ever heard.

이건 내가 들어본 것 중에서 가장 경솔한 짓이야.

---

con»   **Allie**

<u>This is the most inconsiderate thing I've ever heard.</u> I have plans that are important to me, Jake.

이건 가장 경솔한 짓이야 내가 들어본 것 중에서. 난 계획이 있어 나한텐 중요한 거야, Jake.

Jake

Allie, it's not like I'm asking you to sleep in a <u>Port-a-Potty.</u> This is a three-bedroom condo overlooking the ocean.

앨리, 그건 이동식 변소 같은 데서 자자고 내가 너한테 요청하는 것과 같은 게 아냐. 이건 바다가 내다 보이는 방 3개 짜리 콘도라구.

rf»   Port-a-potty: 이동식 화장실의 브랜드명(여기에서는 더럽고 지저분한 장소를 일컫기 위해서 사용된 단어).

exts»   stuck: 주로 수동태로 쓰여 '(사람 등을) 움직이지 못하게 하다, 갇히게 하다'라는 뜻을 지님. in preparation for...: ...의 준비로, ...에 대비하여 caroler: 캐롤[크리스마스 축가]를 부르는 사람, 합창단 the most inconsiderate thing I've ever heard: 지금까지 들어보았던 일 중 가장 분별없는 일

---

883   My subcontractor's been slacking off.

내 하수인이 제대로 일을 못 한 거야.

---

con»   **Brandt-man**

And it's me and the Murph-Man, and the Ed-Man, and the Ken-Man, right? And we were waiting <u>in line</u> for, like, half the night, right? And the bouncer, he finally <u>gives us the nod.</u> So, we go over there and debut our <u>brand new I.D.'s.</u> And the dude goes... 'Buh-bye.' And no one, no one says 'Buh-bye' to the Brandt-Man.

나랑 머피님이랑, 에드님, 켄님이었어, 알아? 우린 기다리고 있었어 줄서서 저 그러니까, 그날 밤 절반을, 알아? 그리고 그 기도가, 마침내 우릴 향해 끄덕였어. 그래서, 우린 그리로 가서 우리의 새 신분증을 선보였어. 그런데 그 친구가 말하길... 빠-바이'래. 그리고 어느 누구도 이 브랜트님한테 절대로 '빠-바이'란 말은 안 해.

Jake

Fellas, fellas, what can I say? My subcontractor's been
slacking off. But I want to make this up to you. I have
a foolproof method that'll guarantee you ace your
history final. But if you'd rather see your grades crash
and burn, it's up to you.

친구들, 내가 무슨 말을 하겠어? 내 하수인이 제대로 일을 못 한 거야. 하지만
난 보상을 너희들한테 해주고 싶어. 나는 너의 국사 기말시험을 잘 치르도록 보
장해 줄 아주 쉬운 방법을 가지고 있어. 하지만 너희들이 차라리 너희 성적이
부서지고 불타는 걸 보겠다면, 그건 너희한테 달려 있어.

Brandt-man

No cost, right?

공짜인 거지, 그렇지?

Jake

Of course there's no cost for the answers! I couldn't
do that to you guys. You guys are my buds! However,
there is a nominal fee for the beeper rental.

물론 답에 있어서는 공짜야! 내가 너희들한테 그럴 순 없지. 너희들은 내 친
구잖아! 하지만, 아주 작은 요금이 있어 삐삐를 빌리는 데.

rf» in line: 한 줄로 서서 bouncer: 극장, 나이트클럽 등을 지키는 경비원, 기도 gives
us the nod: 우리에게 고개를 끄덕이다, 지적하다 brand new: 아주 새로운, 신품의
slack off: 의무를 게을리 하다, 제대로 수행하지 못하다 make this up: 이것을
고치다, 보충하다, 만회하다 crash and burn: 〈속어〉 낙제, 실패하다 It's up to
you.: 너에게 달려있다. buds=buddy(친한 친구, 동지, 녀석)의 구어적 축약

exts» foolproof=childproof: 〈속어〉 바보라도 할 수 있는, 아주 간단한

---

884   Nice try, but no chance.   시도는 좋았지만, 어림도 없어.

con»   **Allie**

Okay, I got to go pack, you guys. I'll see you in an
hour.

좋아, 가서 짐을 싸야겠다, 얘들아. 한 시간 있다가 보자.

Allie's Friend 1, 2

Okay, see you. Bye.

그래, 이따 봐. 안녕.

Allie

Nice try, but no chance.

시도는 좋았지만, 어림도 없어.

Jake

Hm, must be defective.

흠, 결함이 있었나보군.

Allie

You know, I estimated it'd be another five hours till you tried to make up.

있지, 난 네가 화해하려고 애쓸 때까지 5시간은 더 있어야한다고 추정했었어.

Jake

Huh, that's funny because I estimated that it takes five hours to fly to Larchmont, New York.

허, 그거 재미있는데 왜냐면 뉴욕 라치몬트로 날아가는데 5시간이 걸릴 거라고 난 생각했거든.

Allie

I thought you cashed your ticket in for Cabo.

난 네가 네 티켓을 돈으로 바꿔서 카보 행을 샀다고 생각했었어.

Jake

I cashed it back in for two tickets to New York. Will you please accept my apology and come home with me for Christmas?

난 그것을 뉴욕으로 가는 티켓 2장으로 다시 바꿨어. 제발 내 사과를 받아들이고 크리스마스에 나랑 같이 집에 가줄래?

gr»   cash one's ticket in for ...: ...(구입하기) 위해 ...의 티켓을 현금으로 교체하다

---

885   Ripley's doing a special on me.

리플리가 내 특집을 준비 중이야.

---

con»

Allie

You're unbelievable.

넌 정말 믿기 힘든 애야.

Jake

Tell me about it. Ripley's doing a special on me.

나한테 그런 점을 얘기해 줘. Ripley가 내 특집을 준비 중이야.

Allie

So, why the sudden change of heart?

자, 왜 갑자기 마음이 변한 거니?

Jake

Well, I guess you kind of <u>got to me</u> with all that
sentimental family stuff.

저, 내가 생각해 봤는데 네가 그 애틋하고 가족적인 것들로 나한테 감동을
준 것 같아.

Allie

Oh, well, I'm glad to see <u>you're coming around</u>.

오, 그래, 난 네가 <u>정신차린</u> 걸 보게 돼서 기뻐.

Jake

Hey, if you don't have family, what do you have, right?

야, 너한테 가족이 없다면, 가진 게 뭐가 있겠니, 웅?

rf» You're unbelievable.: 넌 정말 대단한 애야.(놀라움, 감탄을 표현). got to me: 내
감정에 영향을 미쳤다, 내 맘에 와 닿았다 come around: 생각을 개선하다, 정신이
들다

exts» estimate: 어림잡다, 평가·추정하다 cash in: 현금으로 바꾸다, 같은 값어치의
것으로 교환하다

---

886   First, the ground rules.   우선, 기본 원칙이야.

con» **Allie**

The ultimate in irony. Seventeen Academy kids are
driving back east this winter and I get a ride with you.

정말 최고의 아이러니야. 17명의 학교 애들이 이번 겨울에 동부로 떠나건만
내가 너랑 같이 가게 되다니.

Eddie

Just the two of us riding the crest of destiny's rainbow.
Sharing, caring... a pair for the ages.

은명이란 무지개의 꼭대기를 서로 나누고, 돌보면서... <u>영원한</u> 한 쌍으로 우리
단 둘이서 달리는 거야.

Allie

Okay, <u>hold on</u>. First, the ground rules. If you say too
many stupid things like that, I'll have to slug you. If you
say anything nasty about Jake, I'll have to slug you. If
you try to feel me up, I'll have to slug you. If you make
me listen to any sexist, racist or homophobic jokes, I'
m go-gonna have to slug you. And, finally, I might just
have to slug you from time to time.

됐어, 잠깐만. <u>우선, 기본 원칙이야.</u> 만약 네가 그처럼 바보 같은 말을 너무 많이 하면, 난 널 패줘야겠어. 만약 네가 제이크에 관해 불쾌한 말을 한다면, 난 널 패줘야겠어. 만약 네가 날 우롱하면, 난 널 패줘야겠어. 만약 너한테서 내가 어떤 성차별이나, 인종차별 또는 동성연애차별에 관해 듣게 되면, 난 널 패줘야만 할거야. 다음, 마지막으로, 이따금 난 널 그냥 패야 할지도 몰라

rf» The ultimate in irony.: 최고의 아이러니., 정말 끔찍한 아이러니. Academy kids=college students: 대학생 Just the two of us: 우리 둘이서만 for the ages: 영원히(all the time.) Hold on.: 잠깐만 기다려., 참아(=Wait a minute). ground rules: 기본 원칙, 규칙 feel ... up: ~을 희롱하다, 애무하다

---

887 bad alibis 엉터리 변명들

con» **Henry**

That is the worst alibi in a long line of bad alibis, Jake.

그건 엉터리 변명들 중에서도 긴 문장으로 된 최악의 변명이로구나, Jake.

Jake

But it's all true!

하지만 전부 사실이에요!

Henry

That's what you always say.

넌 항상 그렇게 얘기하잖니.

Jake

I know. But I really need your help if I'm gonna make it home on time.

저도 알아요. 하지만 집에 제 때에 제가 도착하려면 정말 아빠 도움이 필요해요.

Henry

Now, look, we had a deal! It <u>is up to</u> you to get yourself home on Christmas.

자, 봐라, 우린 거래를 맺었어! 크리스마스 때까지 집에 가는 것은 너한테 <u>달려있는 거야.</u>

rf» be up to=depend on=rest on=rely on=fall back on=count on=stick to=cling to=adhere to=resort to=look to: ...에 의존하다

888   The whole family chipped in.   가족 전부가 돈을 모았다.

con»   **Jake**

Dad?
아빠?

Darlene

Uh, excuse me? I <u>couldn't help overhearing</u>. You're trying
to get home for Christmas, and your father won't help you?
저, 실례해도 되겠수? 내가 본의 아니게 엿들었다우. 크리스마스에 당신이 집
에 가려고 하는데, 아버지가 도와주지 않는 거유?

Jake

Yeah. <u>The whole family chipped in</u> and got him a
triple bypass for Christmas. I sent home <u>every last</u>
<u>dollar</u> I earned working as a shopping mall Santa. The
operation's on Christmas Eve and now I won't be home
until after the anaesthesia <u>wears off</u>.
네. 가족 전부가 돈을 모아서 크리스마스 선물로 아버지한테 3개 혈관이식을
해드렸죠. 전 쇼핑몰 산타로 일해서 번 마지막 한 푼까지도 전부 집에 보냈어
요. 수술은 크리스마스이브에 있어요, 근데 수술 마취가 풀릴 때까지도 전 집
에 못 가게 됐어요.

rf»   couldn't help overhearing: 엿듣지 않을 수 없었다 chip in: (돈을) 기부하다, 모으다
It's not that.: 그건 아니다. every last money: 마지막 한 푼 까지도 전부, 가진 돈
몽땅 shopping mall: 대형 쇼핑센터

exts»   on strike: 파업 중

889   Confidentially speaking...   비밀리에[속 터놓고] 하는 얘긴데...

syn»   Speaking in secret=between ourselves: 우리끼리 얘기지만

con»   **Buddy Guy**

But I'll have a blue, blue, blue Christmas. But I'll have,
hey, a blue, blue, blue Christmas.
하지만 난 보내게 될 거야 우울한, 우울한, 우울한 크리스마스를. 하지만 난
보내게 될 거야 우울한, 우울한, 우울한 크리스마스를.

Jake

Ho-ho-ho, tubby. Secret fat man handshake. All right!
Tch. You know, <u>confidentially speaking</u>, just between
us Santas, don't you ever get tired of wearing this suit?

호-호-호, 뚱보야. 뚱보들만의 비밀 악수야. 그렇지! 쩝. 있잖아, <u>속 터놓고 하는</u>
<u>얘긴데,</u> 그냥 우리 산타끼리니까, 넌 한 번도 질린 적 없니 이 옷 입고 있는 게?

rf» Ho-ho-ho: 산타의 트레이드마크인 웃음소리 tubby: 땅딸막한 사람을 칭하는 별명
Confidentially speaking: 은밀히, 남몰래 하는 얘기지만(Speaking as a fellow)
exts» or bust.: 아니면 파산한다 on strike: 파업중인, 동맹 파업인

---

890   What a nerd!   정말 멍청이군!

con» **Allie**

It's the stuff he <u>comes up with</u>. The funny things.
Amazing things. Things that just <u>give me the chills</u>.
Yeah, eh, eh, give me an example of one of these chills
things, huh? Okay. Okay, there was this one time I was
feeling really bad. It was, it was just a really down day.
Jake took my hand in his, and being really sweet, he
said, not even the rain has such small hands.

그건 그가 만들어내는 행동들이야. 재미있는 행동들. 놀라운 행동들. 날 그
냥 짜릿하게 만드는 행동들 말야. 그래, 음, 음, 나한테 그런 짜릿한 행동들의
예를 들어줘 봐, 응? 그래, 한번은 난 정말 기분이 안 좋았었던 이런 적이 있
었어. 그날은, 정말 기분이 우울한 날이었어. 제이크는 내 손을 잡고서, 정말
달콤하고 부드럽게, 걔가 말하길, 빗줄기조차도 이렇게 작은 손은 갖지 못 했
어라고 했어.

Eddie

Whew. <u>What a nerd!</u> Not even the rain has such small
hands.?

휘우. 정말 쪼다로군! '빗줄기조차도 이렇게 작은 손은 갖지 못 했다구?'

rf» come up with: 제안하다, 제출하다 give me the chills: 짜릿하게 만들다 What a
nerd!: 정말 얼간이로군!
exts» You wouldn't understand.: 넌 이해 못 할 거야. Huh?: 놀람, 경멸, 의문의 감탄사

189

891　Every second counts to a bedridden child.

병상에 누워만 있는 애들한테는 일분일초가 중요해요.

con>

Jake

You should try catching me in my sleigh. Ho-ho-ho!
You see, officer, my elf, Snow Puff, and I are heading to
the children's hospital in the next town.

당신이 한 번 제가 썰매를 탔을 때 나를 잡아보셔야 해요. 호-호-호! 아시죠,
경관님, 제 요정, 스노우 퍼프와 저는 이웃 마을에 있는 아이들 병원으로 가
고 있어요.

Max

You mean Red Cliff?

레드 클리프 말씀입니까?

Jake

Yeah, Red Cliff, exactly! To distribute toys to the
youngsters. You know, I'm sorry if in my haste I sped up
a bit, but... every second counts to a bedridden child.

네, 레드 클리프, 바로 거기요! 어린이들한테 장난감을 나눠 주려구요. 있잖아
요, 제가 서두르다 과속을 했다면 죄송합니다, 하지만... 병상에 누워만 있는
애들한테는 일분 일초가 중요해요.

Max

All right. I'll tell you what, no more speeding. Okay,
Santa?

좋습니다. 한마디만 하겠습니다, 더 이상 과속은 안 됩니다. 아셨죠, 산타?

Jake

Sixty-five, stay alive.

65마일로, 살아남으리라.

Max

Merry Christmas.

즐거운 성탄절.

Jake

Thank you, Officer. And that is how the big boys do it.

고맙습니다, 경관님. 바로 이런 식으로 어른들은 일을 처리하는 거죠.

Max

You know what? My shift ends in a few minutes. Why
don't you follow me? I'll get you there in no time.

이러면 어떨까요? 제 근무가 몇 분 있으면 끝나요. 절 쫓아오시지 않겠어요?
제가 거기로 즉각 모셔다드리죠.

in my haste: 바쁜, 서두르는 count=matter=be important: 중요하다 Busy time of year for me: 나에게는 요즘이 가장 바쁜 시기 So it seems.: 보아하니 그런 것 같군요.

cf»   sound so sure: 정말 확실하다 I'll tell you what.: 한마디 하겠으니 들어보세요.(구어에서 의견을 말할 때 씀.) big boys: 〈속어〉 어른, 성숙하고 똑똑한 남자

---

892   Why are you telling me this?   그걸 왜 나한테 말하는 거죠?

con»   **Max**

Well, it's my wife, Marjorie. She left me last month. Oh, if I could just get her back home for Christmas, I know we could start again.

저, 아내, Marjorie 때문예요. 그녀는 지난달에 날 떠났어요. 저, 내가 그녀를 다시 집으로 크리스마스에 데려올 수 있다면, 우린 다시 시작할 수 있어요.

Jake

Why are you telling me this?

그걸 왜 나한테 말하는 거죠?

Max

She won't listen to me. But I got a hunch she might listen to Santa. See, if you walked into the restaurant where she works and asked her to forgive me, I know she'd come home.

그녀가 내 말은 안 들어요. 하지만 난 느낌이 들어요 그녀가 산타 말은 들을 거예요. 있죠, 당신이 그 식당에 들어가서 그녀가 일하는 곳에 가서 당신이 날 용서해달라고 말하면, 그녀는 분명 집에 올 거예요.

Jake

She left you, right?

그녀가 당신을 떠난 거죠, 네?

Max

Yeah.

그래요.

rf»   get her back: 그녀를 다시 집에 데려오다(=get her to come home) I got a hunch.: 난 느낌이 들었어요.

191

con» **Jake**

So, where's your dignity? Don't go crawling back to her.
Let her come groveling back to you.

자, 당신 체면은 어디 있어요? 그녀한테 다시 기어가지 말아요. 그녀가 오게끔
만들어야죠. 당신한테 다시 머리 조아리고.

Max

Yeah, maybe you're right. Why drive all the way to
Nebraska just to get slammed again?

그래요, 당신 말이 맞아요. 왜 내내 운전해서 가겠어요 네브라스카까지 다시
내동댕이쳐지려고?

Jake

Wait, Nebraska? As in east of here?

잠깐, 네브라스카요? 여기에서부터 동쪽에 있는?

Max

It's about a six-hour trip.

약 6시간 정도 걸리죠.

Jake

What's the matter with you, man? You love her enough
to marry her, but you won't take a little drive?

이봐요, 당신 뭐가 문제예요? 당신은 그녀를 사랑해요 그녀랑 결혼했을 정도
로, 근데 그깟 운전 조금 못해요?

rf»   crawling back to her: 다시 그녀에게 굽실거리며 가고 있는
cf»   grovel before authority: 권위 앞에 굽신거리다 all the way: 도중 내내, 먼 길을
무릅쓰고

---

894   **How do you misunderstand that?**

어떻게 그걸 오해할 수 있어요?

---

con» **Marjorie**

How do you misunderstand that?

어떻게 그걸 오해할 수 있어요?

Jake

Well, I'm sure he didn't mean to hurt you. You know, it'
s just like this other couple I know who were all upset
about a misunderstanding.

저, 분명 그가 당신을 상처 줄 의도는 아니었을 거예요. 있잖아요, 이건 또 내가 아는 다른 커플과 비슷하군요. 오해로 인해서 둘 다 기분이 상했지요.

Marjorie

Oh, yeah? What's wrong with them? No, it wasn't. He sounds like a jerk.

오, 그래요? 그들은 뭐가 문제죠? 아니, 그렇지 않아요. 그가 멍청이였던 것 같네요.

rf» didn't mean to...: ...의도하지 않았다 jerk: 바보, 세상물정 모르는 멍청이

exts» stepmother: 의붓어머니, 새엄마, 계모 babe: 매력적인 여자, 유아 have to do with...: ...와 관련이 있다.

---

895 I take back what I said about. 내가 했던 말 취소할게.

con» **Eddie**

Yeah. You know what I always wonder about?

그래. 넌 내가 항상 뭘 궁금해 하는지 아니?

Allie

What's that?

그게 뭔데?

Eddie

How come more breakfast joints don't serve your food right in the skillet? Like Denny's. I mean, think about it. They give you, your meat, your eggs, your spuds, right in the pan, man. That rocks! Or like when a homeless guy, he comes up to you and he says he's the Messiah. know, you just wanna walk away and I'm just blowing the dude off? Think about it.

왜 더 많은 아침 식당들이 바로 팬 위에다가 음식을 주지 않는 걸까? 데니스처럼 말이야. 내 말은, 잘 생각해 봐. 그들은 바로 팬에다가 고기, 달걀, 감자를 주잖아 참. 그게 좋았는데[맛있는데]! 아니면 어떤 부랑자가 너한테 와서는 자기가 구세주라고 말하는 거야. 알지, 넌 그냥 가버리고 싶을 거지 그리고 내가 그냥 그 친구를 깔본 거라면? 생각해 봐.

Allie

I take back what I said about intelligent life on Earth.

내가 지구의 지적 생명체에 대해서 했던 말 취소할게.

Hey, look at that!

야, 저것 좀 봐!

---

896 The clock man is sexually harassing the clock lady.

시계 속 남자가 성적으로 시계 속 여자를 학대하고 있어.

---

con» Allie

Ho-Ho-Ho, well, look at that. The clock man is sexually harassing the clock lady. How typical.

호호호, 어머, 저것 좀 봐. 시계 속 남자가 성적으로 시계 속 여자를 학대하고 있어. 참 진부하지.

Eddie

Uh, don't witness it. You might have to testify.

어, 그거 보지마. 넌 증언해야 할지도 몰라.

Allie

Wow, Eddie. That was actually clever!

와, 에디. 그 말 정말 재치 있었어!

Eddie

Hey, I'm a witty guy. I mean, you think this astonishing physique, is all The Ed-Man has to offer? Huh?

야, 나 유머 있는 남자야. 내 말은, 이 끝내주는 몸매가 에드님이 제공하는 전부라고 넌 생각하니? 어?

cf» sexual harassment: 성희롱 sexual misconduct: 성추행 sexual assault: 성폭력

gr» might have to...: ... 해야 할지도 몰라, 아마 ... 해야 할 거야

rf» 'have to' 앞에 조동사를 붙여 여러 가지 뜻으로 응용할 수 있다. How typical!: 참 친부하지!

exts» You're gonna get it so bad.: 너 아주 호되게 그걸 받게 될 거야. catch it in the neck.: 심하게 혼나다.

897 Is this yours? 이거 당신 거유?

con» **Old lady**

Is this yours?

이거 당신 거유?

Jake

Hm? No. Not yours either?

네? 아뇨. 당신 것도 아닌가요?

Service man

Don't give me your lip! I don't believe you, man!
There's a little girl in Edelbruck that needs a liver
transplant.

함부로 지껄이지 마시오! 믿을 수가 없군, 이 양반! 에델브룩에 간 이식을 필
요로 하는 작은 소녀가 있다구요.

Conway

We got a schedule to keep.

우린 맞춰야 할 일정이 있어요.

Jake

Schedule, schedule! Shame on you.

일정, 일정! 부끄러운 줄 아세요.

rf» give ... one's lip: ...에게 건방진 소리를 하다 Shame on you.: 부끄러운 줄 아세요.
↪ Good for you.: 잘 했어요.

exts» service man: 군인 button one's lip: 입을 다물다

---

898 You're a manipulator and a liar. 넌 사기꾼에 거짓말쟁이야.

con» **Allie**

You don't care about anybody but yourself. You're a
manipulator and a liar.

넌 다른 사람은 관심도 없고 너밖에 몰라. 넌 사기꾼에 거짓말쟁이야.

Jake

I am not a liar. No, wait. Allie, give me another chance.

난 거짓말쟁이가 아냐. 안 돼, 기다려. 앨리, 한 번만 더 기회를 줘.

Allie

Why?

왜?

195

Jake

Because I care about you. You gotta believe me.

왜냐면 난 널 아끼니까. 넌 날 믿어야만 해.

Allie

Santa, if you showed up on my doorstep in a one-horse open sleigh, I wouldn't believe you. You're a genuine butthole!

산타, 네가 말 하나가 끄는 썰매를 타고 우리 집 문간에 나타난다 해도, 난 널 믿지 않을 거야. 넌 진짜 나쁜 자식이야!

rf» manipulator=fraud: 사기꾼

gr» That's what...: 그게 바로 ...한 거야(what 자리에 why를 넣으면 '그게 바로 ...한 이유야'가 되고, how를 넣으면 '그게 바로 ...한 방법이야' 등이 된다.)

exts» butthole: 똥구멍 I can't take fake remorse.: 가짜 후회[양심의 가책]를 받을 수 없다[참을 수가 없다]. I'll tell you one thin.: 내가 한마디 하겠는데, 한마디만 할게. Jake got dumped.: Jake는 퇴짜 맞았다.

---

899   I'll cover the kid.   제가 그 애 것까지 내죠.

con»

Jake

Hi, I'd like a number, please.

안녕하세요, 번호 부탁합니다.

Female official

Okay, that'll be a ten-dollar entrance fee.

네, 참가비는 10달러예요.

Jake

You know, I mailed that in.

있죠, 전 우편으로 보냈어요.

Female official

Oh, okay. So, we sent you a receipt.

오, 좋아요. 그럼, 저희가 영수증을 보냈죠.

Jake

Yes, yes, you did. But, you see, here's the dilly. There was a house fire and everything got torched that little clay handprint ashtray I made when I was three.

네, 네, 그랬죠. 하지만, 저, 문제는 이거예요. 집에 불이 나서 모두 불에 타 버렸답니다. 작은 제 손이 찍힌 점토 재떨이도요. 제가 3살 때 만든.

Wilson

I'll cover the kid.

제가 그 애 것까지 내죠.

Jake

Hey, thanks. Jake Wilkinson. or you'll be disqualified. Here we go again.

어, 고맙습니다. Jake Wilkinson이에요. 안 그러면 당신은 실격이에요. 또 다시 시작이군.

rf» dilly: 〈속어〉 일의 진상 I'll cover the kid.: 내가 그 아이를 대신하여 지불하겠소.
exts» It's called...: ...라고 불리는 거야, ...라고 하는 거야.

---

900 Happy New Year, and I'll see you around.

새해 잘 맞이하고, 다음에 보자.

---

con» **Tracy**

My, my dear brother, you are sounding slightly stressed. Is it the bumblebees again?

어머나, 내 사랑하는 오빠, 오빠 목소리가 약간 스트레스 받은 것 같네. 또 땅벌 때문이야?

Jake

Look, Tracy, I'm not gonna make it home, and I want you to tell Dad, okay?

봐, Tracy, 난 집에 못 갈 것 같으니까 네가 아빠한테 그렇게 전해 줘, 알겠니?

Tracy

What do you mean you're not gonna make it home? Is this about Carolyn?

오빠 무슨 뜻이야 집에 못 온다니? Carolyn 때문에 이러는 거야?

Jake

No. It's about being stuck out here in the middle of nowhere with absolutely no money. At the rate I'm going. I'll show up sometime in January. So, Merry Christmas. Happy New Year, and I'll see you around.

아니. 여기 낯선 땅 한가운데서 전혀 돈 한 푼 없이 내가 꼼짝 못해서야. 내가 가고 있는 속도라면, 난 1월쯤에나 나타날 거야. 그러니, 메리 크리스마스. 새해 잘 맞이하고, 다음에 보자.

rf» make it: 성공하다, ...에 도달하다

gr» What do you mean+절...?: ...는 무슨 뜻이지?

exts» hitch a ride: 얻어 타다(미국은 워낙 땅이 넓어서 자동차 없이는 이동이 어려울 정도도. 그래서 인지 '...를 타고 이동하는 것'에 대한 표현이 많다). stash upstairs: 위층에 숨겨두다 Think of the incredible pleasure.: 놀라운 즐거움을 생각해봐.

---

901   I gotta give it a shot.   난 이걸 시도해 봐야했어.

syn» give it a shot=give it try=have a go at ...=try: 시도해보다

rf» 이 말을 빨리 연음하여 말하면 '아(이)가리브이러샷'이 된다.

con» **Allie**

Nice ride.
멋진 썰매구나.

Jake

Thanks. Just got him back from the shop. So, I don't expect this to work. But I gotta give it a shot. I mean, you know, I'm not the real Santa, and contrary to all appearances, this is not a real sleigh, but, Allie, for all the times I've been a genuine jerk, this is a real apology if you'll accept it.

고마워. 막 가게에서 뽑아 온 놈이야. 그래서, 이게 먹혀들 거라고는 난 기대하진 않아. 하지만 난 이걸 시도해 봐야 했어. 내 말은, 있잖아, 난 진짜 산타도 아니고, 또 모든 겉모습과는 반대로, 이건 진짜 썰매도 아냐, 하지만, 앨리, 그 동안 줄곧 내가 진짜 바보였지만, 네가 받아준다면 이건 진정한 사과야.

Allie

I might.
그럴게.

rf» contrary to...=as opposed to...: ...에 반하여, ...와는 대조적으로 I've been a genuine jerk.: 난 진짜 바보였어. I might.: 그러지 뭐.

exts» elves('elf'의 복수형): 작은 요정

---

902   Oh, piece of cake.   오, 누어 떡먹기죠.

con» **Jake**

Hey, everybody! Merry Christmas!
모두들 안녕! 메리 크리스마스!

Tracey

He made it!

오빠가 해냈어요!

Henry

He-he-hey, you made it! Ah, I'm glad you're here.

야-야-야, 네가 해냈구나! 아, 네가 와서 정말 기쁘다.

Jake

Me, too.

저도요.

Henry

Did you have a hard time getting here?

여기까지 오면서 넌 많이 고생했니?

Jake

Oh, piece of cake.

오, 식은 죽 먹기였죠.

rf› It was a piece of cake.: 식은 죽 먹기였어요(It was falling off the log=It's as easy as A-B-C=It was as easy as pie). have a hard time(or difficulty) ...ing: ...하느라 힘들다

---

903   Don't be silly.   바보 같은 소리 말아라.

con›

Henry

What's, uh, what's with the Santa suit?

어떻게, 이 산타 복장은 어떻게 된 거니?

Jake

Long story, Dad.

Hey. 얘기가 길어요, 아빠. 안녕.

Tracey

Ugh! You stink!

으! 오빠 냄새나!

Jake

Farting dog, cargo hold, longer story. But, Dad, I didn't make it home on time.

방귀 트는 개에, 화물칸 탑승에, 더 긴 얘기야. 하지만, 아빠, 전 집에 오지 않았잖아요. 시간에 맞춰.

Henry

Don't be silly. You were just a few seconds late. Here.

바보 같은 소리 말아라. 단지 몇 초 늦었을 뿐이야. 여기 있다.

Jake

No, <u>deal's a deal</u>. Besides, she isn't ready yet.

아니에요, <u>계약은 계약이죠</u>. 게다가, 아직 준비도 안 됐잖아요.

rf»   farting dog: 방귀 뀌는 개 Deal's a deal.=A bargain is a bargaim.: 계약은
계약[약속은 약속].

exts»   a bunch more Christmas: 수많은 크리스마스 bunch: 다발, 묶음

904　**Let's have it.**　　　좀 말 좀 들어봅시다.

---

sit»　대화를 시작할 때, '이젠 이야기를 들어봅시다, 시작해볼까?'라고 말하는 표현이다.

con»　**Lisa**

Let's have it.
한 번 들어봅시다.

Rafi

Ok. His name is David. and I met him a few days ago and he <u>asked me out on a date</u>. And we went out to dinner and we Kissed.

좋아요. 그의 이름은 David이구요. 난 그를 며칠 전에 만났죠, 그는 데이트를 신청했구요. 우린 저녁을 먹으로 나갔고 키스도 했죠.

rf»　ask ... out (on a date): ...데이트를 신청하다
exts»　therapist: 정신치료사 shrink: 정신과 의사, 줄어들다 Get me home: 집에 보내주세요.

905　I'm just sayin', how do we know it's an ice age?

내 말은, 지금이 '빙하시대'인지 어떻게 아냐고?

sit» 'I'm just saying.'은 상대방이 잘 이해하지 못하거나 보다 명쾌하게 이해되도록 미리 전제하여 전하려고 하는 본래의 말 앞에 표현하는 말이다. 흔히 'I mean...'이라고 하는 표현과 유의표현이다.

con» A

Why not call it the Big Chill or the Nippy era?
I'm just sayin', how do we know it's an ice age?
왜 '꽁꽁 시대'나 '살을 에는 시대'라 부르면 안 돼? 내 말은, 지금이 '빙하 시대' 인지 어떻게 아냐고?

B
Because of all the ice.
그야 사방이 얼음이니까!

exts» be on the verge of ...ing: 막 ...하려 하는(be on the point of ...ing=be just going to 동.원=be about to+동.원). some breakthrough: 대단한 돌파구[타결책]. 이때의 some은 '대단한'이라는 뜻 Look out.: 조심해.

906　Give me a break.　　한 번 봐주세요.

sit» 이 표현은 누가 막무가내로 어떤 일을 강요하거나 어려운 상황으로부터 탈피하고 싶을 때 일종의 변명 내지는 아량을 구할 때 자주 쓰는 표현이다.

con» A

Hey, do the world a favor. Move your issues off the road!
야! 세상에게 도움되는 일 좀 해봐. 통행 방해하지 마[행패 부리지 말고 꺼져]!

B
I wouldn't draw attention to myself, pal.
난 그렇게 내 잘났다고 나서지 않을 거야.

A

Give me break. We've been waddlin' all day.
한 번만 봐줘요. 온종일 걸었단 말예요.

rf» do ...favor: ...에게 호의를 베풀다

907   **No offense.**   악의로 한 말이 아니야.

sit» 이 표현은 혹시 상대방이 오해의 소지가 있다고 생각될 때 사전 무마용으로
사용된다.

syn» My intention was good.

ex» No offense, but ...: 오해 없길 바라며, ...

cf» Don't take it personally.: 사적인 감정으로 받아들이지 마세요.

con»   A

I'm up. I'm up. <u>Rise and shine</u>, everybody. Wide body,
curb it next time. Oh, jeez. Yuck. This has definitely
not been my day.

나 일어났어! 나 일어났어. 자, <u>모두 기상!</u> 넓적아, 다음에는 제 장소에 가서
싸! 아이고, 역겨워! 정말 재수 없는 날이야.

   B

<u>What a mess.</u> I'm sorry.

정말 엉망이군. 미안해.

   A

No, it's just a fact. <u>No offense.</u> You know what I'm sayin',
buddy?

아냐, 그냥 사실을 말한 것뿐이야. <u>악의로 한 말이 아니야.</u> 내 말 이해하지, 친구?

rf» Rise and shine.: 기상 해가 중천에 떴다(아이들을 깨울 때 하는 말). What a mess.:
정말 지저분하군, 돼지우리 같네.

908   **Bon appetit.**   실컷 먹어.

sit» bon은 불어로 good이라는 뜻이다. 이처럼 영어권에서도 불어를 생활 속에
많이 함께 쓰고 있다.

syn» Help yourself.=(I wish you) a good appetite.

con»   A

But don't let me <u>hog them all up.</u> Oh, no. Here, you
have some. Tasty, isn't it? <u>Bon appetit.</u>

나 혼자 다 먹을 순 없지. 오, 이런. 자, 좀 먹어봐. 맛있지, 그지? <u>실컷 먹어.</u>

   B

OK. I would. Just pretend that I'm not here. I wanna
live. Don't let them impale me, please!

좋구 말구, 먹을게. 나 없다고 해줘. 난 살고 싶어. 쟤들 날 못 찌르게 좀 말려 줘!

A

Get off me. Come on, <u>you're makin' a scene</u>.

비켜! 이런, <u>야단법석을 떨고 있네.</u>

rf» hog: 돼지(특히 거세한 수돼지 또는 다 자란 식용 돼지). 탐욕(을 부리다)

cf» pig out: 돼지같이 먹다 eat like a pig: 지저분하게 먹다 eat like a horse: 많이 먹다

---

909 You were bluffing, huh?　　　너 뻥친 거지, 응?

---

rf» '너 거짓말 한다'라고 표현할 때 You tell a lie. 또는 You are lying. 이라고 하는
것보다는, 원어민적 표현은 You('re) liar!이다.

con» **A**

I'd rather it not be today. OK?

오늘은 그 날이 되기 싫어, 알지?

B

Look, We gonna break your neck so you don't feel a
thing. How's that?

이봐, 고통 없이 목을 단번에 비틀어 줄게. 어때?

A

<u>You were bluffing</u>, huh?

너 뻥친 거지, 응?

B

Yeah, Yeah, that was a bluff.

그래, 그래, 그건 뻥이었어.

A

Get him.

그를 공격해!

gr» would[had] rather that/동.원: 오히려 ...하고 싶다. 오히려 ... 원한다

910   Any of this a-ringin' a bell?   이런 게 뭐 느껴지는 거 없어?

rf» 원래 위의 문장은 'Any of this (is) a-ringin' a bell?: 이것 중 어느 것이 귀에 낯익지 않아?' 라고 생각할 수 있을 것이다.

con»

A

We did it. We did...
The change of seasons, migration instincts. Any of this a-ringin' a bell?
우린 해냈어! 우린... 계절의 변동, 귀소 본능. 이런 거 중 뭐 느껴지는 거 없어?

B

I guess not. Bye.
없어! 잘 가.

A

That whole south thing is way overrated.
남쪽으로 가는 건 아무래도 과대평가겠지.

B

The heat, the crowds - who needs it? I mean..
덥고, 복잡하고- 누가 그걸 좋아하겠어? 내 말은...

A

OK, then you lead the way, Mr. Big guy...
좋아, 네가 앞장 서! 덩치 씨...

rf» ring a bell: 귀에 익숙하다, 생각나게 하다 overrate=overestmate(과대평가하다) ↔ underrate=underestimate(과소평가하다)]

---

911   I'll just zip the lip.   입을 꽉 다물고 있을 게.

sit» 어떤 말도 하지 않겠다고 강하게 다짐을 받을 때 쓰는 표현이다.
rf» zip it up!: 입 닥쳐!

con»

A

Stop following me. OK, OK, so you got issues.
좋아, 문제점을 제기하시는 군. 자꾸 따라오지 마.

B

You won't even know I'm here. I'll just zip the lip.
내가 여기에 있는지도 모르게 가만히 있을게. 입에 지퍼 꽉 채울게.

A

Especially since his daddy wiped out half our pack and wears our skin to keep warm.

특히 저놈 애비가 추위 막으려고 털가죽 옷 입는다고 우리 동료를 반이나 도
살한 관계로!

B

Let's show that human what happens when he messes with sabers.

우리 군단을 건드리면 어떻게 되는지 보여주자.

A

Alert the troops. We attack at dawn.

비상, 군단 애들 소집해. 새벽에 공격한다.

rf» alert: 방심하지 않는, 경계하는 경계경보. (흔히 불이 났거나 긴급사태 때 경보를
알리기 위해서 'Alert!: 비상!' 하고 말한다.)

---

912   Fall back!   철수하라.

sit» 주로 army나 어떤 단체의 훈련 속에 구호나 명령으로 쓰이는 용어다.
rf» Fall out!: 해산! Fall in!: 집합!

con»   **A**

Phew. I'm wiped out. <u>Any chance I could squeeze in there with you</u>, Manny, old pal?
휴우-. 나 완전 뻗었어. <u>나도 너하고 그 틈에 좀 끼어 앉으면, 안 될까</u>, 오랜 친구?

B

Isn't there someone else you can annoy?
네가 귀찮게 굴 다른 상대가 없냐?

A

Could you scooch over a drop?
쬐끔만 좀 들어가 줄래?

B

Fall back.
다 철수하라!

---

gr» Any chance I could squeeze in there with you,의 원래 문장은 (Is there) any
chance I ... 이다. 이때의 chance 가능성. 기회의 뜻이다.
cf» Chances are (that) ...: 아마 ...일 것이다.
exts» scooch over: (앉은 자세로) 조금 움직이다, (좁은 속을) 지나가다 scooch down:
쪼그려 앉다

913　**You know what I'm saying?**　내 말 무슨 말인지 알지?

syn»　Do you understand what I'm saying?

rf»　좀 더 구어체적 표현은, You got it?=Do you follow me?=Are you with me? 등이 있다.

con»　A

Look, if you are gonna have an extra mating dance. You know what I'm saying? If you find a mate in life, you should be loyal. In your case, grateful.

이봐요, 바람피려면 내말 무슨 말인지 알지? 인생의 배필을 찾았으면 정조를 지켜야지. 특히 네 주제에 감사한 줄 알아야지.

B

Now get away from me. Oh, I think mating for life is stupid.

이제 나한테서 좀 떨어져. 난 평생 일부일처제는 바보짓이라고 생각해.

914　**You can't even take care of yourself.**

오 그래, 잘해 봐. 넌 네 앞가림조차 못 할 걸.

con»　A

I mean there's plenty of Sid to go around.

내 말은 주변에 널린 게 많은 시드 같은 사람이 있다는 뜻이지.

B

There is no "we...".

"우리..."라는 건 없어.

A

There never was a "we...".

"우리..."였던 적도 없었어.

A

Oh, yeah, that's good. You can't even take care of yourself.

오 그래, 잘해 봐. 넌 네 앞가림조차 못 할걸.

B

This, I gotta see.

얼마나 잘하는지 내가 봐 줘야겠군.

exts»　You're an embarrassment to Nature.: 넌 대자연의 망신이야. embarrassment of riches: 가진 자의 고민

You two are bit of an odd couple.

너희 둘은 좀 희한한 커플이군.

rf» You와 too는 동격이며, a bit of는 '약간, 어느 정도'라는 뜻의 부사다. couple에 복수가 오지 않는다.

cf» you all are...=all of you...

con» A

That pink thing is mine.
그 애송이는 내 거야.

B

Ah, no. Actually, that pink thing belongs to us.
천만에, 사실, 아기는 우리 거야.

A

"Us"? You two are a bit of an odd couple.
"우리"? 너희 둘은 좀 희한한 커플이군.

B

There is no "us."
"우리" 소리는 빼!

A

I see.
알만 하군.

B

Oh, yeah. Nice try, bucktooth.
오, 그래. 멋진 시도군, 뻐드렁니.

rf» odd: 이상한, 여분의, 난관

ex» against the odds: 난관에 맞서 even number(짝수) ↔ odd number

Now what?　　　또 뭐가?

sit» 이미 누군가가 계속하여 자기의 주장이나 .일을 언급할 때 계속적인 호기심을 나타내어 대꾸해줄 때 쓰는 말이다.

con» A

Now beat it.
이제는 꺼져.

B

OK. OK, deal I mean it's hard to get fat on a vegan diet.
알았어, 알았어. 결정한 거야. 철저한 채식으로는 뚱뚱해지기 어려운데 말이야.

A

I'm not fat. It's all this fur. It makes me look poofy.

난 뚱뚱하지 않아. 모두 이 털 때문이야. 털이 북실대서 내가 살쪄 보이게 만드는 거야.

B

<u>Now what</u>? Oh, that's perfect!

또 뭐가? 오, 정말 끝내주는군!

---

917 Well, look who it is. 어, 이게 누구신가.

sit» 어떤 상황에 불청객처럼 상대방이 끼어들고자 할 때 약간의 못마땅한 심정을 표현할 때 쓴다.

con»

A

Well, look who it is.

어, 이게 누구신가.

B

You don't need this aggravation.

넌 이 성가신 일에 낄 필요 없잖아?

A

Glacier Pass. Every body knows they have a settlement on the other side.

빙하고개 건너, 저쪽 편에 인간 마을 있는 걸 누구나 다 알지.

B

So, you can give that baby to me, or go get lost in a blizzard. It's your choice. Here's your little bundle of joy.

그럼, 너는 그 아이를 나에게 줄 수 있어, 그렇지 않으면 눈보라에서 길을 잃을 수가 있어. 그건 너희들의 선택에 달렸어. 자, 네 작은 보물단지!

---

918 I can't take it any more. 더 이상 못 참겠어!

con»

A

Oh, the big, bad tigey-wigey gets left behind. Poor tigey-wigey.

오, 잘나고 못된 호랑이 아저씨 뒤로 밀려나 버렸네요. 딸방한 호랑이 아저씨 불쌍해서 어쩌나?

B

Sid, tigey-wigey is gonna lead the way.

시드, 그 딸빵한 호랑이가 길을 안내할 거야.

A

The sooner we find the humans, the sooner I get rid of
Mr Stinky Drool - Face. Up front, where I can see you.

빨리 인간을 찾을수록 빨리 말썽꾸러기 철부지를 떼어낼 수 있지. 앞장서. 그
래야 내가 널 잘 볼 수 있지.

B

Help me. Oh, you gotta make it stop.

도와 줘. 울음 좀 그치게 해 봐.

A

I can't take it anymore. He won't stop squirming.

더 이상 못 참겠어! 버둥대는 걸 멈추지를 않아.

B

You're holding it wrong.

네가 애를 잘못 안고 있잖아.

rf» Up front: 맨 앞줄의, 선불, (여기는 '앞장서라(Lead the way)'의 뜻이다.

gr» tigey-wigey (영어에선 '유사 발음 반복어(reiterative)'를 사용하여 애칭으로
만들거나 강조하거나 시적인 감정을 표현한다).

ex» It was an itsy bitsy teeny weeny yellow polka dot bikini: 작고 작은 노란 물방울
모양의 비키니(영어 팝송에 나오는 가사)

---

919 Just in case. 만약을 대비해서.

syn» for rainy days.=on the safe side.

rf» 미국사람들은 보통의 구어체에서 just라는 말을 매우 많이 쓰는 데 크게 신경 쓸
필요가 없는 단어다.

con» **A**

Jeez, "pick him up, put him down..." Just in case.

젠장, "그를 안아라, 그를 내려 놓아라..." 만약을 대비해서.

B

I'll do it. He's wearing one of those baby things.

내가 할게. 애는 기저귀를 차고 있을 거야.

A

So? So if he poops, where does it go?

그래서? 꿍아하면 그게 어디 가겠냐?

920 Stop wavin' that thing around. 그 물건 좀 흔들지 마.

rf» 원어민들은 동사의 원형 다음에 오는 ...ing형은 빨리 발음할 때는 다 말하지 않고 in'으로 생략하여 발음한다. 특별히, 팝송에선 박자(beat)를 위해 대부분 생략하는 것을 경험할 수 있다.

con» A

Stop wavin' that thing around. Oh, I'm gonna slip. It's clean. Got you!

그 물건 좀 흔들지마. 에고 놓치겠네! 안 쌌어. 깨끗해. 너희들을 속여 먹었지요.

B

Will you cut it out? Where is the baby?

그만 좀 안 해? 우리 아기 어딨나요?

A

There he is. Where is the baby?

그이다! 우리 아기 어딨나요?

921 This is our private stockpile for the Ice age.

이건 빙하 시대에 대비한 우리 비상식량이야.

con» A

Well, I ain't exactly lactating right now, pal.

난 젖 안 나와, 짜샤.

B

I've heard of these crackpots. Ark-. Intruders.

난 이런 미친 소리 벌써 들어 봤어. 악, 침입자다!

A

Now, don't fall in. If you do, you will definitely...

자, 불구덩이에 빠지면 안 돼. 만약 빠지게 되면 분명히...

B

This is our private stockpile for the Ice age. Subarctic temperatures will force us underground for a billion billion years.

이건 빙하 시대에 대비한 우리 비상식량이야. 추운 날씨가 우리를 수십억 년 동안 땅 속에서 살게할 거니까.

A

Right, more to the right!

오른쪽으로, 좀 더 오른쪽으로!

211

sit» '이건 뭐야?'라고 해서 What is this?와는 뉘앙스가 다르다. 위의 표현은 놀라는 환경에 나오는 간투어(interjection)와 비슷한 표현이다.

con»   A

What who? A foe? Come on, come on.
이건 뭐야? 적이야? 덤벼, 덤벼.

B

You want a piece of me? Spoils worthy of... a noble...
나랑 한 판 붙겠다고[날 잡아먹겠다고]? 이런 가치 있는 전리품이 생기다니...

A

Bedtime, squirt. How about a good-night kiss for your
big buddy, Sid? I was talking to you.
그만 자야지, 꼬마야. 너의 대단한 친구, 시드한테 잘 자라고 뽀뽀 안 해줄래?
애 말고 너에게 하는 얘기야.

B

Fine, I'll tuck myself in.
알았어, 이불 속으로 몸을 말아 넣을 게[잘잘게].

rf»   A want a piece of B: A가 B와 한판 붙다. tuck in=go to sleep.
cf»   How'd what go?: 무엇이 어쨌다고?

---

sit» 검도(fencing)같은 무술을 할 때, 칼을 상하로 비켜 내리칠 때 하는 표현이다. slice는 깎듯이 치는 것을 말한다.

con»   A

Go ahead. Slice me. It'll be the last thing you ever do.
해봐. 날 쳐봐. 절대 그러지는 못할 걸.

B

Let's get himn!
지금 해치우자!

C

Not yet! Positively adorable. Hello, pumpkin.
아직은 안 돼! 아주 귀여운데. 안녕, 귀염둥이.

B

Hello, little baldy bean. Sabers were closing in on him.

So I just snatched him.
안녕, 요 깜찍한 것! 호랑이 군대[기병대]가 걔한테로 좁혀가고 있길래. 그래
서 내가 싹 낚아 챘지!

c

Oh, so brave.
오, 정말 용감하다!

rf» slice: 잘라내다, 베어내다, 깎아치다
ex» a slice of bread: 한 조각의 빵

---

924 It's so hard to find a family guy.

가정적인 남자를 찾기는 정말 어렵지.

---

con» **A**

You just keep marinating and I'll be right back.
아가씨들 계속 담그고 있으면 내가 곧 돌아올게.

B

Sexy
섹시한 여성들

A

He's not much to look at, but it's so hard to find a family guy.
별로 볼품은 없어도, 가정적인 남자를 찾기는 정말 어렵지.

B

Tell me about it.
맞아.

A

Look at you...
너를 한 번 봐.

B

Oh, those ladies, they don't stand a chance.
그 암컷들, 그들은 가능성이 제로야.

rf» Tell me about it.=You said that again.=You said it.: 맞아. stand a chance:
가능성이 있다.
exts» marinate: (marinade에) 절이다, (샐러드에) 프렌치 드레싱을 치다
cf» pickle: (식초나 산에) 절이다

925   You're a pal. You are the best.   넌 진짜 친구야. 네가 최고야.

con»

A

Don't let me cramp your style.
내가 네 스타일 망치게 할 순 없지.

B

Thanks, Manny. <u>You're a pal. You are the best</u>.
고마워, 매니. <u>넌 진짜 친구야. 네가 최고야.</u>

A

You're gonna grow into a great predator. I don't think so. <u>What have you got</u>?
네가 자라서 대단한 육식동물(사냥꾼)이 된다고? 그렇게 상상이 안 된다. <u>네가 뭘 가졌는데?</u>

B

You got a little... patch of fur. No fangs, no claws. You're folds of skin wrapped in... mush.
털도 ... 머리쪽에 조금밖에 없고. 송곳니도 없고, 발톱도 무디고. 물렁거리는 살갗만 둘둘 말려있는데.

B

OK. All right, wise guy. You just earned a time-out.
좋아. 좋아. 요 영리한 녀석. 너 즐거운 시간 끝났어. (벌 좀 받아봐.)

rf»   have got은 구어체에선 have의 뜻이다. 완료형(have pp 또는 had pp)에서는 have 동사가 조동사다. 때문에 위의 의문문에선 have가 맨 앞에 왔다.)

ext»   mustache: 얼굴, 입, 옆수염

gr»   What have you got?=What do you have?

926   I hate breaking their hearts like that.
재들 그렇게 속인 건 안됐다.

con»

A

Oh- He got me. Oh, help. Get away from. me..
윽-! 당했다! 오, 도와줘. 저리 꺼져.

B

Oh, gosh. <u>I hate breaking their hearts like that</u>. But you know how it is.
휴우, <u>재들 그렇게 속인 건 안됐지만.</u> 생존이란 게 어떤 건지 알지?

     영화 속 찐 원어민 영어 따라잡기 2

A

All right, thanks. You can put me down now.

좋아. 수고했어. 이제 날 내려 줘도 돼.

B

Spit that out.

걔 빨리 뱉어버려.

A

You don't know where it's been.

걔가 어디에 있다 왔는지도 모르면서.

exts»   spit out=⑴침을 뱉다 ⑵자백하다(confess=speak one's mind)

---

927   **What do you take me for?**   날 뭘로 아는 거야?

---

con»

A

I know what a shortcut is.

지름길이 무슨 뜻인지는 알아.

B

Look. Either we slip through there, and beat the humans to Glacier Pass or we take the long way and miss 'em.

이봐. 우리가 저기를 뚫고 지나면 빙하 고개에서 인간들을 앞지를 수 있는데 먼길로 가면 그들을 놓쳐 버릴 거야.

A

Through there?

저기를 지나.

B

What do you take me for?

날 뭘로 아는 거야?

gr»   take A for B: ⑴A를 B로 여기다, ⑵A를 B로 오해하다=mistake A for B

exts»   stomp: 쾅쾅 밟기 pack of derm: 바보들의 무리 pack of walloper: 뒤뚱이들 무리

215

Stick together.   꼭 붙어 다녀.

con»   A

Personally, I never get bored of peekaboo.
나야 개인적으로 까꿍 놀이가 싫증나지 않지만 말이야.

B

<u>Way to go</u>, tiger. Come on, guys, <u>stick together</u>. It's easy
to get lost in here. Guys? A fish.
잘했어요, 호랑아. 애들아, <u>꼭 붙어 다녀</u>. 여기는 길 잃기가 쉬워. 애들아? 어
디 있니? 물고기잖아.

A

Will you keep up, please? I got you. Wow, yeah. Who's
up for round two?
빨리 좀 따라 올래? 내가 잡았다! 누가 한 번 더 할 사람?

gr»   Who's up for round two?=Who's up for the second round?
(명사+기수=the서수+명사)

ex»   page five=the fifth page: 5쪽

Cut off its retreat.   도망갈 길을 차단 해.

con»   A

I'm gonna put the white meat in one pile and dark in
another... Occasionally tough, but extremely juicy.
하얀 살을 한 무더기로 모으고, 그 다음에 검은 살은 따로... 가끔은 질기면서
도 아주 즙이 많고...

B

I told you to knock it off.
내가 집어치우라고 말했잖아.

A

Save your energy. Mammoths don't go down easy.
There's only one way to do it. First, you have to <u>force
it into a corner</u>. <u>Cut off its retreat</u>. And when you three
have it trapped, I'll go for the throat.
힘을 아껴! 맘모스는 쉽게 쓰러지지 않아. 잡을 방법은 하나 뿐이야. 우선 네
가 <u>그 놈을 구석으로 몰아야해</u>. 그 다음 <u>도망갈 길을 차단 해</u>. 그리고 너희 셋
이 놈을 포위하면, 내가 목덜미를 콱!

216

rf» force it into a corner: 구석으로 몰아붙이다

exts» How much further?: 거리가 얼마나 더 남았지? I'm beat.: 난 퍼졌어. antelope: 영양 Let's play tag.: 술래잡기(play hide and seek) 하자. You're it.: 네가 바로 저 꼴이란 걸 알아둬. Somebody pinches me.: 누가 날 좀 꼬집어. jump down one's throat: ...끽소리 못하게 하다.

---

930   We look out for each other.   서로를 돌봐야지.

con» A

Did you hear that, little fella? You're almost home. My feet are sweating.

너 들었지, 꼬맹아? 너의 집에 다 왔대. 내 발에 땀나네.

B

Come on, keep up with me. Wish granted.

뛰어! 날 따라와. 소원 성취시켜 줄게.

A

<u>We look out for each other</u>. Well, thanks. First, I'm gonna slice its hindguarters into sections.

서로를 돌봐야지. 어쨌든 고맙다. 우선 뒷다리와 궁둥이를 부위 별로 썰 거야.

rf» look out for=watch out=be careful of...: ...조심하다, 주의하다

exts» Wish (is) granted.: 소원이 주어진다. grant=give

con»

A

Hey, why don't you make it realistic and draw him lying down? And make him rounder.

이봐, 사실적으로 해서 누워서 빈둥대는 걸 그리는 게 어때? 그리고 더 뚱뚱하게 그려야 돼.

B

Perfect.

완벽해.

C

Hey, Lovebirds. Look at this. Come here, you little biped. Come here, you little wormy-worm. All right, come on. Sleep time, lumpy. Look at that big pushover. I'm freezing my tail off.

이봐, 잉꼬 부부, 이것 좀 봐. 이리 온, 이 조그만 두 발 동물아. 이리 온, 귀여운 강아지야! 자, 이리와. 그만 잘 시간이다, 뒤뚱아. 저 덩치 큰 정에 약한 사람 좀 봐. 내 꼬리까지 얼겠다.

A

Get down!

엎드려!

B

What?

뭐?

exts»　pushover: 식은 죽 먹기, 약한 상대[팀], 잘 속는 사람 swash and stinking: 냄새가 나도록 더럽게 little fella: 꼬맹아 at the bottom of...: ...아래에 ambush: 매복(하다)

---

con»

A

You set us up. That's it. You're out of the herd. We can fight our way out.

함정을 파 두었었군. 그래. 너랑은 끝이야! 우리는 싸워 나가게 할 수 있을 거야.

B

You can't. The pack's too strong.

너희들은 안 돼. 우리 부대는 아주 강해.

A

Then what are you waiting for?

그럼 뭘 망설여.

B

No, I said wait for the mammoth.

안 돼. 맘모스를 기다리라고 말했잖아!

exts» backscratcher: 등긁개 loop-de-loop: 공중돌기 slalom!: 회전활강! frostbite: 동상
I'll take you down first.: 너부터 해치워 주지.

---

933 **Knock it off, squirt.** (약한 마음) 집어 치워, 꼬맹아.

con» **A**

We did it! I'm sorry I set you up.

우리가 해냈어! 함정을 팠던 거 미안해.

B

Ah- You know me, I'm too lazy to hold a grudge. Hey,
knock it off, squirt. You gotta be strong.

아- 너 날 잘 알잖아. 난 너무 게을러서 꽁한 마음 지니지도 못해. 헤이, 약한
마음 집어 치워, 꼬맹아. 넌 강해져야 해.

C

Save your breath, Sid. Nine lives, baby.

잠자코 좀 있어, 시드. 난 명이 길어. 짜샤.

A

Yeah, you're OK, you're OK.

야, 살아 왔구나. 살아 왔어!

rf» set up: ... 위험한 상황에 빠뜨리다 hold a grudge: 꽁한 마음을 지니다

934 **Dignity's got nothing to do with it.** 체면이 무슨 관계가 있어?

con»

A

I can kiss ya. Welcome back, partner. Wanna lift?

뽀뽀 해줄게. 다시 온 거 환영이다, 친구. 내 등에 탈래?

B

No thanks. I gotta save whatever dignity I've got left.

괜찮아. 내 남은 체면은 살려야지.

A

You're hanging out with us now, buddy. <u>Dignity's got nothing to do with it.</u>

지금 우리가 함께 있는데, 이 친구야. <u>체면이 무슨 관계가 있어?</u>

B

Yeah, climb aboard. Pick me up, buddy. Mush. Or not mush. Either way.

그래, 올라 와. 날 올려 줘, 친구. 썰매야 가자! 썰매 아닌 것이든 간에. 아무거나.

A

I'm telling you I'll show you all my favorite watering holes. <u>Keep dreaming</u> No, really...

아냐, 실은... 내가 물 기똥찬 소굴로 안내할게. 계속 꿈 꿔. (꿈 깨시지.)]

gr» A have to do with B: A는 B와 관계가 있다.

cf» A have something{nothing, much, little} B: A는 B와 중요한 관계가 있다{아무관계가 없다, 많은 관계가 있다, 거의 관계가 없다}

rf» Keep[Go (on)] dreaming.=Dream on.: 계속 꿈꾸세요[꿈 깨시지요]=Get real.=Wake up and smell the ciffee.: 현실을 똑바로 보세요.

영화 속 찐 원어민 영어 따라잡기 2

935   I'm in trouble.   어려움에 봉착했어.

con»   **Aladdin**

 Morning, ladies.

안녕, 아가씨들.

Woman 1

Getting into trouble a little early today, aren't we
Aladdin?

오늘 아침 좀 어려움이 있지 그렇잖아 Aladdin?

Aladdin

Trouble? No way. You're only in trouble if you get
caught- I'm in trouble!

어려움이라고? 절대 아냐. 당신이 잡힌다면 당신에게만 문제가 있게 되지[말썽
이 나지]. 어려움이 생겼구만!

Guard

...and this time-

...그리고 이번에는-

Aladdin

Perfect timing, Abu!

완벽한 시기이구만, Abu!

exts»   off his guard: 그가 경계를 게을리하여 hookah: 수연통 tupperware: 식품보존
용기 rough: 황무지 tilt: 기울이다 medallion: 대형의 메달 where'd ya(=you) dig
this bozo up?: 어디서 이 촌놈을 찾아냈니? Jafar puts his finger to his lips and
shush him: Jafar가 그의 손가락을 입에 대고 쉿하여 그가 입 다물게 한다. tick off:
화나게 하다 molt: 동물들이 털을 바꾸다 awning: 천막, 비가리개 yank: 확 당기다
turban: 아랍인들의 두건

con»

Guard

Stop, thief! I'll have your hands for a trophy, street rat!

그만, 이 도적놈아! 전리품을 위해 너를 잡고 말테나, 부랑아놈아!

Aladdin

(Looks back, then down, then at the bread.) All this for a loaf of bread?

(뒤를 돌아본 다음 밑을 보고 다음에 빵을 본다) 이 모두가 빵 한 덩어리를 위한 것이냐?

Guard 1

There he is!

저기에 그가 있다!

Guard 2

You won't get away so easy!

쉽게 도망치지 못할 걸!

Aladdin

You think that was easy?

그게 쉽다고 생각해?

Guard 1

You two, over that way, and you, with me. We'll find him.

당신 둘은 저쪽 방향으로, 나와 당신은 나와 함께. 우린 그들 찾아낼 거야.

(Aladdin pulls a sheet over him and wraps himself as a disguise.)

(Aladdin은 포대를 뒤집어쓰고 위장한다.)

exts» breadline: 식료품의 무료배급을 받는 줄 raspberry: 입술사이에서 혀를 진동시켜 야유하다 scamper: 재빨리 달리다 riffraff: 쓰레기 scoundrel: 악당 acrobat: 곡예사 slow poke: 굼뱅이(lazy bone)

---

sit» tasty가 '맛있는'이 기본 뜻이지만, 구어로 '멋있는, 고상한, 점잖은'이라는 뜻이 있다.

con»

Crowd

Stop, thief! Vandal! Outrage! Scandal

멈춰라, 도적놈! 파괴자! 무례 함! 불명예!

Aladdin

Let's not be too hasty.

너무 경솔하지 말자구.

(Aladdin is surrounded by Guard in front of a door.
The door opens and a large, ugly Lady comes out.)

Aladdin이 문 앞에 호위병에 의해 포위된다. 문이 열리고 덩치가 크고 못생긴 여자가 나온다.)

Lady

Still I think he's rather tasty.

여전히 그는 멋지다고 생각이 들어.

(Aladdin tumbles away, then puts his arm around a
Guard, acting like they're all chums.)

(Aladdin이 넘어진다. 그때 그의 팔이 호위병을 감싼다. 마치 친한 친구인 것처럼.)

Aladdin

Gotta eat to live, gotta steal to eat. Otherwise we'd get along!

살기 위해 먹어야만 한다. 먹기 위해 훔쳐야 한다. 다른 방법으로 우린 살아가야 한다.

Guard

Wrong!

틀렸소!

rf» rather: '다소, 꽤, 오히려'의 뜻이 있으므로 문맥에 따라 해석해야 한다.

exts» rope trick: 줄 마술 hoofbeat: 말의 발굽 소리 effendi: 각하, 선생님 rummage: (낱낱이) 뒤지다 filthy: 불결한 brat: 선머슴, 개구장이 tuck in: 감싸다 get along: 살아가다, 사이좋게 지내다, 나이를 먹다, 그만둬

---

938   I don't buy that.   난 속지 않아.

rf» 이때의 buy는 '믿다, 속아 넘어가다'라는 뜻이다.

con» **Aladdin**

 I don't buy that. If only they'd look closer. Would they
see a poor boy? No siree. They'd find out, there's so
much more to me.

난 그것을 믿지 않아요. 그들은 좀 더 가까이 봤으면 좋으련만. 그들이 불쌍한 소년을 보겠는가? 아니요, 나으리. 그들이 발견한다면 나에게는 더욱 좋으련만.

Prince

I've never been so insulted!

난 그렇게 결코 모욕을 당한 적이 없어!

Sultan

Oh, Prince Achmed. You're not leaving so soon, are you?

오, Achmed 왕자님. 당신은 그렇게 일찍 떠나시지는 않으시겠죠?

Prince

Good luck marrying her off!

그녀와 결혼하기를 빌겠네!

exts» self-absorbed: 자기 심취의 cuddle: 꼭 껴안다 riffraff: 천민, 쓰레기 siree=sir: 나으리 (보통 Yes, 또는 No 다음에 부가적으로 쓰인다.) The door bursts open.: 문이 갑자기 확 열리다.

---

939   I've never done a thing on my own.

난 결코 독단적으로 일을 처리하지 않아.

---

con» **Jasmine**

Father, I hate being forced into this. If I do marry, I want it to be for love.

아버지, 전 그렇게 강요받는 것은 싫어요. 만일 내가 결혼한다면, 단지 사랑을 위해서만이랍니다.

Sultan

Jasmine, it's not only this law. I'm not going to be around forever, and I just want to make sure you're taken care of, provided for.

Jasmine, 그건 법 때문에 만은 아니야. 난 영원히 살 수가 없어 그리고 난 너가 누군가에게 돌봐지고 제공받는 것을 확인하고 싶을 따름이야.

Jasmine

Try to understand. I've never done a thing on my own. I've never had any real friends. Except you, Rajah. I've never even been outside the palace walls.

이해하고자 노력할게요. 전 독단적으로 일을 처리하지 않아요. 어떤 진정한 친구가 없어요. Rajah 당신을 지외하고 말이야. 결코 궁궐밖에 있은 적이 없거든.

Sultan

But Jasmine, you're a princess.

그러나 Jasmine, 당신은 공주이시거든요.

exts» growl: 불평하다(poor-mouthe=grunt), 볼멘소리를 하다

940   I'm at my wit's end.   어찌할 줄 모르겠네요.

syn»   I'm at a loss.

con»   **Sultan**

I don't know where she gets it from. Her mother wasn'
t nearly so picky. Ooh, oh. Ah, Jafar-my most trusted
advisor. I am in desperate need of your wisdom.
그녀가 그것을 어디서 얻었는지 모르겠어요. 그녀의 어머니는 거의 그다지 까
다롭지 않았거든요. 오, 오, 아, Jafar... 나의 가장 믿을만한 조언자. 난 당신
의 지혜를 절대적으로 필요해요.

Jafar

My life is <u>but</u> to serve you, my lord. It's this suitor
business. Jasmine refuses to choose a husband. <u>I'm at
my wit's end.</u>
나의 일생은 <u>단지</u> 당신만을 도우는 것뿐이요, 전하. 그것은 이와 같은 구혼자의
일이요. Jasmine은 남편감을 고르는 것을 거절해요. <u>어찌할 줄 모르겠어요.</u>

Iago

(In the parrot voice) Awk! Wit's end.
(앵무새같은 목소리로) 억! 어쩔 줄 모르겠네

Sultan

Oh, ha ha. Have a cracker, pretty polly!
오, 하하. 크래커 드세요. 예쁜 앵무새친구!

gr»   but=(1)그러나 (2)...외에(except) (3)단지(only=just)
rf»   Polly: Mary의 애칭, 앵무새(parrot=mocking bird)
exts»   gracious: 품위있는 liege: 군주

941   choke down   감정을 억누르다, 가까스로 먹다

con»   **Iago**

I can't take it anymore! <u>If I gotta choke down on
one more of those moldy, disgusting crackers</u>...bam!
Whack!
더 이상 참을 수가 없소! 저 곰팡내 나고, 혐오스러운 크래커를 한 번 더 억지
로 먹게되면... 쿵! 쪼개시오!

Jafar

Calm yourself, Iago.
침착하시오, Iago.

Iago

Then I'd grab him around the head. Whack! Whack!

그러면 그의 머.리를 잡겠소. 탁! 탁!

Jafar

(Speaking over Iago.) Soon, I will be sultan, not that <u>addlepated twit</u>.

(Iago에 대고 말하며) 곧, 난 왕이 되오, 그러한 <u>멍청이</u>가 아니요.

Iago

And then I stuff the crackers down his throat! Ha ha!

그러면 그 크래커들을 그의 목구멍에 집어 쳐 넣겠소! 하하!

Jasmine

Oh, I'm sorry, Rajah. But I can't stay here and have my life lived for me. I'll miss you. (She begins to climb again, and is helped up by Jafar, who begins to whine and whimper. Good bye!

오, 미안해요, Rajah. 하지만 여기에 머물 수가 없어요, 나의 인생은 나를 위해 존재해왔어요. 난 당신을 그리워할 거예요.(그녀는 다시 말 등에 올라가기 시작하고 Jafar가 들어 올려주는 데 그는 흐느끼기 시작한다.)

rf» choke: 질식시키다, ...을 숨막히게 하다, 막히게 하다 bam: 남을 속이다(coax), 쿵하는 소리 whack: 나누다, 세게 치다, 좋은 상태[형편] addlepated twit: 멍청이, 얼간이 twit: 비웃다, 힐책하다, 얼간이

---

942   Get away from here!   꺼져라!

con» **Aladdin**

Okay, Abu, Go!

좋아요, Abu, 가라구!

Proprietor

(To passing crowd) Try this, your <u>taste buds</u> will dance and sing. (Abu grabs a melon and hangs there, <u>distracting his attention</u>.) Hey, get your paws off that.

(지나가는 군중에게) 이것을 해보라구, 당신의 멋진 아이들이 춤을 출 것이고 노래를 부를 것이다. (Abu가 참외를 잡아 매달아 놓으며 <u>주위를 따돌린다</u>.) 이와, 너의 발을 거기서 떼라고.

Abu

Blah blah blah!

시시하네!

Proprietor

Why, you! Get away from here, you filthy ape!

아니, 당신 말이요! 여기에서 물러나시오, 불결한 원숭이 같으니라구!

Abu

Bye bye!

안녕!

rf» taste bud: 미뢰(味蕾), 맛봉오리(혀의 미각 기관)(여기선 아이들을 비유하여 지칭). blah: 허튼소리(nonsense) 실없는 소리(rubbish), 시시한 awning: 천막 gulp: 꿀꺽 삼키다 belch: 트림을 하다 hood: 두건 cloak: 망토 zing: 싱싱 달리다 distract one's attention: 주의[관심]를 딴 데로 돌리다 ↔ attract[draw] one's attention to...: ...에게 ... 주의를 끌다

exts» Abu is up to their caper again.: Abu가 다시 범죄계획을 꾀하고 있다.

943 Do you know what the penalty is for stealing?

당신은 절도에 대한 죄가 어떤지 아시오?

con» **Jasmine**

Please, if you let me go to the palace, I can get some from the Sultan.

제발, 저를 궁궐로 가게 허락해주신다면, 전 군주로부터 약간을 얻을 수 있습니다.

Proprietor

Do you know what the penalty is for stealing?

절도죄에 대한 대가가 무엇인지 아시오?

Jasmine

No, no please!

안돼요, 제발!

Aladdin

Thank you kind sir. I'm so glad you've found her. I've been looking all over for you.

정말로 고맙습니다, 나으리. 그녀를 만나게 돼 제가 무척 기쁩니다. 당신을 줄 곧 찾아왔거든요.

Proprietor

You know this girl?

당신은 이 아가씨를 아시오?

Jasmine

(Sadly) yes. She is my sister. She's a little crazy. She is shocked.

(시무룩하게) 알지요. 그녀는 나의 여동생이요. 그녀는 약간 미쳤지요, 충격을 받고요.

gr» I've been looking for you.: 당신을 줄곧 찾아왔거든요. '현재완료진행형(have been ...ing)'으로 '과거부터 지금까지 ...행해오고 있다'라는 뜻이다. 현재완료(have pp)의 강조 형태이다.

exts» pin down: 핀으로 고정시키다 chop off: 자르다, 썰다 pick a pocket: 소매치기하다 He circles his finger around his ear.: 그는 그의 귀 주위로 손가락을 빙빙 돌린다[상대방이 미쳤다고 한다]. vest: 조끼

---

944 No harm done.　　　　　　　어떤 일도 없어요.

---

con»

Jasmine

Oh, wise Sultan. How may I serve you?

오, 현명하신 군주님이시여. 제가 어떻게 보필해드릴까요?

Abu

Well, blah blah blah blah.

글쎄, (침묵)

Aladdin

But, no harm done. (Walks over to Jasmine.) Now come along sis. Time to see the doctor.

하지만 어떤 일도 없을 거예요. (Jasmine에게 다가간다.) 자 갑시다. 누이. 의사를 만날(에게 진찰받을) 시간이다.

Jasmine

(To a camel standing nearby) Oh, hello doctor. How are you?

(가까이 서 있는 낙타에게) 오, 안녕 의사양반, 어떻게 지내시오?

Aladdin

No, no, no. Not that one. (To Abu, whose pockets are bulging.) Come on, Sultan.

아니요, 그것은 아니요. (호주머니가 부풀어있는 Abu에게) 자, 군주님.

exts» bizarre contraption: 기묘한 장치 a storm (is) brewing: 폭풍이 일어나고 있다

945   Save your breath.   잠자코 있어라.

syn»   Keep your breath.

con»   **Iago**

(huffing and puffing) <u>With all due respect</u>, your rottenness, couldn't we just wait for a real storm?

(화를 내고 허둥거리며) <u>모든 지당한 존경심과 함께 말씀드리자면[황공하오지만]</u>, 당신의 부패함과 함께라면 우린 진정한 폭풍을 기다릴 수는 없었겠지요?

Jafar

<u>Save your breath</u>, Iago. Faster!

<u>잠자코 있어라</u>, Iago. 더욱 빨리 달려라!

Iago

Yes, o mighty evil one.

그래요. 오, 대단히 나쁜 사람.

(Iago runs faster. A lightning bolt streaks through the ring, passing into an hourglass below. The sands begin to swirl.)

(Iago가 더 빨리 달린다. 번개가 반지를 가로질러 치며 아래에 있는 모래시계 속으로 들어간다. 모래가 소용돌이치기 시작한다.)

Jafar

Ah, sands of time-reveal to me the one who can enter the cave. Yes, yes! There he is. My diamond in the rough!

아, 시간의 모래-동굴속으로 들어가야 하는 사람을 알려준다. 그래, 그래! 저기 그가 있다. 사막속의 다이아몬드!

Iago

That's him? That's the clown we've been waitin' for? (Iago loses his footing and is sucked into the gears.)

그가 그 사람인가? 그는 우리가 기다려온 어릿광대잖아? (Iago가 그의 발판을 읽고 기어 속으로 빨려 들어간다)

Jafar

Let's have the guards extend him an invitation to the palace, shall we? (Iago goes flying fast and slams into the wall upside down.)

호위병들로 하여금 궁궐로 그를 초대하게끔 하자, 그럴까요? (Iago가 빨리 날아와 벽 속으로 거꾸로 꽝하고 들어간다.)

rf»   huff: 화를 내다 puff: 훅불다(훅불기), 허둥지둥하다

exts»   swell: 훌륭한, 부풀어 오르다 trip: 헛디디다 plank: 널빤지

con»   **Jasmine**

I'm a fast learner.
난 빨리 배워요.

Aladdin

Right. C'mon, this way. (They go inside the roof of
a building, dodging planks and beams as they go.)
Whoa. Watch your head there. Be careful.

옳아. 자. 이쪽으로. (그들은 건물의 지붕 안으로 들어간다, 그들이 지나치며
널빤지와 대들보를 이리저리 빠져나간다) 멈춰라. 저기 당신의 머리를 조심하
라. 조심하라구.

Jasmine

Is this where you live?
이곳이 당신이 사는 곳이야?

Aladdin

Yep. Just me and Abu. Come and go as we please.
그래요. 나와 Abu. 자 원하는 곳으로 가세요.

Jasmine

Fabulous
멋지네요.

Aladdin

Well, it's not much. (he pulls back the curtain and
exposes the palace) but it's got a great view. Palace
looks pretty amazing, huh?

글쎄요. 그 정도는 아니죠. (그는 커튼을 다시 친다 그리고 궁궐을 보여준다)
하지만 전망은 좋죠. 궁궐이 너무나 멋져보이죠. 그렇죠?

Jasmine

Oh, it's wonderful.
오, 정말 멋지네요.

rf»   I'm a fast learner: 나는 빠르게 학습하는 사람이다 ← I'm a slow learner.

exts»   valet: 시종 scrap: 긁어모으다 duck: 피하다, 오리

You're not free to make your own choices.

당신은 마음대로 당신 스스로 선택할 수 없을 거예요.

con»   Jasmine

You're not free to make your own choices.

당신은 마음대로 당신스스로 선택할 수는 없을 거예요.

Aladdin

Sometimes you feel so

때때로 당신은 너무하군요.

Jasmine

You're just

당신은 단지

Both

(in unison) -trapped.(They look at each other, realizing that they're perfect for one another. But Aladdin then realizes where he is, and breaks the look. He takes the apple out of Abu's hand and rolls it down his arm into the hand of Jasmine.)

(동시에 한 목소리로)... 갇혔죠.(그들은 서로 보며 서로에게 완벽하다는 것을 깨닫는다. 그러나 Aladdin은 그가 어디에 있는가 깨닫게 된다, 그리고 표정을 고친다. 그는 Abu의 손으로부터 사과를 빼앗아 팔을 이용하여 Jasmine 의 손안으로 굴려준다.)

Aladdin

So, where're you from?

그래, 당신은 어디에서 오셨어요?

Jasmine

What does it matter? I ran away, and I am not going back.

그것이 중요합니까? 도망쳐 나왔죠 그리고 돌아가지 않을 거예요.

Aladdin

Really? (He takes a bite from the apple in his hand, then hands it to Abu, who has a disgusted look on his face.)

정말이죠? (그는 그의 손안에 있는 사과 한 입을 먹는다, 그리고 Abu에게 건네주는 데 그는 매우 혐오스러운 표정을 짓고 있다.)

rf»   be free to+동원: 마음대로 ... 하다 break the look: 표정을 고치다

exts»   dungeon: 지하감옥

948   Let go of him.   그를 풀어주시오.

syn»   Release him.=Let him go.=Set him free.

con»   **Aladdin**

Hey, get off of me!
이봐, 나에게서 떨어져라!

Jasmine

<u>Let go of him.</u>
그를 풀어주시오.

Guard

(Not realizing she is the princess) Look what we have here, men-a street mouse. (He throws her down.)
(그녀가 공주이라는 것을 깨닫지 못하며) 우리가 여기에서 무엇을 가지고 있는가 보시오, 여러분-바로 부랑자에요. (그는 그녀를 뿌리친다[넘어뜨린다].)

Jasmine

(standing up and pulling off the hood of her cloak) Unhand him, by order of the princess. (The Guards suddenly stop and bow, forcing Aladdin to bow as well.) <u>That's not your concern.</u> Do as I command. Release, him!
(일어서며 그녀의 망토의 두건을 벗어던지며) 그를 풀어줘라, 공주의 명으로 말하노니. (호위병들은 갑자기 멈춘다 그리고 경례를 한다, Aladdin에게도 인사하라고 요구한다) <u>그것은 당신이 알 바 아니요.</u> 난 명령대로 할 뿐이요. 풀어주시오, 그를!

Guard

Well, I would, princess, but my orders come from Jafar. You'll have to <u>take it up with him.</u>
글쎄요, 그렇게 하겠습니다만, 저의 명령은 Jafar로부터 온 것입니다. 당신은 <u>그와 그 일을 처리해야</u> 합니다.

rf»   That's not your concern.=That's not your business.: 그것은 너의 관심사[일]가 아니다. concern: 관심, 우려

exts»   pissed-off: 화난

con»   **Jasmine**

Jafar?
Jafar?

Jafar

Oh, uh, princess.
오, 어, 공주님.

Iago

Awk! Jafar, I'm stuck!
억! Jafar, 어찌할 줄 모르겠소.

Jafar

How may I be of service to you? (He spreads out his cape, hiding the door.)
어떻게 도와드릴까요?(그는 그의 망토를 넓게 편다, 문을 가린다.

Jasmine

The guards just took a boy from the market, on your orders.
호위병들이 당신의 명령으로 시장으로부터 한 소년을 데려왔어요.

Jafar

Your father's charged me with keeping peace in Agrabah. The boy was a criminal.
당신의 아버지가 Agabah에서 평화를 유지하게끔 나에게 책임을 부과했습니다. 그 소년은 범인이요.

gr»   of+추상 명사=형용사. 따라서 위의 'of service=serviceable: 도움이 되는' 뜻이다.

ex»   of importance=important

rf»   I'm a fast learner: 빠르게 학습하는 사람 ↔ I'm a slow learner

---

con»   **Jasmine**

No! (She collapses to the floor.)
아니요! (그녀는 마루 바닥으로 덥썩 앉는다.)

Jafar

I am exceedingly sorry, princess.
저는 정말로 죄송합니다, 왕자님.

Jasmine

How could you? (She runs from the room crying.) (Iago finally makes it out through the door. He flies up and lands on Jafar's shoulder, coughing.)

어떻게 당신은 감히? (그녀가 울며 방으로부터 달려 나온다.) (Iago가 문을 통해 빠져나온다. 그는 날아 Jafar의 어깨 위에 앉는다, 기침을 하며)

Iago

So, how did it go?

그래, 그일 어떻게 됐소?

Jafar

I think she took it rather well.

그녀가 그 일을 잘 처리했다고 생각해요.

Jasmine

It's all my fault, Rajah. I didn't even know his name.

그것은 나의 잘못이에요, Rajah. 나는 그의 이름을 알지도 못했어요.

gr» How do 주어(A) go?: (A)가 어떻게 돼가니?

ex» How does your test go?: 너의 시험 어떻게 돼가니?

ext» ledge: 산의 작은 봉우리(hill top) 아래 내민 부분 pet: 어루만져주다

---

951 She was worth it.   그녀는 그것을 받을 만해요.

con» **Aladdin**

Abu! Down here! Hey, c'mon-help me outta these. Hey, she was in trouble.

Abu! 여기 아래! 이봐, 자-- 이곳으로부터 빠져나가게 도와줘요. 이봐요, 그녀는 어려움에 처해 있소.

Abu

Ah, she was worth it. (Abu jumps up on Aladdn's shoulders and pulls a small set of tools out of his pocket, then frees Aladdin.) Yeah, yeah, yeah.

아, 그녀는 그것을 받은 만해요. (Abu가 Aladdin의 어깨위로 덥친다 그리고 그의 주머니로부터 조그만한 연장 세트를 꺼낸다, 그리고 Aladdin은 풀어준다) 예. 예. 예.

Aladdin

Don't worry, Abu. I'll never see her again. I'm a street rat, remember, and there's a law. She's gotta marry a prince, she deserves it.

걱정하지 마시오, Abu. 전 다시는 그녀를 보지 않을 거예요. 전 부랑자이니까요. 명심하시오, 그리고 법이 있소. 그녀는 왕자와 결혼을 해야하오, <u>그녀는 그럴만한 자격이 있소.</u>

gr» be worthy of...=be worth+(동)명사=deserve: ... 만하다[...받을 만하다] (긍정적 의미뿐만 아니라 부정적 의미로도 쓰인다)

exts» makes his eyes big in an imitation of the princess.: 공주를 본 떠 그의 눈을 크게 만들다 scurry: 당황하여 달리다

---

952 **I'd wager.**　　　　　　　　정말이요.

syn» I bet.=I guarantee.

con»　**Aladdin**

Who are you?
당신 누구예요?

Old man

A lowly prisoner, like yourself. But together, perhaps we can be more.
당신처럼 천한 죄수요. 그러나 함께라면 우리는 더 좋아질 수 있다.

Aladdin

I'm listening.
듣고 있소.

Old man

Here is a cave, boy. A cave of wonders. Filled with treasures <u>beyond your wildest dreams.</u> Treasure enough to impress even your princess. <u>I'd wager.</u>
이봐요, 여기 동굴이 있소. 불가사의 동굴 말이오. 당신의 터무니없는 꿈보다 많은 보석으로 가득 찼죠. 심지어 당신의 공주를 사로잡을 충분한 보석이지요. 정말이요.

rf» beyond one's wildest dreams: 꿈에도 생각지 않은, 믿을 수 없을 정도까지 never in my wildest dreams: 꿈에도 모른

exts» Ta da: 기대하시라!(어떤 것을 갑자기 보여줄 때 하는 말)

953　Take it easy, Abu.　안녕(So long), Abu.

rf» 이 외에도 위의 뜻으로는 '서둘지 말라(Take your time).'라는 뜻이 있다.

con»　**Aladdin**

Take it easy, Abu. He's not gonna bite. Hey, wait a
minute. Don't go. Maybe you can help us. (Carpet looks
back, excited. It then flies over and wraps around the
pair.) Hey, whoa! You see, we're trying to find this
lamp. (Carpet motions for them to follow it.) I think he
knows where it is. Wait here!

안녕, Abu. 그는 물지 않을 거야. 이봐, 잠깐만 기다리시오. 가지 마시오. 아마
도 당신은 우릴 도울 지도 몰라. (카페트가 뒤를 바라본다, 흥분되어있다. 그다
음 그 둘을 날아가 감싸 버린다.) 이봐, 멈춰라! 당신이 알다시피, 우린 이 램프를
발견하고자 하고 있소. (카페트가 그들이 자기를 따르라고 동작을 보낸다) 난 그
것이 어디에 있는지 그가 알고 있다고 생각하오. 여기에서 잠깐 기다리시오!

Abu

Oh. Huh?

오, 허?

Aladdin

Abu, this is no time to panic!

Abu, 당황해야할 시간이 없소.

exts» shrine: 사당 lunge: 돌진하다 rumbling: 우르르 소리 infidel: 이교도 ramp: 경사로

954　We'll set it right.　우리가 해결해드릴게요.

con»　**Jafar**

Heh heh heh! It's mine. It's all mine! I (He can't find
it in his pocket) ... where is it? No. NO!! (Diss. fade to
Jasmine's bedroom. She is sitting on her bed, next to
Rajah who looks sad. The Sultan walks in.)

헤, 헤, 헤, 내거야. 모두 내 것 이라구! (그는 그것을 주머니에서 발견할 수
없다)--어디에 있지? 아냐, 아니라구! (Jasmine의 침실로 이전 화면이 겹치
면서 흐리게 나온다. 그녀는 그녀의 침대위에 앉아있다, 옆에 우울해 보이는
Rajah가 있다. 군주가 입장한다.)

Sultan

Jasmine? Oh, dearest. What's wrong?

Jasmine인가? 오, 사랑스러운 딸이. 무슨 일이냐?

Jasmine

Jafar...has...done something... terrible. (She looks as if she's been crying.)

Jafar...가 엄청난 잘못을 저질렀어요. (그녀는 우는 척하고 있다.)

Sultan

There, there, there, my child ... we'll set it right. Now, tell me everything. (Cut to int. of cave. Aladdin lies unconscious on the Carpet. Abu tries to wake him.)

이봐, 얘야 ... 우리가 잘 해결해줄게. 자, 모든 일을 말해봐. (동굴의 내부로 화면 이동. Aladdin이 카페트 앞에 의식을 잃은 채 누워있다. Abu가 그를 깨우고자 한다.)

Abu

Oh, oh. Aladdin? Wake up. Aladdin.

오, 오. Aladdin. 일어나요. Aladdin.

---

rf» Diss.==dissolving: 화면을 겹치게 하며
cf» fade: 화면이 흐려진다
exts» plaid: 격자무늬(checker, grid)

---

955 Nice to have you on the show.

쇼에 당신을 초청하게 돼 반가워요.

---

con» **Abu**

Aha! (Abu pulls out the Magic lamp.)

아! (Abu가 마술램프를 꺼낸다)

Aladdin

Why, you hairy little thief! Looks like such a beat-up, worthless piece of junk. Hey, I think there's something written here, but it's hard to make out.

아니, 이 털북숭이 도둑놈아! 낡고 가치 없는, 쓰레기 조각처럼 보이는데. 이봐, 여기 쓰인 내용이 중요한 것이라고 생각해, 그러나 이해하기 힘들어.

Genie

Aaaaahhhhh! OY! Ten-thousand years will give ya such a crick in the neck! Whoa! Does it feel good to be outta there! Nice to be back, ladies and gentlemen. Hi, where ya from? (Sticks the mic in Aladdin's face.) What's your name?

아...! 오이! 일만 년이란 세월은 당신에게 목 경련을 주셨군요! 잠깐만요! 이곳으로부터 빠져나가는 것이 좋다고 생각해요! 다시 돌아오게 되어 반갑군요, 신사, 숙녀 여러분. 안녕, 어디로부터 왔소? (Aladin의 얼굴로 마이크를 내민다.) 이름이 뭐죠?

Aladdin

Uh, Al... uh ... Aladdin.

어, 알아... Aladdin.

Genie

Aladdin! Hello, Aladdin. <u>Nice to have you on the show.</u>
Can we call you 'Al?' Or maybe just 'Din?' Or how about
'Laddi?' (Genie disappears, then a dog wrapped in
jumps in.) Sounds like 'Here, boy! C'mon, Laddi!'

Aladdin! 안녕, Aladdin. 당신을 쇼에 모시게 되어 반갑습니다. Al이라고
불러도 될까요? 아니면 Din이라 할까요. Laddi는 어떻습니까? (Gennie가
사라지고 몸이 뒤덥힌 개 한 마리가 뛰어 들어온다.) '이봐, 꼬마! 자, Laddi!'
라고 부르는 것 같다.

Aladdin

(Shaking his head) I must have hit my head harder than
I thought.

(그의 머리를 흔들며) 생각했던. 것보다 나의 머리를 내가 때렸음에 틀림이
없다.

Genie

(Stills a dog) <u>Do you smoke?</u> Mind if I do? Oh, sorry
Cheetah ... hope I didn't singe the fur! Hey, Rugman!
Haven't seen you in a few millennia! Slap me some
tassel! Yo! Yeah! Say, you're a lot smaller than my last
master. (Lifts his beer-gut.) Either that or I'm gettin'
bigger. Look at me from the side ... do I look different
to yo?

(개를 진정시키며) 담배 피우나요? 제가 피워도 괜찮을까요? 오, 미안해요 치
타-털을 태우지 않기를 바라요. 이봐, 양탄자맨, 몇천 년 동안 당신을 못 봤다
구요! 나의 술을 때리세요! 오! 예! 이봐요, 당신은 나의 마지막 주인보다 훨
씬 더 적구만요. (그의 똥배를 들어 올린다) 그것 아니면 내가 더 커지겠지.
이쪽으로부터 나를 보라구요-다르게 보이잖아요?

exts» mortarboard: 사각모 ventriloquist: 복화술사 dummy: 인체모형, 모조품
caballero: 기사[knight] comfy=comfortable. miniature: 축소형 mock-up: 실물
크기 poof: 호모, 훅하고 ...하다 abracadabra: 주문 juggle: 요술을 부리다 slack:
늘어진 buggy: 실성한 bona fide(라틴어): 진실한 big nabob: 대부호 zap: 재빨리
움직이다 grand finale: 최후의 막. 대단원 stomp: 육중하게 걷다 proviso: 조건
abject: 비천한(lowly). chump: 멍청이 jot down: 적다 note pad: 메모장

con» **Iago**

Okay, you marry the princess, all right? Then, uh, you become sultan!

좋아요, 당신이 그 공주님과 결혼한다고, 좋아요. 그러면 어, 군주가 되세요!

Jafar

Oh! Marry the shrew? I become sultan. The idea has merit!

오! 그 잔소리 심한 여자와 결혼하라고? 난 군주가 됩니다. 그거 좋은 생각이요.

Iago

Yes, merit! Yes! And then we drop papa-in-law and the little woman off a cliff! Kersplat!

그래요, 좋은 생각이죠! 그래요! 그러면 우린 벼랑에 장인과 그 작은 여자를 떨어뜨리겠어요. Kersplat!

Jafar

Iago, I love the way your foul little mind works!

Iago, 난 당신의 더러운 마음이 행동하는 방식을 사랑합니다.

Genie

(Still as stewardess) Thank you for choosing Magic Carpet for all your travel needs. Don't stand until the rug has come to a complete stop. (As Aladdin and Abu get off down the stairway formed by CARPET) Thank you. Good bye, good bye! Thank you! Good bye! (Back to normal) Well, now. How about that, Mr. doubting Mustafa?

(스튜어디스처럼 부드럽게) 당신의 여행 필수품으로 이 Magic Carpet를 선정한 것에 대해 고맙게 생각해요. 양탄자가 완전히 멈출 때까지 서있지 말아요. (알라딘과 아부가 양탄자에 의해 만들어진 계단을 타고 내려온다.) 고마워요. 안녕, 안녕! 고마워! 안녕! (정상으로 돌아오며) 자, 지금 어때, 의심투성이 Mustafa 씨?

rf» doubting Mustafa는 성서[요한복음]에 나오는 Doubting Thomas(의심많은 토마스=증거가 있어야 믿든 사람)를 패러디한 표현이다.

exts» freebie: 공짜물건 give away: 경품

con»   **Aladdin**

You're a prisoner?

당신 죄수죠?

Genie

It's all part-and-parcel the whole genie gig (Grows gigantic, voice echoes). Phenomenal cosmic powers! (Shrinks down, cramped in Mag.ic Lamp.) Itty bitty living space.

그것은 전체 요정이 일하는 중요한 부분이에요. (거대해진다, 목소리가 메아리친다.) 불가사의한 우주의 힘! (줄어든다, 마술 램프 속으로 경련을 일으키며) 하찮은 생존 공간이라구.

Aladdin

Genie, that's terrible.

Genie, 이것은 정말 엉망이요.

Genie

(Comes out of the Lamp) But, oh-to be free. Not have to go "Poof! What do you need?" To be my own master, such a thing would be greater than all the magic and all the treasures in all the world! But what am I talking about, here? Let's get real here. It's not gonna happen Genie, wake up and smell the hummus.

(램프로부터 나온다) 하지만, 오--자유로워지기 위해. 획하고 떠날 필요가 없어요. 무엇을 필요해요? 나의 주인이 되기 위해, 그러한 일은 이 세상의 모든 마술과 보물보다 더 위대한 일이죠! 하지만 여기에서 내가 무슨 말을 하고 있는 거죠? 진지해집시다. 이것은 발생하지 않을 것입니다

Genie, 잠에서 깨세요 그리고 후머스 냄새를 맡으세요[좀 더 현실을 똑바로 보세요].

Aladdin

Why not?

왜 안 그렇겠소?

Genie

The only way I get outta this is if my master wishes me out. So you can guess how often that's happened.

내가 이곳으로부터 빠져나가는 유일한 방법은 나의 주인이 내가 빠져 나가게끔 소원은 비는 거예요. 그러므로 당신은 이것이 얼마나 종종 발생하는가 상상할 수 있겠죠.

Aladdin

I'll do it. I'll set you free.

그렇게 하겠소, 당신을 풀어 드리겠습니다.

rf»   hummus: 이집트콩(chickpea)을 익혀 으깬 후 참기름으로 조미한 것으로 빵에 묻혀 먹음

rf»   Wake up and smell the hummus.란 표현은 Wake up and smell the coffee.란 숙어표현을 패러디(parody) 한 표현이라고 볼 수 있다.

exts»   hammock: 달아매는 그물 침대

958   Hang on to your turban.   당신의 두건을 꽉 잡으시오.

con»   **Aladdin**

Abu, you look good.
Abu, 당신은 멋져 보여요.

Genie

He's got the outfit, he's got the elephant, but we're not through yet. Hang on to your turban, kid, cause we're gonna make you a star!
그는 의상과 코끼리를 가지고 있죠, 하지만 우리는 여전히 끝나지 않았죠. 당신의 두건을 꽉 잡으시오. 우리는 당신을 스타로 만들어야하기 때문이요.

Jafar

Sire, I have found a solution to the problem with your daughter.
폐하, 저는 당신 딸의 문제에 대한 해결책을 발견했습니다.

Iago

Awk! The problem with your daughter!
억! 당신 딸의 문제라!

Sultan

Oh, really?
오, 정말인가?

Jafar

(Unrolling a scroll) Right here. "If the princess has not chosen a husband by the appointed time, then the sultan shall choose for her."
(족자를 풀며) 바로 여기에요. "만일 약속된 시간에 왕자가 선정되지 않는 다면, 군주가 그녀를 대신에 선정하게 될 것입니다."

Sultan

But Jasmine hated all those suitors! How could I choose someone she hates?
하지만 Jasmine은 모든 구혼자들을 싫어하오! 그녀가 싫어하는 사람을 어떻게 내가 선정하겠소?

rf»   hang on to...=hold on to...: ...꼭 붙잡고 있다 liege: 군주

959   **Make way for me.**   나를 위해 길을 비켜라.

con»   **Marchers**

Make way for Prince Ali!

왕자 Ali를 위해 길을 비켜라!

Swordsmen

Say hey! It's Prince Ali!

이봐! 그분은 왕자 Ali이시다.

Major

Hey, clear the way in the old bazaar, Hey you, <u>let us through</u>, it's a bright new star, Now come, be the first on your block to meet his eye! <u>Make way, here he comes</u>. Ring bells, bang the drums. You're gonna love this guy.

이봐, 오래된 시장바닥을 말끔히 치워라, 이봐 당신들, <u>우리가 지나가게 해</u>, 이분은 밝게 빛나는 새로운 별님이시다. 자 와 당신의 무리로부터 그분의 눈과 마주칠 첫 번째 사람이 되거라! 길을 비켜라, <u>그가 오신다</u>. 종을 울리고, 북을 둥둥 울려라. 당신들은 이분을 사랑하게 될 거다.

exts»   brush up: 복습하다 coterie: 친구, 한패 horde: 약탈자의 무리 goon: 불량배 physique: 체격 hypnotizes: 최면 걸다

---

960   **I'm telling you.**   정말이요.

con»   **Genie**

When it comes to exotic type mammals, Has he got a zoo, I'm telling you. It's a world class menagerie! He's a wonder, he's a whiz, a wonder. He's about to pull my heart asunder. And I absolutely love the way he dresses!

이국풍의 포유동물에 대해 말할 것 같으면 그는 동물원을 가지고 있지, 정말이야. 그것은 세계적인 동물원이야. 그는 명수[달인]이죠. 불가사의한 사람이죠, 천재고. 그는 나의 심장을 조각조각 내려고 하오. 그리고 난 그가 입는 방식을 절대적으로 사랑하죠.

Chorous

He's got ninety-five white Persian monkeys! He's got the monkeys, let's see the monkeys! And to view them, he charges no fee! He's generous, so generous. He's got slaves, he's got servants and flunkies! (Proud to work for him) They <u>bow to his whim</u>, love serving him! They're just lousy with loyalty to Ali! Prince Ali!

그는 95마리의 페르시아 원숭이들을 가지고 있죠. 그는 원숭이들을 가지고 있다, 원숭이들을 보자! 그리고 그것들을 보기 위해 그는 어떠한 비용도 청구하지 않는다. 그는 관대하죠, 너무나 관대하죠. 그는 노예들을 가지고 있다, 그는 하인들을 가지고 있고, 제복 입은 고용인들을 가지고 있다! (그를 위해 일하는 것은 자랑스러운 일이야) 그들은 그의 변덕에 굴복하죠, 그에게 봉사하는 것을 즐기고요! 그들은 Ali에 대한 충성심으로 가득하죠. 왕자님 Ali!

rf≫   When it comes to+명사: ...대해 말하자면, 관해서라면

exts≫   humph: 흥 소리를 내다 brass: 금관악기 dryly: 냉담하게 gawk: 얼간이, 멍청하게 바라보다 grovel: 비굴하게 기어가다, 굴복하다 flunkey: 제복 입은 고용인[하인], 아첨꾼, 알랑쇠

---

961   Button up.   입 닥쳐.

syn≫   Zip it up.=Shut up!

con≫   **Jafar**

Sire, I must advise against this--
폐하, 이점에 대하여 충고하겠습니다.

Sultan

Oh, button up, Jafar. Learn to have a little fun.
오, 입 닥치시오. Jafar. 좀 즐기는 방법을 배우시오.

Jafarx

Just where did you say you were from?
어디로부터 왔다고 말했죠?

exts≫   dive-bomb: 급강하 폭격을 하다

962   I do seem to have a knack for it.

저는 그것에 대한 요령을 가지고 있는 것 같아요.

con»   **Sultanx**

Out of the way, I'm coming in to land. Jafar, watch this!
(He lands.)

비키시오, 앉기 위해 들어가고 있소. Jafar. 지켜보시오! (그가 앉는다)

Jafarx

Spectacular, your highness.

멋지네요, 폐하.

Sultanx

Ooh, lovely. Yes, I do seem to have a knack for it. (Carpet
walks over to Abu dizzily, then collapses. Abu catches
it.) This is a very impressive youth. And a prince as
well. (Whispers to Jafar) If we're lucky, you won't have
to marry Jasmine after all.

우, 멋지군. 그렇소, 난 그것에 대한 나만의 방법이 있소. (카페트가 Abu에게
로 현기증 나게 걸어간다. 그리고 붕괴한다. Abu가 그것을 잡는다.) 이 사람
은 매우 인상적인 젊은이구 또한 왕자이군. (Jafar에게 속삭인다.) 만약에 우
리가 운이 좋다면 당신은 결국 Jasmine과 결혼하지 못할 것이야.

Jafarx

I don't trust him, sire.

그를 믿지 못하겠습니다, 폐하.

Sultanx

Nonsense. One thing I pride myself on Jafar, I'm an
excellent judge of character.

당치 않소. Jafar에 대해 긍지 있게 생각하는 것 하나는 나는 훌륭한 인물 판
정가[감정가]요.

rf»   knack: 비결, 비법[요령](know how)

gr»   I do seem to have a knack for it: 이때의 '조동사 do'라는 동사 seem을 강조하는
표현이다. 이때 do를 '강조'하여 말한다. pride oneself on...=take pride in...=be
proud of...=make a boast of...=boast...: ...을 자랑스럽게 여기다

exts»   sire: 〈호칭 고어〉 폐하, 전하

con➤ **Sultan**

Jasmine will like this one!

Jasmine은 이것을 좋아할 거요.

Aladdin

And I'm pretty sure I'll like Princess Jasmine!

그리고 저도 Jasmine공주가 좋아할 거라고 확신해요.

Jafar

Your highness, no. I must intercede <u>on Jasmine's behalf</u>. This boy is no different than the others. What makes him think he is worthy of the princess?

폐하, 아니요. 제가 Jasmine을 위해 중재하겠습니다. 이 소년은 다른 소년들과 전혀 다르지 않아요. 왜 그가 그렇게 공주님에게 가치 있다고 생각하는 거예요?

Aladdin

Your majesty, I am Prince Ali Ababwa! (He pricks Jafar's goatee, which springs out in all directions.) Just let her meet me. I will win your daughter!

폐하, 전 왕자 Ali Ababwa입니다! (그가 Jafar의 염소수염을 찌른다, 그러자 그것이 모든 방향으로 퍼져나간다.) 나를 만나게 해주세요. 전 폐하의 딸을 얻겠습니다.

Jasmine

<u>How dare you</u>! (They all look at her surprised.) All of you, standing around deciding my future? I am not a prize to be won! (She storms out.)

어찌 감히 네가! (그들은 놀란 채로 그녀를 본다. 당신 모두가 나의 미래를 결정하기 위해 모여 있는 거요? 나는 획득되기 위한 상금이 아니란 말이에요.

Sultan

Oh, dear. Don't worry, Prince Ali. Just give Jasmine time to cool down. (They exit.)

오, 이런.. 걱정말아요, Ali 왕자님. Jasmine공주에게 냉정해질 시간을 주세요.

gr➤ on[in] one's behalf=on behalf of...: ...대신해서, ...위하여

964 Hey, that's the last thing I want to be.

이봐, 그것은 내가 되기를 결코 원하지 않는 것이야.

con»

Aladdin

What?

무엇이라고?

Genie

(Back to normal, wearing a mortarboard. He points out his words on a blackboard) Tell her the... TRUTH!

(정상으로 돌아오며, 사각모를 쓰고 있다. 그는 칠판에 써있는 그의 말들을 지칭한다) 그녀에게 진실을 말하시오!

Aladdin

No way! If Jasmine found out I was really some crummy street rat, she'd laugh at me.

절대 안돼요! 만약에 Jasmine이 내가 지저분한 부랑자라는 것을 알게 된다면, 그녀는 나를 비웃을 거예요.

Genie

A woman appreciates a man who can make her laugh! Al, all joking aside, you really oughtta be yourself.

여성은 그녀를 웃게 만드는 남성을 좋아한다. Al, 모든 웃음을 주는 것은 집 어치고, 당신은 당신다워야 해요.

Aladdin

Hey, that's the last thing I want to be. Okay, I'm gonna go see her. I gotta be smooth, cool, confident. How do I look?

이봐요, 그것이 정말로 내가 되기를 원하지 않는 것이요. 좋아요, 그녀를 만나볼 게요. 전 부드럽고, 냉정하고, 자신있어야만 해죠. 어떻게 보여요?

rf» ...aside=aside from=apart from: ...은 제외하고, ...은 별개로 치고

exts» squish: 꾸겨놓다, 쑤셔놓다 squirt: 분출하다 peel: 껍질 move: 〈게임〉 장기의 이동 sparky: 활발한 Do ya follow me?: 내말 알아들어요?

965 Do I know you?

제가 전에 뵈었나요?

syn» Have we met before?

con» **Jasmine**

Wait, wait. Do I know you?
잠깐만, 전에 뵙던가요?

Aladdin

(Quickly replaces his turban) Uh, no, no.
잽싸게 그에 두건을 대체한다) 어, 아니요, 아니요.

Jasmine

You remind me of someone I met in the marketplace.
당신은 시장 속에서 만났던 그 사람 같은데요.

Aladdin

The marketplace? I have servants that go to the
marketplace for me. Why I even have servants who go
to the marketplace for my servants, so it couldn't have
been me you met.
시장이라고? 전 나를 대신해 장보러가는 하인들이 있소. 왜 내가 하인들을 위
해 시장에 가는 하인들을 가지고 있겠소? 그 사람이 당신이 만난 나였을리가
없소.

gr» remind A of B: A에게 B를 상기시키다

ex» You remind me of my old teacher.: 당신은 나에게 나의 옛 선생님을
상기시킨다[생각나게 한다].

gr» could not have pp: ...했을 리가[였을 리가] 없다

exts» Just leave me alone.: 나를 그저 내버려 두세요. beau: 미남 buzz: 벌이 윙윙거리다,
소란 떨다

966 every other stuffed shirt.

하나 건너 뽐내는 사람[잘난 체 하는 사람]

con» **Jasmine**

Right, a prince like you. And every other stuffed shirt,
swaggering, peacock I've met! Just go jump off a
balcony! (She turns and walks away)
좋소. 당신같은 왕자. 그리고 하나 걸러 잘난체하는 사람은 뽐내며 걷지요, 내
가 만났던 공작처럼요. 발코니를 뛰어넘으세요! (그녀는 뒤돌아 걸어나간다)

Aladdin

What?

무엇이라고?

Bee

Stop her! Stop her! Do you want me to sting her?

그녀를 막으세요. 그녀를 막으세요. 당신은 내가 그녀를 톡 쏘기를 원해요?

Aladdin

(Swats at bee) Buzz off!

(벌을 탁 때린다) 꺼져라!

Bee

Okay, fine. But remember-bee yourself! (Bee buzzes into his turban)

좋아요, 좋소. 하지만 명심하시오-당신자신도 벌이 될 거요. (벌이 윙윙거리며 그의 두건 속으로 들어간다.)

gr» every other+단수 명사(A) =every second+단수 명사(A)=every two+복수명사(A): 하나 걸러 (A)

ex» every other day=every second day=every two days: 하루 걸른 날, 이틀에 한 번

exts» ledge: 선반, 바위 턱 somersault: 공중제비 flip: 확 던지다, 튀기다 goggles: 먼지 막는 안경

---

967   I'm afraid you've worn out your welcome.

당신의 환영을 다 써버리게 될까 우려가 돼요.

sit» 지나치게 함께 있는 시간이 오래 머물러 있어(overstay) 오히려 부담을 주게 되는 경우에 쓰인다.

con» **Jafar**

 I'm afraid you've worn out your welcome, Prince Abooboo. (Walks away.) Make sure he's never found.

당신의 환영을 다 써버리게 될까 우려가 돼요, Abooboo 왕자님. (퇴장한다) 그가 결코 발견되지 않았는지 확인하시오.

Genie

Never fails. Get in the bath and there's a rub at the lamp. (Squeaks the duck) Hello. (Sees unconscious Aladdin) Al? Al! Kid. You can't cheat on this one! I can't help you unless you make a wish. You have to say "Genie I want you to save my life." Got it? Okay. C'mon Aladdin!! I'll take that as a yes. Wooga! Wooga! (Turns into a submarine.) Up scope! Don't you scare me like that!

반드시 그렇겠소. 목욕탕으로 들어가시오 램프에 타올이 있죠. (오리소리를 낸다) 안녕. (의식이 없는 Aladdin을 본다) Al? Al! 젊은이, 당신은 나를 속일 수 없소! 당신이 소원을 만들지 않는다면 도울 수가 없소. 당신은 'Genie 난 당신이 나의 목숨을 구해주기를 바라오.'라고 말해야만 해요. 알아들었소? 좋아요. 자 Aladdin!! 난 그것을 승낙으로 간주하겠소. 우가! 우가! (잠수함으로 변한다) 출구 위를 잘 보시오! 당신은 나를 그처럼 무서워하오?

Aladdin

Genie, I-uh, I-uh...(He can't think of how to say it, so they just hug each other.) Thanks, Genie.

Genie, 난-어, 난-어...(그는 어떻게 말해야 할지 모른다, 그러므로 그들은 껴안는다.) 고맙소, Genie.

Genie

Oh, Al. I'm gettin' kind of fond of you, kid.

오, Al. 난 다소 당신을 좋아하게 되는군요.

exts» Snap out of it!: 기운을 내라! shackle: 족쇄 knot: 매듭 coughs the water out of his lungs: 그가 기침하여 허파로부터 물을 토해내다 giant water spout: 거대한 물 분수(오름), 풋내기 slump: 쿵 떨어지다(thud). flick: 가볍게 휙 치다 cuddle: 서로 껴안다 I can't go back to where I used to be!: 나는 있던 장소로 돌아가지 못한다.

---

968   We gotta get outta here!   우린 여기로부터 빠져나가야만 해요!

con»   **Iago**

We gotta get outta here! We gotta get- I gotta start packing, your highness. Only essentials. Travel light! Bring the guns, the weapons, the knives and how about this picture? I don't know- I think I'm making a weird face in it. Oh, boy- he's gone nuts. He's cracked. Jafar? Jafar? Get a grip, Jafar! Good grip!

이곳을 빠져나가야 해요! 우리는 ... 짐을 꾸리기 시작해야요, 폐하. 단지 필요한 것들만. 여행용 불, 총과 무기, 칼 그리고 이 그림에 대해선 어떻게 생각하오? 모르겠소- 난 그 속에 이상한 얼굴을 만들고 있다고 생각하오. 오, 이런- 그는 미쳤소. 그는 불안해하오[기운이 떨어졌소]. Jafar? Jafar? 꽉 잡으라고, Jafar! 꽉잡아!

Jafara

Prince Ali is nothing more than that ragged urchin Aladdin. He has the lamp, Iago.

왕자님 Ali는 단지 남루하고 장난꾸러기 Aladdin에 불과하오, Iago.

gr» We gotta get outta here!는 구어적 표현으로 We've got to get out of here!를 빠르게 말하는 표현이다.

exts» vial: 유리병 go nuts=go bananas: 미치다, 몹시 화가 나다

---

969 **What if they find out I'm not really a prince?**

내가 정말로 왕자가 아니라는 것을 안다면 무슨 일이 일어날까?

---

con» **Aladdin**

I'm serious. Look, I'm sorry- I really am. But they want to make me sultan- no!. They want to make Prince Ali sultan. Without you, I'm just Aladdin.

진짜요. 보시오, 죄송해요- 난 정말로. 하지만 그들은 나를 군주로 만들기를 원하오- 아니요! 그들은 왕자 Ali를 군주로 만들기를 원하오. 당신 없이는, 난 단 Aladdin에 불과하오.

Genie

Al, you won!

Al, 당신이 이겼소.

Aladdin

Because of you! The only reason anyone thinks I'm anything is because of you. <u>What if they find out I'm not really a prince?</u> (Quietly) What if Jasmine finds out? I'll lose her. Genie, <u>I can't keep this up on my own.</u> I can't wish you free.

당신 때문에! 내가 어느 것이라고 어느 누구라도 생각하는 유일한 이유는 당신 때문이오. <u>내가 정말로 왕자가 아니라는 것을 그들이 안다면 무슨 일이 일어나겠소?</u> (조용하게) Jasmine이 알게 된다면 어떻겠소? 난 그녀를 잃게될 거요. Genie, 난 혼자 이것을 계속 견디어 낼 수가 없소. 난 당신이 자유로워지는 것을 바랄 수가 없소.

Genie

(Sarcastically) Hey, I understand. After all, you've lied to everyone else. Hey, I was beginning to feel left out. Now, if you'll excuse me, master. (He says the last word in disgust, then <u>poofs back into the lamp.</u>)

(냉소적으로) 이봐요, 이해해요. 결국, 당신은 그밖의 모든 사람에게 거짓말을 해왔어요. 이봐요, 저는 왕따당하는 기분을 느끼기 시작했어요. 지금 주인님이 저에게 봐요, 저는 왕따당하는 기분을 느끼기 시작했어요. 지금 주인님이 저에게 변명[사과]한다 할지라도 (그는 낙담하여 마지막 말을 하고 <u>다시 램프 속으로 획하고 사라진다.</u>)

exts» spout: 주전자 주둥이 beak: 부리(bill). stilt: 竹馬

970 On a scale of one to ten, you are an eleven!

1부터 10까지 눈금에선 당신은 11이에요!

con»   Iago

Ya got a problem, pinky? Boy, Jafar's gonna be happy
to see you! Good work, Iago! (Normal) Ah, go on. (Jafar)
No, really- <u>on a scale of one to ten, you are an eleven</u>!
(Normal) Ah, Jafar- you're too kind. I'm embarrassed, I'
m blushing. (He flies away with the lamp.)

당신 고민거리가 있죠? 이런, Jafar가 당신을 보면 기뻐할 거요! 잘했소, Iago
(정상으로 돌아오며) 아, 어렵소. (Jafar) 아니요, 정말로 - 1부터 10까지의 눈
금에선 당신은 11이요! (정상으로 돌아오며) 아, Jafar- 당신은 너무 친절하오.
난 당황했소, 난 창피하오. (그는 램프 속으로 날아가 사라진다.)

Sultan

People of Agrabah, My daughter has finally chosen a
suitor!

Agrabah의 사람들, 나의 딸이 마침내 한 구혼자를 선택했소!

Aladdin

Jasmine?

Jasmine?

Jasmine

Ali, where have you been?

Ali, 어디 있었어요?

Aladdin

There's something I've got to tell you.

당신께 할 중요한 말이 있어요.

exts»   stretching his face: 그의 얼굴을 펴며 make a straight face: 정색을 하다 turn out:
모여 들다

971 Get your hands off her!   그녀로부터 손 떼시오.

con»   Aladdin

(off-camera) Jafar! <u>Get your hands off her</u>! (Jafar zaps
Aladdin. Carpet flies away.)

(카메라로부터 떨어져) Jafar! 그녀로부터 떨어지시오! (Jafar가 잽싸게
Aladdin에게 달려간다. 카펫이 날아버린다.)

251

Jafar

Prince Ali. Yes, it is he, But not as you know him. Read my lips and <u>come to grips</u>. With reality Yes, meet a blast from your past. Whose lies were too good to last. Say hello to your precious Prince Ali!

Ali왕자님. 그렇소, 그가 그 사람이며, 하지만 당신이 알고 있는 그런 사람이 아닙니다. 나의 입술을 보고 <u>이해하시오</u>. 정말로 그렇습니다. 당신의 과거로 부터 오는 광풍을 맞이하시오. 당신의 거짓말은 오래 지속될 만큼 그렇게 좋지 않소. 당신의 귀중한 왕자님 Ali께 안부인사 전하시오!

Iago

Or should we say Aladdin?

그렇지 않으면 우리가 Aladdin을 말해야합니까?

Aladdin

Jasmine, I tried to tell you.

Jasmine, 당신께 말하고자 했었어.

Jafar

So Ali turns out to be merely Aladdin just a con, need I go on? Take it from me. His personality flaws. Give me adequate cause. To send him packing on a one-way trip. So his prospects take a terminal dip. His assets frozen, the venue chosen. Is the ends of the earth, whoopee! So long.

그러므로 Ali는 단지 범죄자로 판명되었지. 계속 말할 필요가 있나요? 그를 나로부터 데려가시오. 그의 인격은 손상되었소. 나에게 적절한 명분을 주시오. 그를 일방 여행으로 포장하여 보내도록 말이요. 그렇게 되면 그의 장래는 깊은 수렁에 빠질 것이요. 그의 재산은 동결되고, 그의 재판지는 선택될 것이요. 지구의 마지막이라니! 우! 안녕!

exts» marionette: 꼭두각시 pipsqueak: 벼락출세한 사람 playbill: 연극 프로그램 vile: 비열한 betrayer: 배신자 finders-keepers: 발견한 사람이 임자다 cower: 움츠리다 sorcerer: 마법사

---

972 Don't talk back to me.　　　　　　　말대꾸하지 마.

syn» Don't answer back to me.

con» **Jafar**

Don't talk back to me, you stupid blue lout! You will do what I order you to do, slave!

나에게 말대꾸하지 마, 넌 어리석은 촌뜨기에 불과해! 당신은 내가 명령한 것처럼 하게 될 거야, 노예놈아!

Jasmine

(She stands and puts the crown on her head.) Jafar! I never realized how incredibly handsome you are.

(그녀는 일어나 왕관을 그녀에게 씌운다.) Jafar! 난 당신이 얼마나 핸썸한 지 결코 알지 못했어. (The Genie's jaw drops.)(Genie의 턱이 딸 벌어진다.)

Jafar

That's better. (He pulls the Genie's jaw up like a shade. Now, pussycat, tell me more about...myself.

더 좋아. (그가 Genie의 턱을 채양처럼 위로 잡아 뺀다.) 자, 호남아, 나에게 좀 더 말해라고 ...나에 대해서.)

Jasmine

You're tall, well dressed...

당신은 키가 크고, 잘 빼입었고...

exts» senor: 님 psychopath: 정신병자

---

973   **Your time is up!**   시간 다 됐어!

con» **Jafar**

Ah, ah, ah, princess- <u>Your time is up</u>! (Sand begins to fall from the top onto her.)

아, 아, 아, 공주님- 당신의 시간이 다 됐어!(모래가 꼭대기로부터 그녀 위로 떨어지기 시작한다.)

Aladdin

Jasmine!

재스민!

Iago

Oh, nice shot, Jaf. (he is knocked out by Abu.) (Abu rushes for the lamp.)

요, 잘 쳤어, Jaf-- (그는 Abu에 의해 맞아 쓰러진다.) (Abu가 램프를 갖기 위해 돌진한다.)

Jafar

Don't toy with me! (He's zapped into a toy monkey.)

나를 가지고 장난치지 마시오! (그는 잽싸게 장난감 원숭이 속으로 들어간다.)

Aladin

Abu!

Abu!

exts» mess with...=play with...=toy with...: ...장난치다

974 **You're nothing.**   당신은 별 볼일 없는 존재야.

con» **Iago**

(with Genie coming up behind him) Squeeze him,
Jafar- Squeeze him like a- awk! (Genie elbows him out
of the way)

(Genie가 그의 등뒤로 다가오며) 그를 밀쳐내, Jafar- 그를 밀쳐내 이- 처럼!
(Genie가 팔꿈치로 방해되지 않게 그를 밀쳐내다.)

Jafar

Without the genie, boy, you're nothing!

Genie가 없다면, 이봐, 당신은 별볼일 없는 존재야.

Aladdin

(has an idea) The genie! The genie! The genie has more
power than you'll ever have!

(생각이 있다며) 바로 그 Genie! 바로 그 Genie! 바로 그 Genie가 당신이
갖게 될 것보다 더 많은 힘을 가지고 있다고.

Jafar

What!

뭐라고!

Aladdin

He gave you your power, he can take it away!

그가 당신에게 당 신의 힘을 주었지, 때문에 그는 그것을 빼앗을 수 있다구!

exts»   pennant: 우승기, 길고 협소한 끈 pennant with a 'J' on it: 'J'가 새겨진 응원기

975   I've got to stop pretending to be something I'm not.

내가 아닌 무엇인 양 하는 것을 더 이상 하지 말아야만 해요.

con»   **Aladdin**

Jasmine, I'm sorry I lied to you about being a prince.

Jasmine, 내가 왕자라고 거짓말해 죄송해요.

Jasmine

I know why you did.

알고 있어요.

Aladdin

Well, I guess... this... is goodbye?

글쎄, 제가 생각하기에는 안녕해야...?

Jasmine

Oh, that stupid, law. This isn't fair--I love you.

오, 어리석은. 법같으니라구. 이건 불공평해요--당신을 사랑해요.

Genie

(wipes away a tear) Al, no problem. You've still got one wish left. Just say the word and you're a prince again.

(눈물을 닦으며) Al, 괜찮아요. 당신은 한 가지 소원이 남아 있지요. 그 소원을 말하세요 그러면 다시 왕자가 될 거에요.

Aladdin

But Genie, what about your freedom?

하지만 Genie, 당신의 자유는 어떻게 하구요?

Genie

Hey, it's only an eternity of servitude. This is love. (He leans down next to her.) Al, you're not gonna find another girl like her in a million years. Believe me, I know. I've looked.

이봐요, 그것은 단지 노예의 영원한 근성에 불과해요. 이것이야말로 사랑이요. (그가 그녀 옆에 기댄다.) Al, 영원히 그녀 같은 또 다른 여자를 발견하지 못할 거요. 저를 믿어주세요. 나는 알고 있죠, 난 쭉 봐왔으니까요.

Aladdin

Jasmine, I do love you, but <u>I've got to stop pretending to be something I'm not</u>.

Jasmine. 당신을 사랑해요, 하지만 <u>아닌 그 무엇인 체하는 것을 더 이젠 그만 두어야 해요</u>.

Jasmine

I understand.

이해해요.

255

(They take one final look into each other's eyes, then Aladdin turns to the Genie.)

(그들은 상대방의 눈을 마지막 바라본 다음, 그리고 Aladdin이 Genie쪽으로 등을 돌린다.)

Aladdin

Genie, I wish for your freedom.

Genie, 난 당신의 자유를 원하오.

gr»   I've got to는 I have got to이다. 하지만 실제 구어체 발음에선 've'가 잘 들리지 않아 I got to처럼 들린다.

rf»   have got to=have to=must

exts»   phenomenal cosmic powers!: 멋있는 질서있는 힘! moron: 정신박약자 wind up: 팔을 감아올리다 bona fide(라틴말)=in good faith: 진실한 pedigree: 혈통

 **Shrek**

976   Well, find a way to entertain yourself.

그럼 제발 혼자 좀 놀아.

---

con»   **Narrator**

 They are coming soon to a theater near you.
그들은 당신 가까이에 있는 극장에 곧 가게 될 거요.

Donkey

This is taking forever.
왜 이렇게 먼 가야.

Shrek

Well, find a way to entertain yourself.
그럼 제발 혼자 좀 놀아.

gr»   This is taking forever.: 이것은 (가는데) 영원한 시간이 걸리고 있다[왜 이렇게 먼 거야].

exts»   You work in that dress.=You look great in that dress.=You go well with that dress.: 당신은 그 옷에 어울린다(That dress looks good on you).

977   I want some of that goodness to rub off on me.

난 이런 미덕의 일부가 나에게 영향을 주면 합니다.

con» **Tad**

I'm Tad
전 Tad입니다.

Grace

Hi!
안녕!

Rosalee

I can't believe you're here.
당신이 여기 있다니 믿어지지 않아요.

Tad

I want some of that goodness to rub off on me.
난 이런 미덕의 일부가 나에게 영향을 주기를 바랍니다. (여기에서는 '당신에게서 착한 점을 배우고 싶어요'라는 뜻)

exts»   I bet so.: 내기해도 좋아(자신 있어). boy next door: 친근감 주는 남자 retainer: 치아 보정기(brace). rub off on ...: ...에게 영향을 주다 resemble=take after...: ...를 닮다 farm chores: 농사의 허드렛일

---

978 **You're out.** 당신은 해고야.

con» **Band Leader**

 We're taking the battle of the bands seriously this year.
이번 밴드 경연대회에 우린 정말 잘해야 해.

Dewey

Good, 'cause I need the money.
좋지, 난 돈이 필요하거든.

Band Leader

You're out.
넌 제외야.

Dewey

You know what? I'm gonna form my own band, and we are gonna start a revolution. Come on, man
두고 봐, 난 밴드를 결성할거야. 뭔가를 확실히 보여주겠어. 잘 생각해 봐.

exts» start a revolution: 예전과는 다른 무언가를 보여주다 temp[orary]: 임시업무(하는 사람) sub[sidiary]: 보조교사, prep[aratory school]: 사립 초중등학교 hangover: 숙취 field trip: 야외 실습

Cold Mountain

979   Smith's always, always in my mind.

난 Smith를 결코 잊지 못해요.

con»

Woman 1

Is she waiting for ya?
그녀가 당신을 기다리고 있어요?

Inman

She is the place I'm heading.
그녀는 내가 의지할 곳이에요.

Ada

He's always, always in my mind.
그를 난 결코 잊지 못해요.

Inman

The way you felt under my hands when I pulled you to me... That kiss.
내가 당신을 끌었을 때 당신이 느끼던 그 느낌... 그 키스.

exts»   turn around: 돌다 always in one's mind: 늘 ...의 마음에 (품고) 있는

ex»   play ground in my mind: 마음속에 있는 놀이터

980   **They set me on fire.**   그들이 나를 괴롭히잖아.

syn»   They teased me.=They harassed me.=They pick me on.

con»   **Nora**

They were welcoming you into the family.

모두 널 환영하고 있어.

Hank

They set me on fire! It's like I can run from me, but I can't hide from me.

그들이 나를 괴롭히고 있어! 도망칠 수는 있지만, 나를 숨길 수는 없어.

exts»   a bundle of...: 한 묶음의, 한 다발의(a buch of). a whole lot: 훨씬

 **Simone**

981 Why do you have to bring that up? 왜 그 얘길 꺼내는 거야?

sit» 전혀 기대하지 않았는데 갑자기 어떤 일을 생뚱맞게 꺼낼 때 하는 말이다.

con» **Narrator**

This summer.
금년 여름.

Simone

You are gonna get in a lot of trouble, Mr. Taransky.
당신 힘들어질 거예요 Taransky 씨.

Taransky

Why do you have to bring that up?
왜 그 얘길 꺼내는 거야?

exts» bring up: 양육하다, 문제를 제기하다

982 **This school is home to 1,000 students.**

이 학교는 학생수가 1,000명이다.

sit» home to...하면 '...의 집이다'라는 뜻이다.

con» **Principal**

I'd like to make an announcement. Hogwarts castle is not only going to be your home this year, but home to some very special guests as well. please welcome our friends from North, the proud sons of Durmstrang. And now the lovely lad,ies, the beauxbatons.

알려드립니다. Hogwarts castle은 이번 해는 여러분 외에도 매우 특별한 손님들을 맞이하게 되었습니다. 북쪽 친구들을 환영해 주시기 바랍니다. 덤스트랭의 용감한 남아들입니다. 보바통의 사랑스러운 숙녀들입니다.

Harry Potter

I was just wondering if maybe you wanted to go to the ball with me.

크리스마스 무도회에 내 파트너 되어 주겠니?

exts» ball: 무도회 fraternize: 친목을 도모하다 be known to...: ...에 알려져 있다.
cf» be known by...: ...의해 분별할 수 있다 be (well) known for...: ...유명하다

983   This studio is just a month-to-month sublet.

이 원룸은 다달이 세를 냅니다.

con»   **Real estate agent**

It's just a month-to-month sublet. Some kinds of support in the school.

다달이 세를 냅니다. 학교에 약간의 지원 있지.

Elizabeth

What are you doing?

뭐하는 것이야?

David

Hello?

여보세요?

Man 1

So what kind of encounter did you have?

최근에 우연한 만남을 가진 적이 있죠?

David

Encounter?

우연한 만남?

Elizabeth

There's nothing worth stealing there.

훔칠만한 것이 없죠, 여긴.

rf»   sublet: 세, 하청, 월세, 세를 다시 세놓다 rub it in: 되풀이하다 상기시키다 here: 현세, hereafter: 내세

exts»   I'll have you know.: 알려주겠다(I'll let you know).

984 **What did you do to the lights?**   조명을 어떻게 한 거야?

sit» '조명에 무슨 일을 한 거야?'이지만 잘 새겨서 이해해야 한다.

con» **Air Marshall**

Why didn't anybody see her?
왜 아무도 그녀[따님]를 모르는가?

Kyle

I don't know. My daughter is alive.
몰라요. 내 딸은 살아 있죠.

Air Marshall

What did you do to the lights?
조명을 어떻게 한 거야?

Captain

Where is she?
그녀 어딨어?

exts» brand-new: 신품의 happen to see: 우연히 만나다 galley: (배, 항공기내) 요리실
gr» remember ...ing: ...(과거) 한 것을 기억하다 remember to+동.원: ...(미래) 할 것을
기억하다

985 We think the porter may be in on it.

그 짐꾼도 엮인 문제인 것 같긴 한데.

con» **Police 1**

We don't know who were dealing with. We think porter may be in on it.
우리는 상대가 누구인지도 모르는 상태야. 그 짐꾼도 엮인 문제인 것 같기는 한데.

Audrey Billings

That's impossible. Now.
불가능한 일이야. 이제.

Mr. Billings

He could have been setting us up the whole time and you wouldn't have known any difference.
그 녀석이 우리를 내내 가지고 놀아났을 수도 있어. 당신이 눈치 채지 못했을 뿐이고.

rf» be in on...=be involved in...: ...연루되다

exts» I'm listening.: 듣고 있어요, 계속하세요. Nothing is ever what it seems.: 어떤 것도 보이는 것과 같지 않다.

986   Wouldn't it be something?

그거 대단하지 않아? 기분 좋지 않겠니?

sit» something하면 어떤 일이란 뜻 외에, '대단한 일, 특별한 일, 중요한 일[사람]'이란 뜻이 있다. 이 상황에선 특별한 일이란 뜻이 좋겠다.

con» **Reporter**

Five golden tickets have been hidden underneath the wrapping paper of five ordinary Wonka bars.
다섯 장의 황금 티켓이 다섯 개의 Wonka 초콜렛바 밑에 숨겨져 있습니다.

Granpa Joe

Wouldn't it be something? Charlie, to open a bar of candy and find a golden ticket?
초코렛바 포장 속에 황금 티켓이 나온다면 기분이 좋지 않겠니? Charlie.

Charlie

But I only get one bar a day.
하지만 저는 하루에 하나면 먹는데요.

exts» I don't care.: 신경 쓰지 않아 Back off, you little freaks!: 꺼져 이 꼬마 괴물아!
Let's boogie.: 급히 진행 합시다.

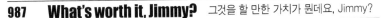
987 **What's worth it, Jimmy?** 그것을 할 만한 가치가 뭔데요, Jimmy?

sit» worth+...ing 또는 worth+명사[금액]: ...할 가치가 있다, ...의 가치가 있다

con» **Max**

It's not joke, pal. People love in fair tales all the time.
그것은 농담이 아니야, 친구. 동화 속의 사람들도 항상 사랑을 하거든.

May

What's worth, Jimmy? What's worth?
도대체 뭘 위하여요 Jimmy? 꼭 이렇게 해야 하나요?

Jimmy

I have to believe I got some kind of say over our lives.
When things are wrong, we can do something about it
... make things better for our family.
난 우리 식구에 대한 결정권이 있다고 믿을 수 밖에. 상황이 그릇되면 뭔가를
할 수 있을 거야 ... 우리의 가족을 위해 일들이 잘되게 하기 위하여.

May

I'm alway behind you.
늘 당신 편이에요.

exts» arthritic: 관절염의 I'm through.: 난 끝장이다. say: 여보세요, 결정권, 예를 들자면
from the inside out: 안으로부터 밖에까지 (완전히)

988 　hit an all time low　지금까지 중 최저치를 기록하다, 곤두박질을 하다

sit»　'주식이나 날씨' 등 숫자와 관련된 통계에 '지금까지 중 최저치를 기록하다'라
　는 뜻이고, 의미를 확장하여 '곤두박질치다'라는 뜻이 된다.

con»　**Man 1**

　Just when his carrer, Shirpa! hit an all time low, Movie
star, Jack Wyatt, is getting one last shot.
그의 명성이 Shirpa! 지금까지 가장 바닥으로 곤두박질치고 있을 때 배우
Jack Wyatt가 마지막 기회를 잡는다.

Man 2

It's bewitched. We're redoing it.
요술쟁이예요. 리메이크할 예정이에요.

Man 3

A couple of big names are available for Samantha.
사만다를 할만한 대단한 몇 스타들이에요.

Man 1

I want an unknown in the lead.
이름 없는 배우를 찾아봐.

exts»　big names: 거물급 인사[스타] wiggle: 좌우로 이동하다. jiggle: 좌우로 끄덕거리다
　hex: 요술, 마술 Trick or treat.: 속임수를 당하든가 아니면 뭔가(선물 내지는 먹을
　것)를 주든가 하세요. (할로인 때 아이들이 이웃집들을 방문하여 문밖으로부터
　뭔가를 달라고 할 때 하는 말.)

989 The thing is you're not a head of Ads Sales anymore, Cater Duryea is.

문제는 더 이상 당신이 홍보부장이 아니라는 거지, 커터 두리아 씨가 맡게 됐어.

sit» The thing...: 문장 앞에 나와 문장의 '요지는...', '내가 말하고자 하는 요지는...'이란 뜻이다.

syn» The fact ... =The point ...=The reality...

con» **Man 1**

Are you going to Sports America offices?
스포츠 아메리카 사무실에 갑니까?

Woman 1

Yeah, my dad works there.
그래요, 아빠가 그곳에서 일하거든요.

Man 2

Are you saying I'm fired?
내가 해고당했다는 말입니까?

Man 3

No, no, not yet. <u>The thing is you are not a head of Ads Sales anymore, Cater Duryea is.</u>
아니, 지금까지는 아니죠. 문제는 더 이상 당신이 홍보부장이 아니라는 거지. 커터 두리아씨가 맡게 됐어.

Woman 1

Are you interning there?
인턴으로 일하고 있는가요?

exts» wingman: 비상시 대장 호위맨 be swamped at...: ...에 휩쓸리다, ... 빠져 허우적거리다 leech into...: ...달라붙어 떨어지지 않다 bizarrely: 기괴하게 foxhole: 은신처(haven), 피난처, 참호 hot bed: 온상

990 You've been cheating on me.

당신은 나를 속여 왔습니다(나 몰래 바람을 피워왔습니다).

---

con» **Lloyd**

Son of a ..., Pierce Brosnan, Salma Heyek, Woody Harrelson, Don Cheadle...

제기랄 ..., Pierce Brosnan, Salma Heyek, Woody Harrelson, Don Cheadle...

Cirillo

You've been cheating on me ... with diamond.

당신은 나를 속여왔지요. 다이아몬드를 가지고.

Burdett

The only way to rid yourself of temptation is to yield to it.

당신 자신을 유혹에서 이겨내는 유일한 방법은 당신 자신을 유혹에 맡기는 거야.

---

gr» have been ...ing: 현재완료 진행형(과거부터 현재까지 ...행해오고 있다 ← 현재완료의 강조형) rid A of B: A에게서 B를 제거하다

exts» We went out at the top of our game.: 한 참 물이 오를 때 그만했지. bribe: 매수하다

---

991 **Heads up.** 조심하는 게 좋아.

con»

Beck

Let's go.
가자.

Travis

Heads up. Look like a little bird up there. Cukah, cukah!
조심해. 저기 있는 작은 새처럼 보이는데. 짹, 짹.

Beck

Shut up!
닥쳐!

exts» I wipe your slate clean.: 너의 과거를 깨끗이 지워줄게.

rf» slate: 점판암, 경력 weasel: 족제비 if only...: 만약 ...한다면야 trinket: 자질구레한 장신구, 하찮은 것 You got the moves.: 당신은 움직임이 날렵하군(You are agile).

992　I expect nothing less than perfection.

난 오로지 완벽만을 기대해.

con» **Man 1**

 When I'm down here, things just look so dxifferent, as opposed to being up there, you know?

땅에선 모든 것이 달라 보여. 비행하고 있을 때 영 딴판이니 말이야.

Man 2

You are pilot of navy. I expect nothing less than perfection.

자넨 해군 조종사요. 오로지 완벽한 것만을 기대해.

Woman

Gotcha.

잡았다.

Man 1

That's how you do it.

이게 네 방식이군.

rf» as opposed to...: ...와는 반대로, ...와는 달리 nothing less than=nothing more than=no more than=only: 단지

exts» alternative: 대안(의)]

273

con»   **Man**

What the heck is this? Fun and games. Doesn't any body work around here anymore? It was the night precinct **13** was supposed to close its doors forever. No offense, officer, but we're closing down. We're short staffed.

젠장 이게 뭐야? 웃기지도 않는구만(반어적 표현) 이 근방에 일하는 어떤 사람도 없나 보군? 13구내가 영원히 폐쇄하기로 되었던 것은 바로 그날 밤이었던 거야. 화내지 마세요, 경관. 여긴 곧 폐쇄될 겁니다. 우린 인력이 부족하거든요.

Officer

Suit yourself. We park here overnight until the morning breaks.

마음껏 하세요. 동이 틀 때까지 이곳에 밤새껏 머물라는 지시가 있었습니다.

gr»   be supposed to+동.원: 1)...하기로 되어있다 2)...해야 한다 3)...하리가 생각되다

exts»   short staffed: 일력이 모자라는 freak: 마약 범죄자, 미친놈 make it through: 무사히 통과시키다]

994   I don't want to rain on your crazy parade, buddy.

네 생각에 찬물을 끼얹고 싶지 않아, 친구.

con»   **Man 1**

But you are a hundred to one there's a tool kit in there.
저쪽 어딘가에 연장이 있을 거야, 장담하지.

Man 2

I don't want to rain on your crazy parade, buddy. - but I
think we can fix this thing. Sahara.

네 생각에 찬물을 끼얹고 싶지 않아, 친구. - 하지만 이걸 고칠 수 있을 거라고
생각해. Sahara.

Man

Where are you going?
어디 가는 거야?

cf»   throw a wet blanket[damper]=rain one's day=rain on one's parade: 찬물을
끼얹다

exts»   a hundred to one: 확실히 I get the check.: 내가 낼께(Let me pick up the
tab=It's my turn). The problem is mine.: 내가 해결할게. that shit: 저 따위 (약간
고상한 표현은 that stuff). a tool kit: 연장 한 벌

995 You and I will take on Jack and Rose.

너와 내가 Jack과 Rose가 각각 같은 편 합시다.

con» **Greg Focker**

 Guys, come on, come on, cut it out. Trust me your father is very worried there's gonna be a chink in the chain.

제발 그만하세요. 당신 아버지는 우리 때문에 사슬에 구멍이 날 까봐 걱정하고 있어요.

Father

Tina! You and I will take on Jack and Rose. Come on Jack it'll be fun. We'll swap wives.

Tina! 너와 내가 Jack과 Rose와 각각 같은 편 합시다. 자 Jack 그것은 재미있을 거예요. 우린 아내들을 맞바꿀 거예요.

cf» play sides: 편을 짜 경기하다

exts» chink: 구멍, 빈틈 ice breaker: 긴장이나 어색한 분위기를 제거해주는 사람 9th place ribbon: 9등상의 리본 cut it out: 잘라내다, 그만두다 take on: ...을 띠다, 취하다 상대방과 맞서 싸우다

996   My daughter is on a roll right now.

내 딸은 지금 최선의 상태요.

syn»   May daughter is in tip-top condition.

con»   **Lizzie**

🎬 Hit this one ... and I'll sleep with you, too. Too bad, <u>you could have used to work out</u>.

이번 것 마치면 같이 자주죠. 안됐네요. <u>좀 더 운동 좀 하세요.</u>

Father

<u>My daughter is on a roll right now</u>, and I don't want her to have any distractions.

<u>내 딸은 지금 최선의 상태요</u>, 집중력을 흩트리지 않았으면 좋겠네.

Peter

Right, of course. Sorry just to clarify. Do you see me as a distraction?

저도 마찬가집니다. 그런데 말이죠. 제가 방해가 된다는 말씀이신가요?

gr»   you could have used to work out.=You needed to work out: 운동할 필요가 있었다 could use=need, could have used=needed to.

rf»   on a roll: 계속 이겨, 순조롭게 되어가는

exts»   once a rising star: 한때는 떠오르는 스타 rise to the top: 정상에 오르다 press conference: 기자회견 in a row: 연속해서(in a streak). fall for: 속이다, 사랑에 빠지다 distraction: 기분 전환, 주의 산만

997 You could have the world on a leash.

넌 세상을 좌지우지 할 수 있다.

sit» 'have ... on a leash'는 '...을 사슬의 속박(leash)에 가지고 있다'이므로 이
해가 가능하다. 애완견을 산책시킬 때 목의 띠(leash)를 가지고 있으면 통제
하기 쉽다는 것을 이해하면 된다.

con» **Rawdon**

Would you like me to?
그러길 원하나요?

Becky

No man has managed it yet.
여태껏 성공한 남자는 없습니다.

Woman

With a decent position, you would have the world on a
leash.
잘만 한다면 세상을 좌지우지할 수 있어.

Man

Ladies and gentlemen, the entertainment is about to
begin.
신사 숙녀분, 여흥이 막 시작됩니다.

Narrator

Now she will enter the world she always dreamed of.
항상 발을 들여놓기를 동경하던 세계에 그녀는 들어가게 될 것입니다.

exts» What a treat to find!: 만나 기쁘구먼! hoity toity: 거만 떠는 anything but=never
cf» nothing=only

Alfie

998   I'd like a little privacy now.   이젠 잠시 실례 좀 할까요?

syn»   일반적으로 Excuse me, I'll be back. 이라고 말한다.

con»   **Alfie**

As a heat-seeking bachelor, I, myself subscribe more to
the European philosophy of life, my priorities leaning
towards wine and woman. Although woman and
woman is always a fun option. Oh blimey, I'm so rude.
I haven't introduced myself. I'm ...

혈기 왕성한 바람둥이로써, 제 신조는 유럽 철학에 비유할 수 있죠. 와인과
여자만 있다면 최고! 여자만 둘 있는 것도 나쁘지 않죠. 아뿔싸, 내가 너무 무
례했군요. 나 자신을 소개하지 않았군요. 전 ...

Women

Alfie, Alfie, Alfie.

Alfie, Alfie, Alfie.

Alfie

I'm a blessed man. I'd like a little privacy now.

전 축복받은 남자예요. 이젠 잠시 실례할까요?

exts»   bachelor: 총각, 번식기에 상대의 암컷을 차지하지 못한 수컷 reside in: 거주하다
heat-seeking: 열정적인 것을 원하는 subscribe to...: ...에 찬동하는 lean toward:
...에 치우치다, ...의존하다

999   What made you wanna dance?   왜 춤췄죠?

con»   **Clark**

I was ashamed.
부끄러웠어.

Beverly

or Dancing?
춤이요?

Narrator

Richard Gere, Jennifer Ropez, Susan Sarandon, Stanley Tucci ... in a story about the drea.ms we follow.
리차드 기어, 제니퍼 로페즈, 수잔 샤랜돈, 스탠리 투치 ... 우리가   던 꿈. 이야기.

Paulina

What made you wanna dance?
왜 춤췄죠?

John

Made me happy.
나를 행복하게 만들었어.

gr»   'What made you wanna[want to] dance?'는 5형식 문장으로, '무엇이 당신이 춤을 추게끔 만들었나요?'이며, 달리 표현하면 'What did you dance?=What did you dance for?'와 같은 의미라고 볼 수 있다.

exts»   slow starter: 시작이 느린 사람 have one's way with...: ...을 고집대로 하다.

1000   **Here is the deal.**   이렇게 하자구요.

con»   **Jesse**

 So, listen. <u>Here is the deal</u>. This is what we should do. You should get off the ship with me here in Vienna. Come check out the town.

그럼 이렇게 하자구요. 이것이 우리가 해야만 하는 일이죠. 나와 같이 배로부터 내려 비엔나를 찾아보자구요.

Celine

What?

뭐라고?

Jesse

Come on, it'll be fun.

자, 재미있을 거에요.

exts»   be meant to...: ...할 예정이다 dissolve into...: ...으로 녹여들다 manic-depressive: 조울증 환자

1001   We always want to look our very best.

우리는 늘 예쁘게만 보이기를 원합니다.

---

con»   **Joanna**

Wait, you work out dressed like this?

잠깐만, 이렇게 입고 운동을 한다구요?

Woman 2

Of course, we always want to look our very best.

당연하죠, 여자란 늘 예쁘게 보이기를 원하죠.

Mike

You and Sepford, it seems like a real match.

당신은 정말 Stepford에 잘 어울리는 것 같소.

exts»   streamline: 윤곽을 잡다, 유선형 work off: 군살빼기 운동하다

Secret Window

1002 The only thing that matters is the ending.

문제가 되는 유일한 것은 결말이야.

con» **Mort**

The only thing that matters is the ending. It's the most important part of the story. And this one is very good. This one is perfect.

문제가 되는 유일한 것은 결말이야. 그 부분이 소설의 가장 중요한 부분이지. 그리고 이 부분은 매우 좋아. 완벽해.

Narrator

For Mort Rainey, every story is a window into another world. But some windows should never be opened.

모트 레이니에게 모든 이야기는 또 다른 세계로 들어가는 창문이지. 그러나 일부 창문은 열려지지 말아야만 하지.

John

You've stolen my story.

넌 내 소설을 베꼈어.

Mort

I don't believe I know you.

누구신지?

rf» matter=count=be important: 중요하다

1003 They're teen royalty.
그들은 십대의 우상이야.

syn» They're teen idol stars.

con» **Janis**

The plastics!
인공수지(가수 그룹 이름)!

Cady
Who are the plastics?
그들이 누구인데?

Damian
They're teen royalty.
십대들의 우상이지.

Cady
That's Karen Smith. She is one of the dumbest girl you'll ever meet.
캐런 스미스. 그녀는 내가 만날 가장 멍청이들 중에 하나이지.

Karen
I'm kind of psychic.
난 초능력자야.

exts» Watch out!: 조심해! burnout=worn out=exhausted: 피곤에 지친 상태 jock: 운동선수 off limits: 한계를 넘은

1004 I'm just big-boned, okay? 원래 난 통뼈야, 알겠어?

con» **Garfield**

Down, dumb dog!

내려가, 멍청아!

Narrator

He's the original fat cat.

그는 원조 뚱보 고양이.

Garfield

I'm just big-boned, okay?

나는 원래 통-뼈야, 알겠어?

Narrator

... with an appetite for adventure. Garfield.

모험을 즐길 줄 아는 ... Garfield.

Garfield

Let's step it up a little bit! Something like this! Whoa baby! I'm a walking dog!

제대로 스텝을 밟아 보자구! 이렇게! 잠깐 녀석, 그렇지! 똥개도 훈련이 되네!

exts» It just something that's always been there.: 그것은 그곳에 항상 있었던 중요한 무엇이지. from within: 안으로부터 ↔ from without: 밖으로부터 He's in love with himself.=He is carrying a torch.=He has a unrequited love.=He has a secret crush.=He has a onesided love.: 그는 짝사랑에 빠졌어.

1005 She always lived for the moment. 그녀는 매 순간을 즐겨왔다.

con»

Jenney

They just haven't seen a half of a dress.
드레스 반쪽짜리는 본적이 없는 거지.

Narrator

She always lived for the moment, until the moment...
그녀는 상항 그 순간만을 위하여 살아왔다, 그 순간까지.

Helen

Jenny, Calm down, I can't hear you.
Jenny, 진정해, 잘 안 들려.

exts» the hottest player: 가장 잘하는 선수 with regard to custody of...: ...의 보호와
관련하여 guardianship: 법적 후견인 infection: 염증 visual security system: 시각
보안 시스템

1006　Oliver Trinkle was on his way to the top.

올리버 트링클은 성공가도를 달리고 있어.

con> Oliver

George Michael is all about the women! "I want your sex!" That sounds like he's singing to a guy.

조지 마이클은 모든 여성들의 우상이야[여성밖에 몰라]. "난 당신을 원해(조지 마이클의 노래 이름)". 이것이 호모 가사가 아니면 뭐야.

Narrator

He had everything he could ever want, until everything changed. But Oliver Trinkle was on his way to the top.

원하는 모든 것을 소유했던 사나이가 불현듯 사라지네. 하지만 올리버 트링클은 성공가도를 달리고 있어.

Bart

Your daddy really misses you mommy, kid. I miss her too, especially right now, Oh, gee... You are on your own with the kid today

네 아빠는 네 엄마를 무척 좋아한단다. 얘야. 나도 그렇고, 특별히 지금 당장. 오, 이런... 오늘은 혼자 네가 애를 봐라.

Oliver

What am I supposed to do with her?

그녀를 어찌하라구요?

rf>　be all about...: ...밖에 모르다 (all) on one's own: 독립하여, 혼자 힘으로, 자기 스스로 watch one's language[mouth, tongue]: 말조심하다 have crush on...=be hung up on...: ...마음이 끌리다, ...에 흠뻑 빠지다

1007 Fit in all your work, and do not slack. 꾀부리지 말고 일을 해.

con»

Woman

Fit in all your work, and do not slack, or it will be the hard time for you. Get back to work. Copper, boiler, sand and soap. You'll get used to it.

꾀부리지 말고 일해, 아니면 벌이 있을 거지. 얼른 일하러 가란 말이야. 구리, 보일러, 모래와 비누. 그것에 익숙해질 거야.

Griet

Good morning, Madam.

안녕하세요, 마님.

Woman

Don't speak until you're spoken to.

남이 말을 걸기 전까지는 얘기하지마.

Griet

Yes, Madam.

예, 마님.

rf» fit in...: ...와 조화를 이루다, 적응시키다 rest ... on: 시선이 계속 ... 에 머무르다 get caught[stuck, stranded] in one's world: ...의 세계에 갇혀버리다 sneak around: 슬슬 피해다니다

1008　**Mark my face.**　　　내 얼굴을 잘 봐두어라.

rf»　　Mark my words.: 〈협박, 경고〉 내 말 명심해.

con»　　**Arthur**

My duty is to my men.
나의 임무는 나의 사람들[민족]에 관한 것입니다.

Man 2

We want to destroy your people.
네 민족들을 짓밟아 주겠다.

Man 1

Mark my face. It'll be the last thing you see on this earth.
내 얼굴을 잘 봐두어라. 살아 있는 동안. 마지막이 될 것이다.|

Man 2

Agrrr
으르르

Man 3

My courage shall be with you wherever you go.
너희들이 있는 어느 곳이나 나의 대담함이 함께 있을 것이다.

gr»　　My duty is (related) to my men.(이처럼 생각하면 이해가 가능하다.)

1009　**Put out a search.**　수색해봐.

con»　**Jason**

This is Jason Bourne.
제이슨 본이다.

Woman

Bourne?
본?

Older man

Put out a search!
수색해 봐!

Jason

If I even feel somebody behind me, I'll bring this fight to your doorstep.
누군가 뒤를 노린다는 느낌만 나도 싸우겠다고 결심했어.

110544

Trace him.
그를 따라 잡아요.

exts»　walk away from...: ...로부터 벗어나다 Let's put him in the lockdowns.: 그를 엄중하게 감금해둡시다.]

1010 The team faces away he is over the hill.

팀이 그가 전성기가 지났다고 무시를 한다.

---

con» **Narrator**

The team faces away he is over the hill.
팀이 그가 전성기가 지났다고 무시를 한다.

Trainer

Oh, oh, oh, that's girl push up. They don't count.
오오! 여자용 푸쉬업은 인정안합니다.

Man 1

Who said girl push up don't count.
그래 여자용 푸쉬업도 푸쉬업이야.

rf» o.ver the hill: 전성기가 된, 나이가 된

ant» in a heyday=in one's primetime: 전성기에 있는

exts» have one's ticket to...: ...으로 가는 길이 열리다 hall of fame: 명예의 전당

1011　**and multifly it by 8**　그리고 그것은 8배가 된다

con»　**Man**

Britney Spears. No, I'm only kidding. She was rubbish.
브리티니 스피어즈죠. 아니에요, 농담이에요. 그녀는 형편없죠.

Narrator

...to take everything you know about love...
...사랑에 관한 모든 것을 가질 수가 있도록.

Primer Minister

You have this kind of problem? Yeah, of course you do,
you saucy minx.
당신도 이런 적 있어요? 물론 그렇겠지, 교활한 늙은 여우 같으니라구.

Narrator

... and multifly it by 8.
그리고 그것은 8배가 된다.

rf»　saucy: 섹시한, 교활한, 뻔뻔한 minx: 왈가닥

exts»　euphoria: 행복감 hysteria: 흥분 Prime Minister: 수상 pet(애완동물이나 사람)

1012　**Let's take a stand.**　입장을 확실히 합시다.

syn»　Let's stand one's ground.

con»　**Prime minister**

Ah, yes, yes. I fear this is going to be a difficult one to
play, Alex.
그렇군, 이 일[미 대통령의 방문]은 부담스러운 일이라 걱정이 되는군요, 알렉스.

Alex

There's a very strong feeling in the party we mustn't
allow ourselves to be bullied like the last government.
지난번 정부처럼 휘둘러서는 안 된다는 게 당내 주요 의견입니다.

Cabinet member

This is our first really important test. Let's take a stand.
새 정부의 첫 과제이니만큼 아주 중요합니다. 입장을 확실히 해야 합니다.

rf» stand: 일어서기, 서 있기, 입장, 태도

ex» take a firm stand: 강경한 입장을 취하다

cf» take the stand: 증인대에 서다

exts» bully: 못살게 굴다, 위협하다

1013 Get a grip.   진정해라., 기운 내.

con» **Karen**

Just be patient.
인내심을 가져.

Daniel

And then when he sometimes does come out, it's obvious he's been crying. It's just such a ridiculous waste. And now if it's going to ruin Sam's life as well... I just don't know.

가끔씩 방에서 나오는데, 울고 있었던 게 분명해. 소용없는 일인데 말야. 샘의 인생까지 망가질까 봐... 정말 모르겠어.

Karen

Get a grip. People hate sissies.

진정해. 사람들은 나약한 남자들을 안 좋아해.

rf» get a grip: 진정하다(relax, calm down), 정신차리다(come to one's senses, become more rational). grip: (마음을) 장악하는 힘, 통제력 ridiculous: 어리석은, 터무니없는 sissy: 여자 같은 사내

1014 Alright lads, touch wood Mr. Blakeny Turn three times.

좋아, 행운을 빌자, Blakeny 세 번 돌아.

con» **Jack**

Alright lads, touch wood Mr. Blackeny. Turn three times.

좋아, 행운을 빌자, Blakeny. 세 번 돌아.

Jack & others

May the lords and saints preserve us!

신들과 성인들이 우리를 보호하기를!

Jack

All heads down!!!

모두 엎드려!!!

Lord Blakeny

Must have broken arms.

팔이 부러졌음에 틀림이 없어요.

Jack

You're in very good hands.

당신은 많은 훌륭한 영향력 안에 있어(여기선 '도와 줄 좋은 의사들이 주위에 많아.'의 뜻).

rf» touch wood: 나무에 손을 대다, 행운을 빌다(knock on the wood=break a leg=cross a finger)

exts» lad: 젊은이, 소년 lass: 젊은 여자, 소녀 cripple: 무기력하게[불구로] 만들다 fly: (화살, 총알 등을) 발사하다

1015　Smith has grown beyond your control.

Smith는 통제하기 힘들 만큼 커졌어.

con≫　**Neo**

 Smith has grown beyond your control. You can not stop him, but I can.

스미스는 통제하기 힘들 만큼 거대해졌어. 당신은 그를 막지 못해. 그렇지만 난 할 수 있어.

Machine Voice

And if you fail?

만약 실패한다면?

Neo

I won't.

실패하지 않을 거야.

Trinity

Do you know what happened to Neo?

네오에게 무슨 일이 생겼지?

exts≫　breach: 돌파하다(break through)

1016 He ticks off the captain. 그는 캡틴에게 거침없이 말해[화를 내].

con»

Dan

Why are you smiling?

그럼 왜 웃는 거지?

Chris

Cause it tickles.

흥분되기 때문이지.

Jim

Can I ask you something? Why did you pick me?

뭐 좀 물어도 될까요? 왜 저를 택했죠?

Dan

To tick off the captain

캡틴에게 거침없이 말하기 위해

exts» match up with...: ...와 어울리다 tickle: 간지럽히다, 자극하다 tick off: 거침없이
말하다, 화내다 pop off: 불평 등을 여과없이 말하다 shoot off one's mouth: 입을
함부로 떠벌리다

1017 You help me to win her heart or we never go home again.

네가 내가 그녀의 마음을 얻게 도와주지 않으면 집이랑은 영영 안녕인줄 알아.

con»   **Custom officer**

Next, next.
다음, 다음.

Italian Friends

She is most Italian. You help me to win her heart or we never go home again.
그녀는 진짜 이태리 연인 같아. 네가 내가 그녀의 마음을 얻게 도와주지 않으면 집이랑은 영영 안녕인줄 알아.

Navorski

Officer, my friend said you are stallion.
사무관님, 제 친구가 당신이 종마래요.

Officer

What?
뭐라구요?

exts» on the air: 비행기를 타고 있는 동안, 방송 중인, 공중에 떠있는 lost & found: 분실물 센터 win one's heart: ...의 마음을 빼앗다(captivate one's heart=set one's cap for...)

1018 Stop taping!　　　그만 찍어요!

sit» tape는 카메라에 녹취[녹화, 녹음]하는 것을 말한다, 다시 말해 어떤 장면을 찍는 것을 말한다.

ex» taped concert: 녹화된 연주회

cf» live concert: 생방송 연주회

con» **Dad**

Smile, sweetie
여기 보렴, 아가야.

Jenna

Don't you knock?
노크할 줄 모르세요?

Mom

Are you wearing a bra? You are not wearing a bra
브래지어 한거니? 이거 브래지어 아니잖아.

Jenna

Dad, stop taping!
아빠, 그만 찍어요!

Narrator

So on her 12th birthday.
그녀[제나]의 12번째 생일.

exts» fill out: 채우다, (살이 붙어) 얼굴형이 둥글게 되다 scam on: 애무하다(fondle=caress). bill and coo: 연인끼리 사랑은 속삭이다[애무하다] lovey dovey: (애정 표현이 남 보기에 지나칠 정도로) 달콤한 catch up: 따라잡다

1019 **He set me up.** 그는 나를 모함했어요.

con➤ **Narrator**

From 20th Century Fox.
20세기 폭스사

John Anderton

He set me up, he set me up.
그가 나를 모함했어요, 그가 나를 모함했다구요.

Narrator

Dream Works Pictures.
그리고 드림 웍스 픽처.

exts➤ Set up a perimeter[outer limit]: 범인이 빠져나가지 못하도록 경계하라 on route: 도중에 run on: 계속하다 false positives: 가짜 양성(반응), 잘못 이해한 것들 set up: 위험에 빠뜨리다, 시작하다, 세우다 He's gonna her: 그녀를 해치울 거야 get at...: ...알다, 확인하다

ex➤ You contain information I need to know how to get at it.: 당신은 그것을 알아내는 데 필요한 정보를 갖고 있어요.

1020 It's such a honor to meet you.

만나 뵙게 되어 정말로 영광입니다.

con» **Narrator**

They brought him in to solve an unspeakable crime.

그들은 미궁에 빠진 사.건.을 해결하기 위해 그를 데려왔다.

Ellie

Detective Dormer, it's such an honour to meet you. I'm detective Elli Burr. Welcom to Nightmute. So incredible to be working with you. Billy Lanstry murder was my case study at the academy.

도머 형사님, 만나뵙게 되어 정말로 영광입니다. 저는 Ellie Burr 형사입니다. 나잇뮤트에 온 것을 환영합니다. 함께 일하다니 정말 믿을 수가 없네요. 학교 다닐 때 빌리 랜스트리 시해사건으로 사례연구를 했었죠.

Man 1

Someone out there just beat a 17 year old girl to deat.h and your job is to find him.

누군가가 17세 소녀를 때려살해했습니다. 법인을 찾아야 해요.

exts» case study: 사례연구 mutilation: 손상, 자름 cross the line.: 선을 넘다. He will taunt you.: 그는 당신을 비아냥거릴 거예요. get inside: 사정을 알다, 안으로 들어가다

1021 You don't think I'm ordinary?

제가 평범하다고 생각하지 않으세요?

con» **Angela**

You don't think I'm ordinary?
제가 평범하다고 생각하지 않으세요?

Lester
You couldn't be ordinary (even) if you tried.
넌 평범해지려고 해도 평범할 수 없는 존재야.

exts» couldn't: ...할 수 없을 것이다.(가정법 과거의 주절에 오는 표현)
ex» You couldn't pass the exam.: 너는 시험에 통과할 수 없었을 것이다. ordinary
평범한, 눈에 띄지 않는, 수수한

1022 You were the most beautiful thing I have ever seen.

당신은 내가 이제껏 본 중에 가장 아름다운 존재였어.

con» **Angela**

What do you mean?
무슨 뜻이에요?, 뭘 원하세요?

Lester
Are you kidding? I want you. I've wanted you since the
first moment I saw you. You were the most beautiful
thing I have ever seen.
몰라서 묻니? 처음 본 이후로 난 널 갖고 싶어. 당신은 내가 이제껏 본 중에
가장 아름다운 존재였어.

gr» have ever + P.P.=지금까지[여태껏] ...했던[였던]
rf» ever: 일찍이, 여태껏, 여전히
ex» She is the sexiest girl I've ever[seen/heard/experienced].: 그녀는 내가 지금까지
[보아온/들어온/경험해본] 가장 섹시한 여자야. kid: 놀리다 the first moment: 처음
순간

🎥 Good Will Hunting

1023 My phone's been ringing off the hook.

전화가 끊임없이 울리고 있어요.

con» **Sean**

So, you wanted to talk with Will?

그래, 윌하고 얘기하고 싶다고?

Lambeau

Well, it seems to be going well.

그래, 결과가 좋은 거 같아.

Sean

I think so.

동감이야.

Lambeau

Have you talked with him <u>at all</u> about his future?

앞으로에 대해서 그 애랑 얘기해봤어?

Sean

No, we haven't gotten into that yet. We're still banging away at the past.

아니, 아직 거기까진 얘기 못했어. 우리 아직도 옛날 얘기로 정신없거든.

Lambeau

Well, maybe you should. <u>My phone's been ringing off the hook with job offers.</u>

그래, 빨리 시작해. 도처에서 일자리를 주겠다고 내 전화통에 아주 불이 났어.

rf» at all: 〈부정문〉전혀, 〈의문문〉도대체, 〈조건절〉설사 할 지라도, 〈긍정문〉여하튼 off the hook: 전화기가 '제 자리에 안 놓인' 상태 ring off the hook: 전화기가 제 자리에 못 놓일 만큼 '벨이 계속 울리다'. get into ...: ...에 들어가다 bang away: 열심히 하다

1024   Right on the button.   딱 맞아요.

con»   **Will**

I read your book, and uh... and "Mike" was having the same problems that "Chad", the stockbroker, was havin.

선생님 책을 읽었는데요, 거기 나오는 'Mike'라는 인물은 주식 중개인인 'Chad'와 같은 문제를 가지고 있던데요.

Psychologist

Absolutely right. Right on the button. Good for you, Will. Very nice.

맞아. 정확히 맞았네. 잘했어, 월. 아주 좋아.

Will

Thank you.

고맙습니다.

Psychologist

Will, the pressures, and I am not judging them. I'm not labeling them, but they're destroying your potential.

월, 자네의 고통을 함부로 판단하거나 구분하려는 건 아닐세. 하지만 그것이 자네 잠재력을 망치고 있어.

rf»   stockbroker: 주식 중개인 on the button: 어김없이, 정확히(absolutely right). You're right on the button.: 너 딱 맞았어. pressure: 고통, 고난 (정신적) 압박 label: (라벨을 붙여) 분류하다 potential: 잠재(능)력, 가능성

1025   He isn't sitting with us.   그는 우리 일행이 아니에요.

syn»   He is not a member of our party.=He is not our company.

con»   **Skylar**

You're an idiot. I've been sitting over there for forty-five minutes waiting for you to come and talk to me. But I'm tired now and I have to go home and I couldn't sit there any more waiting for you.

넌 바보야. 네가 와서 말 걸어 주기를 45분 동안이나 기다렸단 말이야. 근데 이제 지쳐서 집에 가야겠어. 더 이상 널 기다리지 못하겠다.

Will

Well, I'm Will.

어, 난 월이야.

Skylar

Skylar. Oh, and by the way, that guy over there... Michael Bolton clone... he wasn't sitting with us, so to speak.

난 스카일라야. 근데 저기 마이클 볼튼 닮은 애 있지... 그러니까 걔는 우리 일행이 아니야.

Will

Yeah, I know. I kinda got that impression.

어, 알아. 그런 거 같았어.

rf» 'He wasn't sitting with us.: 우린 함께 앉아 있지 않았다.'는 '우린 일행이 아니었다.'라는 뜻이다. sit with ...: ... 와 동석하다, (...에게) 받아들여지다 Can I sit with you?: 동석해도 될까요? clone: 복제 인간, 복사판, 복제품 so to speak: 말하자면(as it were) kinda=kind of: 다소, 약간(somewhat)

1026 **This is just a shot in the dark.** 단지 막연한 추측인데요.

---

con» **Will**

I'm wondering if maybe we could get together, um...sometime this week. You know, sit out at a cafe? and maybe uh...have some caramels.

우리 이번 주쯤에 만날 수 있을까? 카페에 앉아서 캐러멜이나 마시자구.

Skylar

Oh, well. That sounds wonderful.

어, 그래. 좋아.

Will

Yea?

진짜?

Skylar

Yeah, sure. Where are you?

응, 물론. 지금 어디 있는 거야?

Will

Uh...well, actually, this is just a shot in the dark, but there's no chance that you're uh...prelaw, is there?

음...근데 그냥 막연한 추측인데[그냥 물어보는 건데] 너...법대 지망생은 아니지?

rf» a shot in the dark: 막연한 추측(a wild guess), 가능한 시도(a hopeful attempt)

ex» The whole theory is a shot in the dark and no one will ever take us seriously.: 이론 전체가 막연한 추측일 뿐이어서 우리의 이론을 진지하게 여기지 않을 것이다.

exts» get together: (두 사람이) 데이트하다 모이다 prelaw: 법학과정 준비생, 로스쿨 입학 준비중인

1027 **You're a smoothie.** 당신 말솜씨가 좋은데요.

con» **Chuckie**

Hey, uh... what happened? Did you get leniency or what?

뭘, 어떻게 된 거야? 선처라도 받은 거야?

Will

I got uh...probation, and then, uh...counselin, two days a week.

집행유예를 받았어. 일주일에 두 번 상담 비슷한 걸 받아야 해.

Chuckie

Joke. You're a smoothie. (to Morgan) Com'on, Morgan. Just submit!

재밌군. 넌 정말 말솜씨가 좋아. (모건에게) 야, 모건. 항복해!

Will

Hey, Bill, just... just get off him. We're gonna miss the game.

이봐, 빌...얼른 모건을 떼어 내. 이러다 시합 놓치겠다.

rf» leniency: 인자함, 관대함 probation: 집행유예, 보호관찰 smoothie라는 단어는 구어로 '세련된 사람', '말솜씨가 좋은 사람(good talker=sliver tongue)', '애교가 있는 사람'을 나타낸다. 죄를 짓고도 형을 살지 않고 번번이 나오는 윌을 보고 친구 처키가 '말재주가 좋다'고 하는 장면이다.

exts» custody: 구금, 구류(detention) parole: 가석방 submit: 복종하다, 굴복하다 get off: 떼어놓다

305

1028 Don't cop out.

회피하지 마세요.

con» **Sean**

It's not about the job. I don't care if you work for the government. But you can do anything you want. You're bound by nothing. What are you passionate about? What do you want? I mean there are guys who work their entire lives laying brick so that their kids have a chance at the opportunities you have here.

일 문제가 아니야. 네가 정부에서 일을 하든 안하든 상관없어. 그렇지만 넌 네가 원하는 것은 뭐든 제약받지 않고 할 수 있잖아. 넌 무엇에 열정을 갖고 있지? 원하는 게 뭐야? 어떤 이들은 평생 벽돌공을 하며 자신의 자식들이 네가 지금 가진 기회를 갖게 되길 바라지.

Will

I didn't ask for this.

내가 원한 게 아니에요.

Sean

No. You were born with it. So, <u>don't cop out</u> behind "I didn't ask for this."

그래, 넌 타고 났지. 그러니까 '원치 않았다'라는 말로 <u>빠져나갈 생각하지 말아라.</u>

rf» cop out: '약속을 어기다', '포기하다', '책임 따위를 회피하다' '발뺌하다' cop-out: '약속 위반', '책임 회피', '탈락자' bound: (관습, 상식 등으로) ... 할 속박을 당하는, ... 해야 하는 의무가 있는

ex» be bound to+동.원: ...해야 하는 brick: 벽돌 bricklayer: 벽돌공(mason)

Pay Check

1029 **What's the catch?**   조건[속셈, 꿍꿍이]이 뭐야?

syn»   What's the angle?=What's on your mind?

con»   **Michael**

What's the catch?
조건이 뭐야?

Jimmy

The job may require a little more time than you're used to.
전에 하던 것보다 시간이 조금 더 걸려.

Michael

How much more time?
얼마나 더?

Jimmy

Two years. Maybe three.
2년. 아니면 3년.

rf»   catch는 〈미국 속어〉 (계획 따위의 숨겨진) 결함, 문제, 함정, 꿍꿍이를 의미한다. 좋은 제안이나 기회에 대해 뭔가 의심스러운 점이 있다면 'What's the catch?'라고 물어볼 수 있다. 'It is very cheap, but there may be a catch.': 그건 값은 아주 싸지만 뭔가 문제가 있는 물건일 거야.'라는 식으로 활용할 수도 있다.

exts»   in return for...: ...와 맞바꾸어 paycheck: (미국) 봉급[급료] 지불 수표

1030 **You're in for it.**   넌 혼날 거야.

con»   **Anne**

I'm going into the woods to look for Daddy.
아빠 찾으러 숲으로 갈 거야.

Nicholas

Are you going to run away?
도망가려는 거지?

Anne

I hang onto the pipe, I can climb down to the ground.
It's very easy.
파이프를 타고 마당으로 내려갈 거야. 매우 쉽다고.

Nicholas

If mommy finds out, <u>you're in for it</u>.

엄마가 알면 누나 혼날 거야.

rf» be in for it: 혼나다(have it coming=given a piece of one's mind=be told off=given a talking-to), 한 처지에 빠져 있다, 죄를 면할 수 없다

ex» The teacher caught him cheating. He is in for it now.: 선생님은 그가 부정행위하는 것을 붙잡았다. 그는 이제 혼날 것이다.

exts» hang onto...: ... 에 매달리다 to the ground: 땅바닥으로

1031 **Don't trouble yourself.** 괜한 수고 마세요.

con» **Grace**

(To her children) Run! Run! Go! Into the house! (To three servants) Don't come any closer! Don't move!

(자신의 아이들에게) 달려! 도망쳐! 집으로 가라! (세 명의 하인들에게) 가까이 오지 마! 거기 서란 말이야!

Mr. Mills

Don't trouble yourself, ma'am. Tuberculosis finished us off... more than half a century ago.

괜한 수고하지 마세요, 마님. 우린 결핵으로 이미 죽은 몸이랍니다. 50년도 더 됐죠.

Grace

Go away!

저리 가!

Mr. Mills

Open the door, ma'am, please.

문 좀 열어주세요, 마님.

rf» Don't trouble yourself: 괜한 수고[걱정]마라, 그럴 필요 없다.

cf» take the trouble: 수고하다 keep up the good work: 계속 수고하다 tuberculosis: 결핵 finish off...: ... 을 죽이다, 멸망시키다

1032   Your house is bugged.

당신 집은 도청되고 있어요.

con➤   **Denton**

 I appreciate your coming, Mr. McDeere. I'll call you Mitch, <u>if I may</u>. My name is Denton Voyles. I'm with the Department of Justice.

와줘서 고맙습니다, 맥드르 씨. 괜찮다면 미치라고 부르겠어요. 나는 법무부 소속 덴턴 보일즈요.

Mitch

What happened to Eddie Lomax?

에디 로맥스는 어떻게 된 거죠?

Denton

We've been investigating Bendini, Lambert & Locke for 4 years. No lawyer's ever left your law firm alive. Two tried to leave. They were killed. Two were about to try. You know what happened. We have reason to believe that <u>your house is bugged</u>. Your phones are tapped. Your office is wired.

우린 당신이 다니는 회사[Bendini, Lambert & Locke]를 4년간 조사해 왔소. 살아서 그 법률회사를 그만둔 변호사는 아직 한 명도 없거든. 둘은 그만 두려다가 살해당했고, 또 둘은 시도도 하기 전이었지. 어떻게 됐는지는 당신도 알 거요. 우리는 <u>당신의 집이 도청되고 있다</u>고 확신하고 있소. 전화도, 사무실도 도청되고.

rf➤   bug: 곤충, 비밀 마이크를 장치하다, 도청하다.

ex➤   My phones are bugged: 내 전화가 도청되고 있다.

syn➤   tap=wire. Department of Justice: 법무부 investigate: 자세히 조사하다, 수사하다

con» **Mitch**

You got every partner in the firm on over-billing. There are **250** acts of document and mail fraud there. That's racketeering. That's minimum **1250** years in prison and $2 1/2 million in fines. That's more than you had on Capone.

회사 전 직원이 과다 청구를 했으니 그들이 한 문서 우편 사기만도 250건이 넘네요. 엄연한 갈취잖아요. 최소 1천 250년 형에 벌금 250만 달러네요. 카포네보다 더 하죠.

Wayne

You twist this into whatever you want. You made a deal to save your ass. You got a money $3/4 of a million. You're still a hotshot lawyer and you're out of this.

당신은 상황을 원하는 대로 바꿔 놓았군. 목숨을 건지려고 (마피아와) 타협했어. 우리가 준 75만 달러까지 챙겨먹고. 여전히 당신은 유능한 변호사고 이 위기에서도 벗어났잖아.

exts» hotshot: 적극적이고 유능한(skillful and successful), 수완이 뛰어난, 유능한 사람, 수완가 racketeer: (금품을) 갈취하다, 등쳐먹다 twist A into B: A를 (왜곡하여) B로 만들다 make a deal...: (...와) 타협[협상]하다(cut the deal). close the deal: 협의를 마무리하다

1034   Let's not get carried away.   흥분하지 말자.

con» **Sonny**

You lose a million bucks of me. I'm not gonna break your legs.

자네가 내 돈 100만 달러를 날리더라도 자네 다리를 부러뜨리지 않는다고.

Avery

Sonny... Let's not get carried away.

소니... 흥분하지 맙시다.

Sonny

What did I say? What did I say?

내가 뭐라고 했는데? 뭐라고 했다고?

Mitch

Maybe it's what you didn't say.

말씀 안 하신 게 있죠.

exts» get carried away: 매우 흥분하다(get overly excited), 넋을 잃다 Don't get carried away.=Don't get over upset.: 흥분하지 말라.

1035 **I'll level with you.** 툭 터놓고 말할게.

con› **John**

How long have you been sneaking around with Gloria behind my back?
얼마 동안이나 나 몰래 글로리아와 만났던 거야?

Jeremy

I wanted to tell you about Gloria. I tried to. I didn't know how. I'm sorry that you had to find out this way. I'll level with you. I care about her a lot. I love her.
글로리아에 대해 너에게 말하고 싶었어. 말하려고도 했어. 그런데 어떻게 말해야 할지 모르겠더라고, 이런 식으로 알게 해서 미안해. 솔직히 말할게. 나 있지, 그녀에게 많이 관심이 있어. 사랑하고 있어.

John

What? You're unbelievable! Judas!
뭐야? 믿을 수 없는 자식! 배신자!

rf› level with ...: 남에게 정직[솔직]하게 말하다(be honest with...=lay on the line=speak one's mind)

ex› I'll level with you.: 툭 터놓고 말할게., 솔직히 말할게.

exts› sneak: 몰래 하다[움직이다] behind one's back: 남이 없을 때, 비밀리에 Judas[betrayer]: 배반자, 배신자, 유다

1036 **You're lying through your teeth.** 넌 새빨간 거짓말을 하고 있어.

con› **Jeremy**

He's threatened by the way I dance. Why'd I have to show off like that? Now I'm all over his radar. Stupid.
그분[클리어리 장관]은 내 춤 솜씨를 질투하고 있어. 대체 왜 그렇게 나서서 춤을 췄을까? 이제 그가 계속 날 주시하고 있어. 멍청이.

John

You're not that good a dancer.
너 그다지 잘 추는 춤은 아니야.

Jeremy

Oh, please. You and I both know I'm a phenomenal
dancer. Now I know <u>you're lying through your teeth</u>.
You'll do anything to get me to go on this thing even if
I have to walk right into the lion's den.

그러지마. 너나 나나 내 춤 실력이 끝내주는 거 알고 있잖아. 너 지금 <u>순전히
거짓말 하는 거</u> 알고 있어. 내가 위험에 처한다 해도 어쨌든 간에 해변 별장
에 데리고 가겠다 이거지?

rf» lie through one's teeth: 새빨간 거짓말을 하다 I'm all over his radar.=He is
watching me carefully. phenomenal: 경이적인, 탁월한(outstanding). walk into
the lion's den(굴): 위험에 놓이다(put oneself in danger)

1037   **Consider it done.**   당연하지.

con»   **John**

Get us seats near, but not too near, the bridal party. I'll
go drop this box of fresh Wyoming air.

신부측에 가까이 앉되 너무 붙어 앉진 말자. 난 신선한 Wyoming 항공에서
준 (선물)상자 좀 놓고 올게.

Jeremy

If you see any crab cakes, get your hands some
because I love them.

내가 좋아하는 크랩 케이크가 보이면 좀 가져와.

John

<u>Consider it done</u>.

당연하지.

rf» 상대방이 부탁했을 때 기꺼이 도와주겠다는 의미로 'Consider it done.'이라는
표현을 쓴다. 'I'll most certainly do that.: 그렇게 해 주겠다.'는 수락의 의미다. bridal
party: 신부측(들러리 포함) bridal shower: 신부에게 주는 선물

1038 **What about me bugs you?**   나의 어떤 점이 싫어?

con»

Jesse

Something about me bugs you?

나한테 널 거슬리게 하는 점이 있니?

Celine

No.

아니.

Jesse

Tell me. What is it? What about me bugs you?

말해봐. 나의 어떤 점이 마음에 안 드는데?

Celine

Nothing, nothing at all.

그런 거 전혀 없어.

Jesse

Well, if it had to be something, what would it be?

그래도 꼭 한 가지 말해야 한다면 뭐야?

rf» bug: 괴롭히다, 도청하다, 귀찮게 굴다(=bother=pester)

gr» if it had to be something, what would it be?(가정법 과거[현재 사실에 반대]
문장이다.

con» **Jesse**

Alright, I have an admittedly insane idea, but if I don't ask you this, it's gonna haunt me the rest of my life.
좋아, 정신 나간 생각이라는 건 아는데, 너한테 이걸 물어보지 않으면 나에게서 출몰할 거야[평생 떠나지 않을 거 같아].

Celine

What?
뭔데?

Jesse

Um... I want to keep talking to you. I have no idea what your situation is, but I feel like we have some kind of connection. Right?
음...너랑 계속 얘기하고 싶어. 네 상황이 어떤지는 모르지만, 우린 통하는 게 있는 거 같아, 그렇지?

Celine

Yeah, me too.
나도 그래.

Jesse

Well, great. So listen, so here's the deal. This is what we should do. You should get off the train with me here in Vienna and come check out the town.
좋아, 그러니까 이렇게 하자. 우리 이렇게 하는 거야. 나랑 같이 비엔나에서 내려 도시를 둘러보자.

rf» It's gonna haunt me the rest of my life.: 그것은 남은 평생동안 나에게 출몰할거야[떠나지 않을 거야]. Here is the deal: 이렇게 합시다.(=This is my proposal.)

1040 **What are you chewing on?** 뭘 그렇게 곰곰이 생각해?

con» **Mr.Leezak**

Gonna tell me <u>what you're chewing on</u>?
네가 곰곰이 생각하고 있는 게 뭔지 말해 줄래?

Tom

I just don't know if love is enough any more.
사랑만으로 충분한 것인지 더 이상 확신할 수 없어요.

Mr.Leezak

What do you mean, "enough"?
충분하지 않다니?

Tom

I mean, even if Sarah and I do love each other, maybe
we did need more time to get to know each other.
그러니까 사라와 제가 서로 정말 사랑한다 해도, 서로를 아는데 시간이 필요
했던 거 같아요.

gr» gonna=going to (위 문장에선 Gonna 앞에 (Are you)가 생략되었다.)

rf» Chew on은 어떤 문제에 대해서 다른 사람에게 말하지 않고 계속해서 문제를
씹는다는 데서 '곰곰히 생각하다', '심사숙고하다(to think carefully about
something for a period of time)'라는 뜻을 가진다.

1041   He is down to earth.   그는 현실적이에요.

con» **Sarah**

Oh, Mom, Mon, he's wild and spontaneous and hysterical and offbeat and <u>on top of all that</u>, he's centered and <u>he's down to earth</u>. He's everything I want. And we have this passion for each other.

엄마, 그는 야성적이고, 즉흥적이고, 웃기고, 엉뚱하고 <u>무엇보다도</u> 신중하고 <u>현실적이에요</u>. 제 이상형이라고요. 게다가 서로 얼마나 사랑하고 있는데요.

Tom

Who? Me?

누구? 나?

rf»   down to earth: '현실적인, 실제적인

ex»   Her ideas for the work are always very down to earth.: 작품에 대한 그녀의 아이디어는 언제나 아주 현실적이다. hysterical: 〈구어〉 몹시 웃기는, 히스테리의 offbeat: 평범하지 않은, 엉뚱한. 별난 centered: 신중한(prudent), 진중한 have a passion for...: ... 매우 좋아하다 having punch: 박력있는

1042   I'm a sports freak.   난 스포츠 광이야.

con»   **Sarah**

Now you know I love sports. I mean, <u>I'm a sports freak</u>. But how often are we in Europe?

너도 알다시피 나도 스포츠를 좋아해. 내 말은 <u>스포츠 광이란 말이지</u>. 하지만 우리가 유럽에 몇 번이나 오겠어?

Tom

How often are the Dodgers on TV in Europe?

유럽에서 TV로 다저스 경기를 몇 번이나 보겠어?

Sarah

You're right. You go watch sports. I'll go see the Tintorettos.

옳아. 그럼 넌 스포츠 중계 봐. 난 틴토렛토 그림 보러 가.

rf»   freak은 '이상 현상', '변덕'이라는 뜻이지만, 구어로 다른 단어와 함께 쓰여 '... 에 열중하는 사람', '... 광'의 의미로 사용된다. 재즈광은 a jazz freak으로 표현할 수 있고 freak 대신 buff를 써도 된다.

1043　**You really missed the boat.**　자네는 기회를 놓쳤네.

con» **Mr. McNerney**

Well, <u>you really missed the boat</u>, didn't you, Prentiss?
자넨 기회를 놓쳤네, 안 그런가? 프렌티스?

Peter

Yes, I did, Dan.
그렇습니다, 댄.

Mr. McNerney

<u>You bet your ass you did</u>.
그렇고 말고.

Peter

<u>I should've been</u> courting Sarah instead of putting in
19-hour days at the office. Anyway, congratulations to
both of you.
회사에서 19시간씩 일하는 대신 사라에게 구애했어야 했는데. 어쨌든, 두 분
축하해요.

rf»　miss the boat는 '배를 놓치다'의 뜻도 있지만, '좋은 기회를 놓치다', '실패하다'의 뜻도
있다.

ex»　You'll miss the boat if you don't buy shares now.: 네가 지금 지분을 사지 않으면
좋은 기회를 놓치게 될 거야. You bet your ass you did.: 〈비속어〉 그렇고 말고.

1044 **He plays hardball.** 그 사람은 물불을 안 가려.

---

con» **Morse**

Easy, easy, calm down. Calm down, David. Mr. Lewis plays hardball.

진정해라, 진정해, 데이비드. 루이스 씨는 수단과 방법을 가리지 않는 사람이다.

Edward

Yes, yes, I do.

네, 그렇습니다.

David

I've heard enough of this. Vivian, it was a great pleasure to meet you. I'm sorry, grandfather. I've gotta get some air, Mr.Lewis.

충분히 알아들었소. 비비언, 만나서 반가웠어요. 실례할게요, 할아버지. 루이스 씨, 전 바람 좀 쐬야겠습니다.

rf» play hardball: 강경자세를 취하다, (목적을 이루기 위해) 수단과 방법을 가리지 않다

cf» go through fire and water: 물불 안 가리다 calm down: 진정하다 get some(fresh) air: 바람을 쐬다(shoot the breeze=have a blow=chill out)

1045 **Give me a ballpark figure.** 대강의 금액을 말해봐.

---

con» **Vivian**

If you're talkin' 24 hours a day, it's gonna cost you.

하루 24시간 근무라면 꽤 비쌀 텐데요.

Edward

Oh yes, of course! All right, here we go. Give me a ballpark figure. How much?

그럼, 물론이지! 좋아, 해보자고. 대강의 금액을 말해봐. 얼마 정도?

Vivian

Six full nights, days too. 4,000.

6일 낮과 밤이면 4천 달러예요.

Edward

Six nights at 300 is 1,800.

300달러로 6일이면 1천 800달러인데.

Vivian

You want days too.

낮 근무도 계산해야죠.

rf» ballpark figure라 하면 어림잡아 얼마를 말하는 '대략의 수치', '근사치'의 뜻으로 'approximate[rough] figure'로 바꾸어 표현할 수도 있다. 'ballpark'는 미 구어체 영어에서 '어림짐작(estimation)', '예측'의 의미다. 그래서 '대충[얼추] 맞다.'라는 표현은 'It's in the ballpark.'라고 하면 된다.

1046 You're the flavor of the month. 당신이 이달의 연인이군요.

con»

Edward

This is Gwen and Gretchen, the infamous Olsen sisters, who have made marrying well an art form.

이 분들은 악명 높은 올슨 자매인 그웬과 그레첸이셔. 결혼을 엄청 잘 하셨지.

Gwen

Edward.

에드워드.

Edward

Be back just a second. Hold on.

금방 돌아올게. 잠깐만요.

Gwen

So, you're the flavor of the month.

당신이(에드워드의) 이 달의 애인이군요.

rf» flavor of the month: 지금 유행하는 것, 이달의 인물 (에드워드가 그동안 여러 여자를 만나왔음을 이야기 준다) infamous: 악명 높은, 불명예스러운 art form: 예술형식, 예술의 경지

1047   Those stocks could go through the roof.

주가가 치솟겠군.

con»   **Coworker**

Old man Morse just <u>got the inside track</u> in a $350 million contract to build destroyers for the navy.
모스가 3억 5천만 달러의 해군 군함 건조 계약 건으로 <u>유리해졌어요</u>.

Philip

Navy contract. I can't believe this. You said they had nothing <u>in the hopper</u> in this one!
해군과의 계약이라니. 말도 안 돼. <u>진행 중인</u> 그런 계약은 없다고 했잖아!

Sherlock

Hey, you know, if that's true, it could cost a lot more. <u>Those stocks could go through the roof</u>.
이봐, 그게 사실이라면 자금이 훨씬 더 들겠다는걸. <u>그쪽 주식값이 치솟겠어</u>.

rf»   get[have] the inside track: 〈육상〉 안쪽을 달리다, 유리한 위치[입장]를 차지하다 destroyer: 구축함 in the hopper: 진행[처리] 중에 있는 go through the roof: 최고 한도까지 오르다(increase greatly=hit the ceiling), 아주 높이 오르다(go very high)'라는 표현이다.

1048   May we have a word?   잠깐 얘기 좀 할까요?

sin»   Can I have a talk with you for a moment?

con»   **Mr. Nolan**

Excuse me. <u>May we have a word</u>, Mr. Keating?
키팅 선생, <u>얘기 좀 합시다</u>.

Mr. Keating

Certainly.
그러시죠.

Mr. Nolan

This was my first classroom, John. Did you know that?
My first desk.
이 교실에서 내 첫 강의를 했네. 알고 있나? 내 첫 책상이지.

Mr. Keating

Didn't know you taught, Dr. Nolan.
강의하신 줄 몰랐습니다. 놀란 교장선생님.

Mr. Nolan

English. Oh, long before your time. It was hard giving it
up, I can tell you. I'm hearing rumors, John, about some
unorthodox teaching methods in your classroom.
영어를 가르쳤지. 자네가 입학하기도 훨씬 전이지. 그만두기 어려웠다네. 존,
자네 수업방식이 비정통적이라는 소문이 들리더군.

rf»   have a word: 잠깐 이야기하다
cf»   have words with...: ... 와 언쟁[논쟁]하다
ex»   I have words with you.: 너한테 따질 게 있어.

1049   He didn't put us up to anything.

선생님이 우릴 부추겨 (어떤 일에) 하게 한 것이 아니라고.

con»   **Cameron**

If it wasn't for Mr. Keating, Neil would be cozied up in his room right now studying chemistry and dreaming of being called doctor.

키팅 선생님만 아니었더라면 닐은 지금쯤 자기 방에서 편안하게 화학 공부하면서 의사가 되는 꿈을 꾸고 있을 거야.

Todd

That's not true, Cameron. You know that! He didn't put us up to anything. Neil loved acting.

그렇지 않아, 캐머런 너도 알잖아! 선생님이 우릴 부추긴 게 아니야. 닐은 연극하는 걸 좋아했어.

rf»   cozy up: 안락하게 하다, ... 친해지다, ...의 비위를 맞추다 put ... up to...: ...를 부추겨 ...하게 하다, ...에게 ...을 가르치다

1050   He was born with his foot in his mouth.

원래 입이 거친 녀석이야.

con»   **Cemeron**

Neil, study group tonight?

닐, 오늘밤에 스터디 그룹 있니?

Neil

Yeah, sure.

응, 있어.

Cemeron

Business as usual, huh? Hey, I heard you got a new kid. Looks like a stiff. Oops!

평소처럼 말이지? 야, 새로 온 녀석과 방 같이 쓴다며? 뻣뻣해 보이던데. 이런!

Neil

(to Todd) Listen, don't mind Cameron. He was born with his foot in his mouth.

(토드에게) 들어봐, 캐머런 말에 신경쓰지마. 원래 입이 거친 녀석이니까.

cf»   be born with a silver spoon in one's mouth: 은수저[우리식 표현은 금수저]를 갖고 태어나다

exts»   put one's[A] foot in one's[A] mouth: [A]가 실언하다, [A]가 상처 주는 말을해버리다. (실언을 입에 달고 태어났기에(be born with one's foot in one's mouuth) 원래 말실수를 잘하거나 말을 함부로 한다. Business as usual: 정상 영업 중, 여느 때와 다름없이 stiff: 얼간이 녀석, 뻣뻣해 보이는

1051 Are you catching my drift? 내 말뜻 알겠지?

con» **Norton**

 And the library? Gone. Sealed off brick by brick! We'll have a little book-barbecue in the yard!

그리고 도시관? 없애 주지. 벽돌로 차곡차곡 쌓아 폐쇄시킬 거야. 우린 뜰에 책으로 만든 barbecue를 먹게 될 거야[책들을 마당에서 태울 거야].

Ned

They'll see the flames for miles! We'll dance around it like wild Injuns! Do you understand me? <u>Catching my drift?</u>

그럼 수마일 밖에서도 불꽃이 보일 걸. 우린 그 주위를 돌면서 인디언처럼 춤 출 거고! 이해했나? 내 말뜻 알겠지?

rf» catch[get, take] one's drift: …의 말뜻을 이해하다(여기에서 'drift'는 '표류'가 아닌 '말의 취지'라는 의미). 상대방이 내 속뜻을 알아들었을까 궁금할 때 물어보는 표현으로 'Do you understand what I mean?'과 바꿔 쓸 수 있다.

exts» seal off: 밀폐하다, 봉쇄하다 Injuns: : 〈미국 방언〉 아메리카 인디언

1052 We go back a long way. 우린 오랜 친구잖아.

con» **Norton**

 Ned, we're providing a valuable community service.

네드, 우리는 사회에 봉사하는 거요.

Ned

That's fine for the papers, but I've got a family to feed. Sam, <u>we go back a long way.</u> I need this new highway contract. I don't get it and I go under.

기사거리로는 좋지만 난 먹여 살릴 가족들이 있어요. 샘, <u>우린 오랜 친구잖아.</u> 이 번 새 고속도로 계약건이 꼭 필요해. 이 고속도로 일을 못 따내면 파산한다네.

rf» community service: (교도소의 형량을 사는 대신으로 하는) 지역봉사 feed: 부양하다 We go back a long way.=We go way back: 우리는 오랜 친구 사이이다. contract: 계약 go under: 파산하다, 망하다 I let him down.: 그를 실망시켰어요.

1053 Some things are best left unsaid.

모르는 채로 있는 게 나을 때도 있다.

con» **Red (V.O.)**

I have no idea to this day what those two Italian ladies were singing about. Truth is I don't want to know. <u>Some things are best left unsaid.</u> I like to think they were singing about something so beautiful it can't be expressed in words and makes your heart ache because of it.

난 지금까지도 그 이탈리아 여자 둘이 뭐라고 노래했는지 모른다. 사실, 알고 싶지 않다. 모르는 채로 있는 게 나은 것도 있다. 난 그것이 말로는 표현할 수 없는 가슴이 시리도록 아름다운 얘기였다고 생각하고 싶다.

Norton

You're right.

맞아.

rf» leave unsaid: 모르는 채로[말하지 않은 채로] 남겨두다 'some things are best left unsaid.'라는 표현에서 best 대신에 better를 쓰는 경우도 많다.

ex» Better it left unsaid.: 말하지 않고 두는 것이 좋다.

1054 Andy kept pretty much to himself at first.

앤디는 처음에 다른 사람과 어울리지도 않았다.

con» **Red(V.O.)**

Andy kept pretty much to himself at first. I guess he <u>had a lot on his mind</u> trying to adapt to life on the inside. It <u>wasn't until</u> a month went by <u>before</u> he opened his mouth to say more than two words to somebody. As it turned out that somebody was me.

앤디는 처음에 다른 사람과 어울리지도 않았다. 아마 이곳 생활에 적응하느라 여러 가지 생각들이 많았던 거 같다. 그가 누군가에게 두 마디 이상의 말을 건넨 것은 한 달이 지나서였다. 그리고 그 누군가는 바로 나였다.

Andy

I'm Andy Dufresne.

앤디 듀프레인입니다.

Red

The wife-killing banker

아내를 살해한 은행가!

rf» keep to oneself: 남과 어울리지 않다, 혼자 지내다

cf» keep something to oneself (...을 독점하다, ...을 비밀로 하다) V.O.(=Voice Over): 인물이 화면에 노출되지 않고 목소리만 내는 것 have... on one's mind...: ...을 마음에 두다, 마음 쓰다 until ... that[before] ...: (부정문에서) ...이 되어서 비로서 ...하다

ex» It was not until I came Korea that[before] I learned Han-geul.: 한국에 와서 비로소 한글을 배웠다.

1055 **You've got it made.** 성공했구나.

con» **Roy**

 You've got it made, you bastard. Made in the shade. Snug as a bug in a rug.

해냈구나, 이 녀석. 확실히 해냈어. 이젠 아주 편안하게 살겠는 걸.

Oliver

Cut the crap and play.

헛소리 집어 치우고 공이나 쳐.

Roy

Working for Jonas and Marsh... pullin' in the coin.

조나스 앤드 마쉬 사에서 일하다니 ...돈을 긁어 모으겠군.

rf» have got it made: 대성공이다(have made it) bastard: 녀석, 놈 (have (got) it) made in the shade: 성공이 확실시 되다 snug as a bug in a rug: ('양탄자 속에 있는 빈대처럼 편안한'에 비유해) 매우 기분 좋게 자리잡고 앉은, 편안한 Cut the crap.: 헛소리 마. pull in: 〈구어〉 (돈을) 벌다

1056 **Always running the show.** 항상 자기 맘대로 하죠.

con» **Oliver**

How is she?
제니는 좀 어때요?

Dr. Addison

She wants the troops home for Christmas.
크리스마스 때 집에 가기를 원하네요.

Oliver

Always running the show.
항상 자기가 하고 싶은 대로 하죠.

Dr. Addison

She may succeed.
원하는 대로 될 거 같습니다.

Oliver

That fast?
그렇게 빨리요?

Dr. Addison

Yes.
네.

rf» run the show: 연극을 상연하다, 주도권을 쥐다(seize the initiative), 사업을 운영하다(take charge, assume control)'라는 뜻을 가진다.

ex» Ever since Bill retired from the business, his daughter's been running the show.: 빌이 은퇴한 후로, 그의 딸이 사업을 운영하고 있다.

1057 **I'll not give you the time of day.** 너를 거들떠보지도 않겠다.

con» **Barrett**

Finish law school. If this thing is real, it'll stand the test of time.
로스쿨을 마치거라. 만약 이것이 진심이라면 시간이라는 시험을 견뎌낼 것이다.

Oliver

It is real, but I don't see why I have to put it to some arbitrary test.
진심이에요, 그렇지만 왜 그것[우리 사랑]을 그런 말도 안 되는 시험에 맡겨야 하는지 모르겠어요.

Barrett

Because I'm asking you to.

그건 내가 그러라고 부탁하기 때문이야.

Oliver

You're commanding me.

명령하시는 거잖아요.

Barrett

Oliver... if you marry her now I'll not give you the time of day.

올리버, 네가 만약 지금 그 여자와 결혼한다면 난 널 처다보지도 않을 거다.

Oliver

Father, you don't know the time of day.

아버지는 아무것도 모르세요.

rf» the time of day: 최소한의 관심, 실정 Not give a person the time of day: (남을 몹시 미워하여) 아예 거들떠보지도 않다(to ignore someone, refuse to pay the slightest attention to someone), not know the time of day: 아무것도 모르다, 실정을 잘 모르다

exts» put it to...: ... 에 일[책임]을 맡기다 arbitrary: 임의의, 멋대로인, 독단적인

1058　**You got kicked out.**　　　너 쫓겨났구나.

con» **Oliver**

Fantastic news. Here, read it.

굉장한 소식이 있어. 자, 이거 읽어봐.

Jenny

Harvard Law school? You got kicked out.

하버드 로스쿨? 너 쫓겨났구나.

Oliver

Read it, will you please? It's great news.

제발 좀 읽어볼래? 진짜 대단한 소식이라구.

Jenny

You are first in the class?

1등 했니?

Oliver

Ehh, not quite. Third.

어, 그렇진 않구. 3등이야.

329

rf»   kick out: ...을 (발로 차서) 내쫓다, ...을 해고[추방]하다(to throw somebody out or send somebody away)'의 뜻이므로 get kicked out이라고 하면 '해고당하다', '쫓겨나다'의 뜻이다.

syn»   get fired=get the axe=get the sack

1059   I have the guts to admit what I felt.
난 내 감정을 털어놓을 용기는 있어.

con»   **Oliver**

At least I... had the guts to admit what I felt. Some day you're gonna have to come up with the courage to admit you care.

적어도 난 내 감정을 말할 용기는 있어. 언젠가 너도 좋아한다는 것을 인정할 용기를 가져야 할 거야.

Jenny

I care.

나도 좋아해.

rf»   gut: 소화기관(주로 위와 장), 용기(nerve), 배짱
ex»   a man of guts: 용기 있는 사람 have the gut to...: ...할 용기[배짱]가 있다 come up with...: ...생각해내다(think up), 생성해내다 care: 좋아하다

1060 He's a mess.　　　　이상한 남자네.

con» **Mike**

I worry about the future, what people will think of me. That they'll say, "What happened to the guy? <u>He's a mess</u>. Well, he doesn't really like women."

나는 앞날이 걱정돼. 사람들이 날 어떻게 생각할지 말야. 사람들은 "저 남자 왜 저래? <u>이상한 남자네</u>. 여자를 별로 안 좋아해."라고 말하겠지.

Terry

Why would they say that?

사람들이 왜 그런 말을 하는데요?

Mike

Well, because everywhere he goes, every woman he meets, he says
"where will you be in three months? Meet me in three months."

그건, 그 남자가 가는 곳마다, 여자를 만날 때마다 "3개월 후에 어디 있을 거 죠? 3개월 후에 만나요."라고 말하기 때문이지.

rf» '혼잡함', '더러움'을 뜻하는 mess를 사람을 지칭할 때 쓰면 복잡한 문제가 있는 사람', '얼간이'라는 뜻이 된다.

cf» You look like a mess.=You look trashed.: 너 상태가 안 좋아 보인다(격식을 갖추지 않은 표현이니 조심해서 쓰도록 할 것)

1061 I do have a weakness for nice things.

난 좋은 물건에 약하죠.

con» **Mike**

When you think about us, what do you remember the most?

우리에 대해 생각할 때 가장 기억에 남는 게 뭐요?

Terry

Mike, we only saw each other once. You tripped over my golf bag in front of the Essex House when I was getting into a cab. We never met.

마이크, 우린 딱 한 번 봤을 뿐이에요. 에섹스 하우스 앞에서 내가 택시에 타고 있을 때 당신이 내 골프가방에 걸려 넘어질 뻔 했죠. 우린 만난 적이 없어요.

Mike

Beautiful luggage, by the way.

어쨌든 멋진 가방이었소.

Terry

I do have a weakness[soft spot] for nice things.

난 좋은 물건에 약하죠.

exts» trip over...: ...에 걸려 넘어지다

1062 Off you go. 어서 가거라.

con»

Aunt

I wore this when I was married.

내가 결혼할 때 걸친 거야.

Terry

Beautiful.

예뻐요.

Aunt

Well, <u>off you go</u>. These petals are supposedly the hands of a polynesian princess. It's been hanging around for 62 years, but it's still holding together. I wish I could say the same for myself.

어서들 가거라. 이 꽃무늬는 폴리네시아 공주의 것이란 표시일 거야. 62년이나 걸쳤는데 아직도 닳지 않았어. 나도 그랬으면 좋겠어.

rf» '이제 그만 가봐.'라고 말하고 싶은데 동사 go 이외에는 달리 떠오르는 단어가 없다. 그렇다면 이 표현을 잘 기억해 두자. '가봐.'라는 뜻의 유용한 표현이다. Off we go.: 출발! petal: 꽃잎 hands: 소유(관리) hold[stick] together: 함께 모여 떨어지지 않다

1063 **You don't have a clue.** 전혀 생각이 안 나시군요.

con» **Mike**

What are we talking about?
무슨 얘길 하는 겁니까?

Terry

Us. You don't have a clue, do you? But don't be
embarrassed. You've been a very busy man for a very
long time. I know that. I'm a big girl. You look a little
clammy. Are you all right?

우리 얘기요. 전혀 생각이 안 나시군요. 그렇죠? 당황하실 거 없어요. 당신은
오랫동안 매우 바쁘신 분이었으니까요. 그건 나도 알아요. 난 관대한 여자니
까요. 안색이 좀 안 좋아 보이네요. 괜찮아요?

rf» '실마리', '단서'라는 뜻으로 'You don't have a clue.'라고 하면 'You don't have any
idea.' 혹은 'You don't know at all.'처럼 쓸 수 있는 표현이다.

1064 It's gonna take courage. 맨정신으로는 못하니까.

con›   **Charlotte**

I'm in. I'll go pack my stuff.
동참할게요. 가방 좀 챙겨올게요.

Bob

Get your coat.
겉옷도 입고 나와요.

Charlotte

See ya.
있다 봐요.

Bob

I hope you've had enough to drink. It's gonna take
courage.
술을 충분히 마셔뒀기를 바래요, 맨 정신으로는 못하니까.

rf›   take courage는 '용기를 필요로 하다' 혹은 '용기를 내다'라는 뜻이다.

rf›   '용기', '배짱'이라는 뜻의 nerve라는 단어를 사용해서 'That takes nerve.: 그건
배짱이 필요해.'라고도 말할 수 있다. Look at you.: 멋지시네요, 당신도 아실 겁니다.

1065 You're the boss. 분부대로 하죠.

con›   **Charlotte**

Why do they switch the "R's" and the "L's" here?
여기 사람들은 왜 R하고 L하고 바꿔서 발음하는 거죠?

Bob

For yucks. To mix it up. They have to amuse themselves
because we're not making them laugh.
웃기려고요. 아니면 혼란스럽게 하려고요. 우리가 재미없으니까 자기네들끼
리 즐기는 거죠.

Charlotte

Let's never come here again because it would never be
as much fun.
우리 여기 다시는 오지 말아요. 정말 재미없어요.

Bob

Whatever you say. You're the boss.

뭐든 말하든지. 분부대로 하죠.

Charlotte

I'm stuck. Does it get easier?

저는 덫에 걸린 것 같아요. 사는 게 점점 쉬워지나요?

Bob

No. Yes. It gets easier.

아니요. 네, 쉬워져요.

Charlotte

Thanks. The more you know who you are and what you want, the less you let things upset you.

뭘요. 자신에 대해서, 그리고 자신이 무엇을 원하는지 많이 알수록 덜 힘들죠.

rf» 'Boss'는 말 그대로 '두목', '대장'이라는 뜻이다. 'You're the boss.'는 '분부대로 따르죠.', '누구 명이신데요.'라고 구어적으로 쓰이는 표현이다. yuck: 〈속어〉 웃음, 농담 mix up: 뒤섞다, 혼동시키다 amuse: 웃기다, 즐겁게 하다 upset: 당황하게 하다

gr» the 비교급 ..., the 비교급 ...: ... 하면 할수록, ... 더욱더 ... 하다

ex» The higher we go up the sky, the thinner the air becomes: 하늘 위로 오르면 오를수록, 더욱더 공기는 희박해진다.

1066 What are you doing here?   여기는 어떻게 오셨어요?

con» **Charlotte**

So what are you doing here?

여기는 어떻게 오셨어요?

Bob

A couple of things. Taking a break from my wife, forgetting my son's birthday...and getting paid two million dollars to endorse a whisky... when I could be doing a play somewhere. But the good news is that the whiskey works. What are you doing?

몇 가지 할 일이 있죠. 아내한테서 벗어나고, 아들 생일도 잊어버리고, 위스키 광고 계약으로 200만 달러도 벌고... 어디서든 제 역할을 할 수 있을 때 말이죠... 그런데 좋은 것은 위스키가 그 효과를 제대로 내주는 거네요. 그쪽은요 [여기는 어떻게 오셨어요]?

Charlotte

My husband's a photographer, so he's here working. I wasn't doing anything so I came along. And we have some friends that live here.

남편이 사진작가인데요, 일 때문에 여기 왔어요. 저는 딱히 하는 일도 없고 해서 따라왔어요. 여기 사는 친구들도 만날 겸해서요.

Bob

How long you been married?

결혼한지는 얼마나 됐어요?

Charlotte

Two years.

2년이요.

Bob

Twenty-five long ones.

저는 25년 됐어요.

Charlotte

You're probably just having a midlife crisis. Did you buy a porsche yet?

중년의 위기를 겪고 계신가 봐요. 포르셰는 사셨나요?

Bob

I was thinking about buying a porsche.

살까도 생각했죠.

Charlotte

Twenty-five years. That's... impressive.

25년이면. 정말 ... 대단하네요.

---

rf➤ 'What are you doing here?'은 '지금 여기에서 뭐하고 계세요?'라는 뜻이지만, '여기에는 어떤 일로 오셨어요?(What brought you here?)'라고 이해가 가능하다. 혹은 우연히 아는 사람을 만났을 때 '여기에는 웬일이세요?'라고 말할 때 쓸 수 있는 회화표현이다. endorse: (상품을) 추천하다, ...광고에 출연하다 work: 효과가 있다(여기에서는 위스키 광고도 찍고, 위스키를 마시면서 여유도 즐긴다는 의미) come along: 같이 가다[오다], 따라 나서다 Twenty-five long ones=Twenty five long years). midlife crisis: 중년의 위기

cf➤ seven year itch: 결혼 후 7년째쯤의 권태기[바람기]

1067 **Ignorance is bliss.** 모르는 게 약이다.

con» **Cypher**

You know, I know that this steak doesn't exist. I know when I put it in my mouth, the Matrix is telling my brain that it is juicy and delicious. After nine years, you know what I've realized? Ignorance is bliss.

아는 것처럼, 난 이러한 스테이크가 존재하지 않는다는 것을 알고 있지. 입안에 넣었을 때 매트릭스가 그것은 즙이 많고, 맛있다는 것을 생각 속에 주입시키는 것을 알고 있거든. 9년 후에, 내가 깨달을 것을 알고 있잖아. 모르는 게 약이야.

Agent Smith

Then we have a deal?

나에게 그럼 거래를 하는 건가?

rf» 'Ignoance is bliss.'는 '모르는 게 약이다.'라는 속담이다. 여기에서 'bliss'는 '더 없는 행복'이라는 뜻이다.

cf» Ignorance is no innocent, but sin.: 무지는 순진한 게 아니고 죄다.

1068 **You'll feel right as rain.** 기분이 나아질 거야.

con» **Oracle**

You're in control of your own life, remember? Here, take a cookie. I promise by the time you're done eating it, you'll feel right as rain.

네 삶은 네 거니까, 알았지? 여기, 쿠키 하나를 먹어봐. 다 먹고 나면 분명 기분이 나아질 거야.

Cypher

I'll see.

알겠어요.

rf» be in control of...: ...을 관리[제어]하고 있다 right as rain은 '완전히 정상으로','매우 건강하여(completely healthy)'라는 표현이다.

exts» by the time: ...할 때쯤이면

1069 **Time is always against us.** 우린 항상 시간에 쫓기지.

con» **Morpheus**

Remember. All I'm offering is the truth. Follow me.
Apoc? Are we on-line?
명심해. 난 진실만을 말한다. 날 따라와. 에이픽? 연결됐나?

Apoc

Almost.
거의요.

Morpheus

Time is always against us. Please, take a seat there.
우린 항상 시간에 쫓기지. 자, 자리에 앉아.

rf» against는 '...에 반대하여', '...에 거슬러'라는 전치사다. Time is against us는
'시간은(사람에게 적대적이란 의미에서) 부족하다'라는 뜻으로 파악할 수 있다. 이
전치사에 대한 예로 '금연운동'은 a campaign against smoking, '...의 기대에
어긋나게'라는 against ... expectation으로 표현할 수 있다. on-line: 온라인의,
접속된

1070 **I owe you an apology.** 사과할게.

con» **Morpheus**

I feel that I owe you an apology. We have a rule. We
never free an mind once it reaches a certain age. It is
dangerous. The mind has trouble letting go. I've seen it
before, and I'm sorry.
사과하고 싶네. 우리에겐 규칙이 있는데, 일단 그것이 어떤 나이에 도달한다면
우리는 마음을 자유롭게 할 수 있거든. 그것은 위험한 일이야. 마음을 자유롭
게 하는데 고통이 따르거든. 전에도 그런 걸 본 적이 있었는데, 미안하네.

Oracle

No problem.
괜찮아요.

rf» owe는 '...에게 (어떤 감정을) 품다', '(감사나 경의 따위를) 표시할 의무가 있다'라는
뜻이다. 사과할 때 쓰는 표현으로는 'I make an apology.'도 있다. 여기에서 'free a
mind'는 '인간을 자유롭게 하다'라는 의미로 사용되었다. free: 해방하다, 자유롭게
하다 mind: 마음, 정신 let... go=let go of...: ...을 해방하다(release), ...을 무시하다

1071   We've had our eye on you for some time.

우리는 그동안 널 지켜봐 왔다.

con»   **Mr. Anderson.**

As you can see, <u>we've had our eye on you for some time now</u>.

보다시피, <u>우리는 한동안 자넬 지켜봐 왔네</u>.

Agent Smith

It seems that you've been living two lives. In one life, you're Thomas A. Anderson, program writer for a respectable software company. You have a social security number, you pay your taxes.

당신이 2년을 살아온 것처럼 생각되네. 한 사람의 인생 속에서, 당신은 토마스, 에이, 엔더슨, 다시 말해, 유명한 소프트회사의 프로그램 제작자이지. 당신은 사회 보장 번호를 가지고 있고 세금을 지불해야지.

rf»   have[keep] one's[an] eye on: ...에게서 눈을 떼지 않고 감시하다, ...에 유의하다, ...에 눈독을 들이다 respectable: 상당히 좋은, 평이 좋은, 존경할 만한 social security number: 사회 보장 번호(미국시민과 그 외 합법적인 체류자격이 있는 사람에게 주어진다)

1072   This line is tapped.   이 전화는 도청되고 있다.

con»   **Morpheus**

This line is tapped, so I must be brief. They got to you first, but they've underestimated how important you are. If they knew what I know, you would probably be dead.

도청되고 있으니 짧게 말하지. 그들이 널 먼저 잡았지만 네가 얼마나 중요한 사람인지는 과소평가했어. 만약 내가 아는 걸 그들도 알았다면 넌 끝났을 거야.

Matrix

Maybe.

아마.

rf»   tap: (통의) 주둥이, 마개, 전화, 전신의, 도청(장치), ...을 도청하다(wire=bug). underestimate: ...을 과소평가하다, 경시하다

1073　It's a household name.　유명 상표죠.

con»

Forrest

"Bubba-Gump Shrimp." It's a household name.
"부바 검프 새우"요. 유명 상표죠.

Man

Hold on there, boy. Are you telling me you're the owner of the Bubba-Gump Corporation?
이봐, 잠깐만요. 지금 당신이 부바 검프 회사의 소유주라는 거요?

Forrest

Yes. We've got more money than Davy Crocket.
네. 우린 데이비 크로켓보다 많은 돈을 벌었어요.

Man

Boy, I've heard some whoppers in my time, but that tops them all. We were sitting next to a millionaire!
이런, 살면서 별 허풍을 다 들어봤지만, 이게 그중에 최고요. 우리가 백만장자 옆에 앉아 있었다니!

rf»
a household name: 잘 알려진 이름[사람](a name everyone knows) boy: 이런, 젊은이, 소년 Davy Crocket: 데이비 크로켓=미국 개척시대의 전설적 인물, 텍사스 지역을 놓고 미국과 멕시코가 싸운 알라모 전투에서 전사 whopper: 터무니없는 거짓말(big lie). in one's time: 살아 있을 동안에 next to...: ...옆에 millionaire: 백만장자

1074   **Ping-pong came very natural to me.**

탁구는 나에게 쉬웠죠.

con»   **Forrest(V.O.)**

For some reason, ping-pong came very natural to me.
어떤 이유에선지, 탁구는 나에게 정말 쉬웠어요.

Soldier

See, any idiot can play.
봤지, 바보도 할 수 있다니까.

Forrest(V.O.)

So I started playing it all the time. I played ping-pong
even when I didn't have anyone to play ping-pong
with.
그래서 난 맨 날 탁구를 쳤어요. 같이 칠 사람이 없을 때도 했죠.

rf»   come natural to..는 '...에게 쉽다[용이하다]'라는 뜻이다. 여기에서 natural은 '타고난', '선천적인'의 의미가 있다. 탁구 치는 감각을 타고 났기 때문에 아마도 쉬웠을 것이다.

1075   **It grows on you.**   너의 마음에 들 기야.

con»   **Forrest**

Oh, Momma. I only like using my own paddle.
근데 엄마, 난 내 탁구채 쓰는 게 좋아요.

Mrs. Gump

I know that. But it's twenty-five thousand dollars,
Forrest. I thought maybe you. Could hold it for a while,
see if it grows on you.
나도 안단다, 하지만 2만 5천 달러야, 포레스트. 잠깐 써 보고 마음에 들지 한
번 보자.

rf»   see if...: ...지 알아보다, 확인하다 grow on you는 '네가 점차 마음에 들게 되다(You
will gradually like it more and more)'

1076 Jenny and me was like peas and carrots.

제니랑 나는 바늘과 실 같은 사이가 되었다.

con» **Jenny**

Are you stupid or something?

너 바보나 그 비슷한 거니?

Forrest

Mama says "stupid is as stupid does".

엄마는 바보짓을 해야 바보라고 했어.

Jenny

I'm jenny.

난 제니야.

Forrest

I'm Forrest Gump. Forrest Gump.

포레스트 검프야. 포레스트 검프.

Forrest(V.O.)

From that day on, we was always together. Jenny and me was like peas and carrots.

그날부터 우리는 항상 붙어 다녔습니다. 제니와 전 바늘과 실 같은 사이였지요.

rf» peas and carrots: 미국 사람들이 즐겨먹는 스테이크에 항상 곁들여 나오는 음식(그래서 '완두콩과 당근'같다고 하면 '항상 붙어 다니는 짝꿍'이라는 의미) V.O.: 목소리만 나오게(voice over). From that day on: 그날부터 계속

1077 He had a lot to live up to.

그는 기대에 부응해야 하는 부담이 있었다.

con» **Forrest(V.O.)**

Lt. Dan sure knew his stuff. I felt real lucky he was my lieutenant. He was from a long, great military tradition. Somebody in his family had fought and died in every single American war. I guess you could say <u>he had a lot to live up to</u>.

댄 중위님은 무엇을 해야 하는 지 잘 아셨죠. 그가 내 상관이 되다니 난 정말 운이 좋은 거 같았어요. 그는 오랜 군인 전통이 있는 가문 출신이죠. 그와 집 안사람들 몇 명은 미국의 거의 모든 전투에서 싸우다 전멸했데요. 내 생각에 그 분은 아마 심적 부담감이 컸을 거예요.

Jenny

You've got a point there.

일리가 있네요.

rf» Lt.=Lieutenant: 〈군대〉 중위 live up to: 기대에 부응하다, (주의, 신조, 이상)에 따라 살다 stuff: (자신과 관련된) 일의 내용, 요령 military: 군의, 군대 (경력이)

1078   Let go of it.   그냥 포기하세요.

con»   **Melanie**

I know, Sammy, but it's on the way. We'll make it. Okay?

그래, 알아. 지금 가고 있잖니. 시간 맞춰 갈 수 있을 거야, 알았지?

Jack

Let go of it.

거긴 가지 말아요.

Melanie

I can't let go of it. It's my job.

안 갈 수 없죠. 이건 내 직업이에요.

rf»   on the way (to)...: ...으로 가는 길에[도중에] make it: 제시간에 도착하다, 해내다, 성공하다 let go of...: 무언가를 더 이상 붙잡지 않고 '손에서 놓다.', 어떤 상황에 대해 '눈 감고 지나가다(let it slide)'

1079   What's your poison?   술은 뭐 드실래요?

con»   **Client**

I'm glad you could make it. What's your poison?

시간 맞춰 와 주셔서 감사합니다. 술은 뭐 드시겠어요?

Melanie

Oh, I'll Just have some water.

아, 전 그냥 물 마실게요.

Client

Nonsense. We're way ahead of you. You have some catching up to do.

말도 안돼요. 저희가 먼저 시작했는데, 같이 좀 취하셔야죠.

rf»   poison: '독약'이라는 뜻 이외에 '마실 것', '술'

ex»   What's your poison?= Choose[name] your poison.: 술은 뭘 드시겠어요? Nonsense.: 말도 안돼요. way ahead of...: ...보다 훨씬 먼저(앞에) have some catching up to do: 밀린 일을 따라 잡다 catch up: 따라잡다, 보조를 맞추다

con» **Melanie**

Sammy, where's Maggie? Take that out your nose. What is the matter with you (back to her mom, on the phone) Excuse me. The thing is, I think I could have feelings for him too. Or at least I think I might be able to, which is, you know… it's a big step up for me.

새미야, 매기 어디 있니? 그건 코에서 빼라. 대체 왜 그러는 거니? (다시 엄마와 통화하며)아, 죄송해요. 그러니까 중요한 건 저도 그 남자한테 관심을 가질 수 있다는 거죠. 그게 아니더라도 최소한 그럴 가능성이 있을 수도 있다는 게 저한테는 큰 발전이잖아요.

Jack

Who are you talking to?

누구한테 전화하는 거야?

rf» step up: 발전, 진보, 상승 (위의 표현은 멜라니가 이혼한 뒤로 다시 사랑을 하고 결혼하는 것에는 관심조차 갖지 않았는데 잭에 대한 호감이 생긴 것이 큰 발전이라는 뜻으로 'It's a big step up for me.: 저한테는 큰 발전이에요.'라고 말한 것이다).

---

con» **Melanie**

(to Sammy) Oh, who wants to go on a boat in the rain, anyway? I know. You did.

(새미에게) 누가 비 오는 날에 보트 타고 싶겠어? 그래, 알아. 네가 그렇지.

Jack

All right. Listen, uh, Melanie. I feel awful about this and I'll make it up to you. You too, kiddo. All right?

알았어요. 음 …멜라니, 이번 일 정말 미안하구요, 내가 책임질게요. 너한테도 미안하다. 괜찮니?

rf» make it up to...: (잘못한 일이 있거나, 미안한 일이 있을 때) ...에게 변상하다, ...에게 물어주다, ...에게 잘못을 만회하다 go on a boat: 보트 타러 가다, 뱃놀이가다 feel awful: 아주 미안한 감정을 느끼다, 죄책감이 들다 kiddo: (속어로 친한 사이의 호칭으로) 너, 야

1082 You probably think I'm a real control freak.

제가 완벽주의자라고 생각하시는군요.

con» **Melanie**

You probably think I'm a real control freak, and I'm not
at all. Well, I mean, I do like things the way I like, but
who doesn't? And anyway, in my life, I'm the only one
who ever does anything, so, what does it matter?

제가 완벽주의자라고 생각하시나 본데요, 절대 그렇지 않아요. 그러니까... 모
든 일을 내가 좋아하는 방식대로 하고 싶어하기는 하지만, 누군 안 그렇겠어
요? 어쨌든, 내 인생에서 어떤 일을 해결하는 사람은 나 하나뿐이죠. 그게 뭐
잘못됐나요?

Jack

No, but this time is not.

아니지, 그렇지만 이번은 아니야.

rf» 모든 문제를 혼자 해결하거나, 남의 의견이나 도움 없이 혼자 결정하는 사람을
control freak이라고 한다. '결벽증 환자', '독단주의자', 혹은 '완벽주의자',
'자기중심적인 사람' 등으로 풀어 표현할 수 있다. freak: 괴짜, 기인

1083 **All set?**   다 됐어요?

Melvin

 No... no... leave it... the bacon's for the dog. Last week I was playing the piano for him and he likes it, and so I decide I'm going to make a little joke...

아네요, 베이컨은 그냥 놔둬요. 개한테 갖다 줄 거예요. 지난 주에는 그 녀석 한테 피아노를 쳐주니까 좋아하더군요. 그래서 이젠 농담을 좀 해볼까 해요.

Carol

(as he turns almost chatty) You all set here?

(멜빈이 계속 수다를 늘어놓으려고 하자) 뭐 필요한 거 없으시죠?

All set?: 다 됐어요?, 준비되셨어요?

가게에서는 '살 것 다 정하셨나요?', 식당에서는 '주문 다 끝나셨나요?'라는 뜻으로 쓰일 수 있다. set: 〈구어〉 준비된, 갖춘

1084 We have had our close calls. 위기의 순간들이 있었죠.

---

con» **Interviewer**

I think it's worth knowing that is not the first time that someone from the outside has attempted to reach Truman, is it?

외부 사람들이 트루먼과 만나려고 시도한 게 이번이 처음이 아닌 것은 알만한 가치가 있는 것으로 알고 있습니다. 그렇지 않습니까?

Christof

We have had our close calls in the past.

과거 위기의 순간들이 꽤 있었죠.

rf» worth 명사[...ing]: ...할[받을] 가치가 있는 attempt to ...: ...하려고 시도하다 close calls: 위기일발, 구사일생. 여기에서는 사람들의 돌발출연으로 위기의 상황들이 있었다는 뜻으로 말한 것이다.

1085 Bottom line is they can't drive the boat.

요점은 그들이 배를 조정할 줄 모른다는 거예요.

---

con» **Production Assistant**

Come on! Get it movin! Get it out of here! Come on!

어서 가요, 출발합시다. 배를 출발시켜요, 어서!

Actor

I'm usually a bus driver.

난 버스 운전자요.

Production Assistant

Bottom line is they can't drive the boat. They're actors!

문제는 배를 조정할 줄 모른다는 거예요. 배우들이잖아요.

rf» Come on!: 자!, 빨리(hurry up). movin'=moving. bottom line: 결산서의 맨 밑줄, 가장 중요한 내용, 핵심, 요점

1086 Whatever you say, I'm game.

난 뭐든지 찬성이야.

con»

Truman

Okay, then! Let's do it!

좋아 그래, 하자!

Marlon

What?

뭐라고?

Truman

Whatever you say, I'm game!

네가 무엇을 말하든(지간에), 난 찬성이야.

Marlon

What are you talking about?

무슨 소리야?

Truman

Your birthday comes but once a year!

네 생일은 1년에 한 번뿐이라구!

rf» 'I'm game (for+명사(구)/to+동.원)'은 '내가 위험한 것이나 새로운 것, 혹은 어려운 것이라고 마다하지 않고 기꺼이 해보겠다'라는 뜻으로 'I'm willing (for+명사(구)/to+동.원)'과 같은 표현이다.

1087　The last thing I would ever do is lie to you.

너한테는 절대 거짓말 안 해[내가 할 마지막 일이 너에게 거짓말 하는 것이다].

con» **Marlon**

The last thing I would ever do is lie to you. I mean, think about it, Truman. If everybody's in on it, I'd have to be in on it, too. I'm not in on it, Truman, because there is no "it."

너한테만은 절대 거짓말 안 해. 그러니까, 생각해봐, 트루먼, 세상사람 모두가 음모에 관계되어 있다면 나 또한 연관되어 있을 텐데. 난 아니야, 트루먼, 왜냐면 그런 음모가 없으니까.

Truman

I know that.

나도 그거 알지.

rf» The last thing: 가장 마지막에 할 것이기에 '결코 ...하지 않을 일'의 의미다.

ex» He is the last man to succeed in the attempt.: 그 사람은 좀처럼 성공할 것 같지 않다. be in on: ...구어로 '(비밀을) 알고 있다', '... (계획에) 관여[관계]하다'의 뜻으로 '현재 일어나고 있는 일에 관련되어 있다'라는 표현으로 사용된다.

1088　I'd kill for a desk job.　　난 사무직이 부러워.

con» **Truman**

Out of my job. Out of Seaheaven. Off this island. Out.

직장을 그만두고 시헤븐을 떠나는 거야, 이 섬을 떠나는 거지. 바깥세상으로.

Marlon

Out of your job? What's wrong with your job? You've got a great job, Truman. You've a desk job. I'd kill for a desk job.

일을 그만둔다고? 네 직업이 어때서? 넌 좋은 직업을 가지고 있어, 트루먼. 넌 사무직이잖아. 난 사무직이 부러워 미치겠던데.

rf» kill for something: 무엇인가를 너무나 원해서 그것을 가지기 위해 어떤 것이든 할 수 있다

exts» What's wrong with it?: 그게 어떻단 말이야? 뭐가 잘못된 거야?

1089 That's the whole ball of wax. 이거면 충분합니다.

con» **Truman**

 Paper, please. I <u>might as well</u> pick one of these up <u>while I'm at it</u>.
신문 주세요. 기왕 하는 김에 이것 중 하나 사야겠어요.

Harold

For the wife?
부인 주려고?

Truman

She's gotta have them.
아내도 신문 읽어야죠.

Harold

Anything else, Truman?
다른 건 필요 없어, 트루먼?

Truman

That's the whole ball of wax.
이거면 충분합니다.

rf» might as well+동.원=do well to+동.원...=had better+동.원: ...하는 편이 낫다 pick up: 구입하다, 집어 들다 The whole ball of wax: 필요한 것 일체[일습](=the whole thing, everything).

1090   You can't hold out on me.   나한테 숨길 생각하지 마.

con»

Hennessy

The princess story, the exclusive. Did you get it?

공주 기사 말이야... 특종 잡았어?

Joe

No, no, I didn't get it. (He turns away.)

아뇨, 못 잡았어요. (돌아선다.)

Hennessy

What? But that's impossible!

뭐? 말도 안 돼!

Joe

Have a cup of coffee or something?

커피나 뭐 좀 드실래요?

Hennessy

Joe, you can't hold out on me.

자네, 나한테 숨길 생각하지마.

---

rf»   exclusive(=scoop): 독점 기사, 특종 I didn't get it.: 난 이해하지 못했다.

1091 They'll have a fit.
그 사람들 기절할 거예요.

con» **Joe**

What'll the people at school say when they see your
new haircut?

머리 그렇게 자른걸 보면 학교 사람들이 뭐라고 할까요?

Ann

They'll have a fit. What would they say if they knew I'd
spent the night in your room?

아마 기절할 거예요. 제가 당신 방에서 보낸 걸 알면 뭐라고 할까요?

Joe

Well, er, I'll tell you what. You don't tell your folks and I
won't tell mine.

음 이렇게 하죠. 사람들한테 말하지 마세요. 나도 당신 얘기 안 할게요.

grs» What would they say if they knew I'd spent the night in your room?='가정법
과거(현재 사실에 대한 반대 표현)' 문장이다.

exts» I'll tell you what.: 이렇게 하는 게 어때요? 실은 이렇죠. folks: 사람들

1092 You're a dead ringer for...
당신 ...와 닮은 것 같아요.

syn» You look like ...=You resemble ...: You take after ...: You and ... look
alike.

con» **Irving**

Hey, er, anybody tell you you're a dead ringer for... (Joe
kicks him in the leg, under the table.) Oh!(Confused, he
stands up.) Well, er, I guess I'll be going.

저기.. 혹시 누구랑 꼭 닮았다는 얘기 안 들으세요?(조가 테이블 밑으로 어빙
의 다리를 발로 찬다.) 아! (어리둥절해하며 그가 자리에서 일어난다.) 아, 그
럼, 전 이만 가봐야 할 것 같아요.

Joe

Oh, don't do a thing like that, Irving. Sit down.
(pacifying him) join us, join us.

아, 그러지 말게. 앉으라구. 어빙. (그를 달래며) 우리랑 같이 있자니까.

rf» pacify: 달래다, 진정시키다

1093   I'm up to my ears in work.   나 지금 일하느라 너무 바빠.

syn»   My hands are full.

con»   **Irving**

I can't come. I'm up to my ears in work. Go on, get into
your next outfit, will you, Honey? The canoe. What
kind of a scoop, Joe?

아, 나 지금 바빠서 못 가. 일하느라 정신없어. 계속해요, 다음 의상으로 갈아
입어요. 알았죠, 자기? 카누 의상이요. 조, 어떤 특종인데?

Joe

Look, Irving, I can't talk over the telephone. One word
in the wrong quarter and this whole thing might blow
sky-high. It's front page stuff.

잘 들어 어빙, 전화로는 말하기 곤란해. 틀린 장소에서 한 마디라도 새 나가면
모든 걸 망치게 되지. 이건 1면 기사감이라구.

rf»   up to one's[the] ears in...: ...하느라 정신이 없는, ...때문에 꼼짝 못하여(난해한
문제를 안고 있거나 일이 몰려 있을 때 쓸 수 있는 표현이다)

cf»   ears 대신에 eyes 혹은 neck을 넣어서 말할 수도 있다. scoop: 특종, 극비 정보
quarter: 지역, 지방, (특정 지역의) 사람들 blow sky-high: (일, 계획 따위가) 완전히
어긋나다 mouthpiece: (전화기의) 입대고 말하는 부분, 송화구

1094 I can't tell at all. 전혀 모르겠어요.

con» **Jerry**

I was thinking I hope he doesn't get injured. I felt responsible.

로드가 부상당하지 않으면 좋겠다고 생각했어요. 책임감을 느꼈어요.

Dorrothy

Sometimes <u>I can't tell at all</u>, what's going on and on in that head of yours. (Jerry makes a noise.) And I really don't know your noises yet.

가끔 난 전혀 모르겠어요. 도대체 당신이 머릿속으로 무슨 생각을 하고 있는지 말이에요. (제리가 이상한 소리를 낸다.) 그리고 그 소리도 무슨 뜻인지 정말 모르겠어요.

rf» 동사 'tell(=distinguish)'에는 '알아내다', '분간하다', '식별하다'라는 뜻이 있다. '그 남자는 항상 거짓말을 해. 난 알 수 있어.'라는 뜻으로 'He's always lying. I can tell it.'이라고 말할 수 있다.

1095 I'm freaking out. 무서워 죽겠어요.

con» **Marcee**

Oh, my God! <u>I'm freaking out</u>!

아, 어떡하면 좋아! 나 무서워 죽겠어요.

Jerry

Marcee, He's unconscious. Just stay calm. <u>Just keep the phone lines open</u>. I'll call you back.

마시, 로드가 의식을 찾지 못하고 있어요. 진정해요. 받을 준비를 하고 있어요. 다시 전화할게요.

rf» 깜짝 놀라거나, 화가 나거나, 너무 무서워서(be scared) 정신을 차리지 못할 때 freak out이라는 표현을 쓸 수 있다.

ex» The shadow ghost freaked me out: 그림자가 나를 놀라게 했다. Keep the phone lines open.: 전화선이 열린 상태로 유지시켜라[전화 받을 준비하고 있어라].

gr» keep+목적어(A)+목적보어(B)=(A)가 (B)한 상태로 유지시키다.

1096 You seem just the way I pictured you.

상상했던 그대로이시네요.

con» **Jerry**

I'm Jerry Maguire.

저는 제리 맥과이어라고 합니다.

Laurel

You seem just the way I pictured you. I'm her disapproving sister Laurel.

생각했던 그대로시네요. 저는 불만 많은 언니, 로렐이에요.

Jerry

Honesty. Thank you.

솔직하시네요. 감사합니다.

rf» picture: 머리속에 그리다, 상상하다, 그림, 사진(photo)

ex» You seem just the way I pictured you.: 제가 생각했던 그대로이시네요.(이 말은 상황에 따라 좋은 인사말이 될 수도 있지만, 지금 이 장면에서처럼 상대방을 당황하게 만드는 말이 될 수도 있다.)

1097 These are the ABC's of me.　　이건 내 기본 철칙이야.

con» **Rod**

Do your job! Don't you tell me to dance. I'm an athlete. I am not an entertainer. These are the ABC's of me. I do not dance.

네 일이나 잘해! 나한테 춤추라고 하지 마. 난 운동선수지 연예인이 아니라구. 이건 내 기본 철칙이야. 춤 같은 건 안 춰.

Jerry

You're very stubborn.

넌 고집이 세.

rf» A, B, C가 알파벳의 첫 세 글자인 데서 비롯하여 the ABC('s)는 '기초', '원칙', '가장 중요한 것'이라는 의미다. The ABC's of mathematics는 '수학의 기본', the ABC's of gardening은 '원예의 기초'라는 뜻이다. 이 장면에서 말한 the ABC's of me는 '나의 기본 철칙', '내 좌우명(motto)'이라는 뜻이 된다.

1098　My favorite aunt is hearing-impaired.

내가 좋아하는 아주머니가 청각장애에요.

con»　**Jerry**

I wonder what he said.

남자가 뭐라고 했는지 궁금하네요.

Dorothy

My favorite aunt is hearing-impaired. He just said "You complete me."

저랑 친한 이모가 청각장애인이라서 아는데요, "당신은 나를 완전하게 만들어주는 사람이야."라고 했어요.

rf»　hearing-impaired는 '청각 장애를 가진(hard of hearing)', speech-impaired는 '말을 못 하는'이라는 뜻이다. deaf와 dumb은 각각 이들 단어와 같은 뜻이지만 함부로 말하면 큰 실례가 된다.

cf»　impaired(신체의 일부가) 손상된(disabled). 신체적으로 장애가 있는(physically-disabled)]

- The Hunt for Red October (1990년, 액션/스릴러, 미국, 137분)
- Teenage Mutant Ninja Turtles (2014년, 액션/어드벤처/코미디, 미국, 101분)
- Revenge (2020년, 액션, 프랑스, 108분)
- Midnight Run (1990년, 코미디, 미국, 126분)
- Rise and Fall of IDi Amin (1981년, 전기, 케냐/나이지리아/영국, 101분)
- Apaches (2013년, 드라마, 프랑스, 82분)
- Much Ado about Nothing (2017년, 드라마, 미국, 108분)
- Posse (1993년, 서부, 영국/미국, 99분)
- A Dangerous, Woman (1993년, 로맨스/멜로, 미국, 101분)
- Hear No Evil (1993년, 스릴러, 미국, 97분)
- The House of the Spirits (1993년, 드라마/로맨스/멜로, 덴마크/미국, 140분)
- The Butcher's Wife (1991년, 판타지, 미국, 107분)
- Kuffs (1992년, 코미디, 미국, 100분)
- Regarding Henry (1992년, 드라마, 미국, 97분)
- Shinning through (1992년, 드라마/멜로/로맨스, 미국, 117분)
- Only You (2015년, 로맨스/멜로/코미디, 중국, 113분)
- Voyager (1992년, 모험/멜로, 미국, 140분)
- The Player (1993년, 코미디/범죄, 미국, 123분)
- Far and Faraway (1992년, 멘틱 드라마, 미국, 140분)
- Patriot Games (1992년, 액션, 미국, 112분)
- The Fabulous Baker Bays (1988년, 코미디/드라마, 미국, 114분)
- Raising Cain (1993년, 공포/스릴러, 미국, 91분)
- Bob Roberts (1992년, 코미디, 국가/미국/영국, 105분)
- True Love (2014년, 스릴러, 미국/이탈리아, 102분)
- Backstreet Dreams (1990년, 드라마, 미국 96분)
- Carlrito's Ways (1994년, 드라마, 미국, 145분)
- Order of the Black Eagle (1985년, 어드벤처, 미국, 93분)
- The Predator (2018년, SF/액션/스릴러, 미국, 108분)
- French Kiss (1995년, 코미디/로맨스/멜로, 영국/미국, 111분)
- A Simple Twist of Fatte (1994년, 패밀리/코미디, 미국, 129분)
- The Look Out (1993년, 코미디, 미국, 105분)
- Ways to the Heart (2002년, 드라마, 한국, 시리즈)
- The 7th Heaven (1996년, 드라마, 미국, 시리즈)
- Six Days and Seven Nights (1998년, 액션/어드벤처, 미국, 102분)
- Notting Hill (1999년, 코미디/로맨스/멜로, 영국/미국, 123분)

- Mulan (2010년, 액션/전쟁/시대극, 중국/미국, 110분)
- Peace, Love and Misunderstanding (2011년, 코미디/드라마, 미국, 92분)
- Prime (2005년, 코미디/로맨스/멜로, 미국, 95분)
- Ice Age (2012년, 애니메이션, 미국, 92분)
- Aladdin (2019년, 어드벤처/판타지, 미국, 128분)
- Shrek (2010년, 코미디/어드벤처/애니메이션, 미국, 93분)
- Win a Date with Tad Hamilton (2004년, 코미디/로맨스/멜로, 미국, 95분)
- The School of Rock (2004년, 코미디, 영국, 108분)
- Cold Mountain (2004년, 로맨스/멜로/전쟁, 미국/영국/루마니아/이탈리아, 154분)
- Cheaper by the Dozen (2004년, 코미디/가족, 미국, 95분)
- Simone (2003년, 판타지/SF, 미국, 117분)
- Harry Potter (2011년, 판타지/어드벤처(시리즈), 영국/미국, 131분)
- Just like Heaven (2005년, 코미디/로맨스/멜로, 미국, 94분)
- Flight Plan (2005년, 스릴러/드라마, 미국, 98분)
- Transporter 2 (2005년, 액션, 프랑스/미국, 90분)
- Charlie and the Chocolate Factory (2005년, 코미디/판타지, 영국/미국, 115분)
- Cinderella Man (2005년, 액션/드라마, 미국, 144분)
- Bewitched (2005년, 코미디/로맨스/멜로, 미국, 102분)
- In Good Company (2005년, 코미디/로맨스/멜로, 미국, 109분)
- The Rundown (2003년, 액션/어드벤처, 미국, 104분)
- Assault of Precinct 13 (2005년, 수사, 미국, 129분)
- Sahara (2005년, 액션/어드벤처, 스페인/영국/미국, 123분)
- Meet the Fockers (2005년, 코미디/로맨스/멜로, 미국, 115분)
- Wimbledon (2005년, 코미디/로맨스/멜로, 영국/프랑스, 98분)
- Vanity Fair (2005년, 로맨스/멜로/드라마, 영국/미국, 137분)
- Alfie (2005년, 코미디/드라마, 영국/미국, 106분)
- Shall We Dance? (2004년, 코미디/로맨스/멜로, 미국, 106분)
- Before Sunset (2004년, 로맨스/멜로, 미국, 79분)
- The Stepfords Wives (1997년, 가족, 미국, 시리즈)
- Secret Window (2004년, 미스터리/공포, 미국, 96분)
- Mean girls (2004년, 코미디/드라마, 미국/캐나다, 97분)
- Garfield (2004년, 코미디/가족/애니메이션, 미국, 87분)
- Raising Helen (2005년, 코미디/드라마, 미국, 119분)
- Jersey Girl (2004년, 코미디/로맨스/멜로, 미국, 103분)
- The School of Rock (2017년, 코미디, 영국, 110분)
- King Arthur (2004년, 액션/어드벤처, 영국/아일랜드/미국, 119분)
- The Bourne Supremacy (2004년, 액션/스릴러, 미국, 110분)
- Mr. 3000 (2004년, 코미디/드라마, 미국, 104분)
- Love Actually (2003년, 로맨스/멜로/코미디, 영국/미국, 129분)
- Master and Commander (2003년, 액션/전쟁, 미국 138분)
- The Matrix Revolution (2003년, 미국, 공상과학/액션, 129분)
- S.W.A.T (2003년, 범죄/액션, 미국, 115분)
- The Terminal (2004년, 코미디/로맨스/멜로, 미국, 128분)

- 12 Going on 30 (2004년, 멜로/로맨스, 미국, 98분)
- Minority Report (2002년, SF/미스터리/범죄/액션/스릴러, 미국, 145분)
- Insomnia (2002년, 범죄/스릴러, 미국/캐나다, 116분)
- American Beauty (2000년, 드라마, 미국, 122분)
- Good Will Hunting (1998년, 드라마, 미국, 126분)
- Pay Check (2004년, SF/스릴러, 미국/캐나다, 119분)
- The Firm (1993년, 스릴러, 미국, 154분)
- Wedding Crashers (2006년, 코미디/로맨스/멜로, 미국, 119분)
- Before the Sunrise (1995년, 로맨스, 미국, 시리즈)
- Just Married (2003년, 코미디/로맨스/멜로, 미국, 95분)
- Pretty Woman (1990년, 코미디/로맨스/멜로, 미국, 119분)
- Dead Poet Society (1988년, 코미디/드라마, 미국, 128분)
- Love Story (1971년, 로맨스/멜로, 미국, 99분)
- Love Affairs (1995, 로맨스/코미디, 미국, 108분)
- Lost in Generation (2005년, 코미디/드라마/로맨스, 미국, 62분)
- The Matrix (1999년, 액션/SF, 오스트레일리아/미국, 135분)
- Forrest Gump (1994년, 드라마, 미국, 142분)
- One Fine Day (1997년, 코미디/로맨스/멜로, 미국, 109분)
- As Good as It Gets (1998년, 코미디/로맨스/멜로, 미국, 138분)
- The Truman Show (1998년, 코미디/드라마, 미국, 102분)
- Roman Holiday (1987년, 로맨스/멜로, 미국, 95분)
- Jerry Maguire (1997년, 코미디/드라마/로맨스/멜로, 미국, 138분)